단권 단기 한국사

김준호

http://cafe.naver.com/mujinmujin

이력 사항

국가직행정9급, 지방직행정9급, 지방직행정7급 합격(수험기간 1년 3개월)
경상남도 지방행정서기보(9급), 진주시 일반성면 근무
경상남도 지방행정주사보(7급), 김해시 건설교통국 교통행정과 근무
행안부 재정정책팀 근무

부사관 : 전 민족부사관학교(인천 부평점, 서울 영등포점) 국사 출강
한국사 능력검정시험 : 전 Good job 한국사능력검정시험 출강
　　　　　　　　　　　　전 공주대 한국사능력시험 출강
한국사 능력검정시험 : 전 공주대 천안캠퍼스 한국사능력시험 출강
공무원 : 전 강남직업전문학교 경찰한국사, 소방한국사 출강, 김기남 공학원 공무원한국사
　　　　　출강, 더배움 계리직 국사 출강, 렉스법학원 경찰·경간부 한국사 출강
교양 국사 강의 : 전 인하항공대 한국사 출강
인강 : 더배움 계리직 국사, UCAMPUS 공무원 국사, 렉스법학원 경찰국사
　　　　지안에듀 공무원 한국사 전임

단권 단기 한국사

발행일	2018년 1월 15일	1판 3쇄	2018년 11월 14일

지은이　　김 준 호
펴낸이　　손 형 국
펴낸곳　　(주)북랩
편집인　　선일영　　　　　　　　　　　　편집　　오경진, 권혁신, 최승헌, 최예은, 김경무
디자인　　이현수, 김민하, 한수희, 김윤주, 허지혜　　제작　　박기성, 황동현, 구성우
마케팅　　김회란, 박진관
출판등록　2004. 12. 1(제2012-000051호)
주소　　　서울시 금천구 가산디지털 1로 168, 우림라이온스밸리 B동 B113, 114호
홈페이지　www.book.co.kr
전화번호　(02)2026-5777　　　　　　　　팩스　　(02)2026-5747

ISBN　　979-11-5987-957-9 03910(종이책)　　　979-11-5987-958-6 05910(전자책)

2019 최신 개정판

단 단
권으로 단 기 합격

한국사

공무원 · 경찰 · 계리직 한국사 완벽 대비

저자 **김준호**

두꺼운 기본서를 버려라
단기 합격 공무원 3관왕이 쓴
단권으로 단기에 합격하는 한국사

북랩 book Lab

CONTENTS

PART 02 전근대 각론

PART 03 근현대사

CONTENTS

PART 01
전근대 정치사

단단한국사

chapter **역사의 이해**

■■■ 역사를 바라보는 관점

객관적 의미의 역사	주관적 의미의 역사
① 랑케(L. Ranke) ② 과거에 일어난 모든 일 ③ 사실로서의 역사	① 카(E. H. Carr) ② 과거와 현재 사이의 대화(역사가의 주관적 해석 개입) ③ 기록으로서 역사

■■■ 우리 민족의 기원

① 시대상 : 한반도에 거주하였던 신석기인들로 부터 우리 민족의 역사 시작
② 인종상 : 황인종으로 몽골 인종
③ 언어학상 : 알타이 어족
④ 중국 문헌 : 동이(東夷)족, 예(濊)족, 맥(貊)족, 예맥(濊貊)족, 한(韓)족

■■■ 선사시대와 초기국가 마디·마디

	구석기 시대 구석기	신석기 시대 신석기	청동기 시대 청동기	철기 시대 철기
생산 방식	채집·수렵	농경 시작	농경 발달	-
사회상	전쟁 X 평등 사회 재산 X 계급 X	잉여생산물 →	전쟁 불평등 사회 재산 계급	
정치 체제	-	- 국가 탄생	고조선	초기 국가

chapter **구석기 생활상**

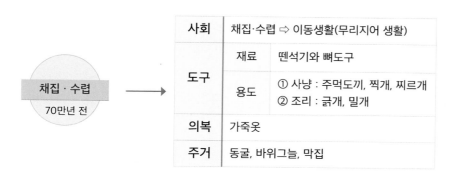

채집·수렵 70만년 전 →	사회	채집·수렵 ⇨ 이동생활(무리지어 생활)
	도구	재료	뗀석기와 뼈도구
		용도	① 사냥 : 주먹도끼, 찍개, 찌르개 ② 조리 : 긁개, 밀개
	의복	가죽옷
	주거	동굴, 바위그늘, 막집

심화 구석기의 변화
① 초기에 크고 다양한 용도를 가진 석기 사용
  예) 주먹도끼, 찍개, 찌르개
② 점차 크기는 작아지고(잔석기), 특정 용도의 석기 사용
  예) 긁개, 밀개
  예) 돌날격지, 슴베찌르개

O X 구석기인들은 불과 언어를 사용하였다. (O / X)
구석기인들은 이동생활을 하였기 때문에 오늘날 우리 민족과는 직접적인 관련이 없다. (O / X)
농경이 시작되기 전인 구석기 시대에 인류는 채집·수렵 혹은 목축을 통해 식량을 마련하였다. (O / X)

chapter **구석기 주요 유적지**

남북한 6대 유적지   **참고** 함북 종성 동관진 : 해방 이전 최초 발굴 유적

	최초 발견 유적(해방 이후)	최고 유적	최초 인골 유적
북한	함북 웅기 굴포리	평양 상원 검은모루 동굴	평양 덕천 승리산
남한	충남 공주 석장리	충북 단양 금굴 (B.C. 70만년 전)	충북 단양 상시리

주요 유적지

① 경기도 연천 전곡리: 아슐리안형 주먹도끼(미군 병사)
② 충북 청원 두루봉 동굴 : 흥수아이(국화꽃)
③ 충북 단양 수양개 : 물고기 조각, 격지
④ 충북 제천 점말동굴 : 남한 최초 동굴유적, 사람 얼굴 동물뼈
  충북 제천 창내
⑤ 평양 만달리, 평양 역포 : 망치와 격지, 인골

▼ 주먹도끼   ▼ 흥수아이

정리 구석기 예술

고래와 물고기를 새긴 조각 : 공주 석장리, 단양 수양개

■■□□ **중석기(구석기 말기)**

중석기 시대의 변화

① 구석기 말기 기온상승 ⇨ ② 작은 짐승 출현 ⇨ ③ 이음도구(슴베찌르개)

중석기 주요 유적지

① 북한 : 웅기 부포리, 평양 만달리 유적
② 남한 : 통영 상노대도, 거창 임불리, 홍천 하화계리

▲ 이음도구

약 2만 년 전까지의 육지
현재의 육지

사회	농경시작 ⇨ 정착생활 ⇨	씨족·부족사회	모계 중심 폐쇄적 가족사회, 족외혼
		원시종교	① 샤머니즘 : 무당 ② 애니미즘 : 자연물 ③ 토테미즘 : 동물 ④ 조상숭배
도구	재료	간석기와 토기 등장	
	용도	① 농기구 : 돌삽, 돌괭이, 돌낫, 농경굴지구, 갈판과 갈돌 ② 토기 : 이른민무늬토기, 덧무늬토기, 눌러찍기무늬 토기(압인문 토기) 　　　　⇨ 빗살무늬토기	
의복	원시수공업의 발달 : 가락바퀴(방추차), 뼈바늘, 그물, 옷		
주거	강가, 해안가의 움집		

농경 시작
B.C. 8000

정리 신석기 낮은 생산력
조(좁쌀), 피, 수수 생산
보리X, 콩X, 벼(볍씨)X

정리 신석기 시대의 예술
조개 가면, 치레걸이(뼈나 조개로 만든 장신구), 여인상, 동물조각, 토우

chapter **신석기 주요 유적지**

① 제주 한경 고산리 : 기원전 8000년경
　　관련　제주 빌레못동굴은 구석기
② 서울 암사동 / 경기 하남 미사리
③ 부산 동삼동 : 패총, 조개가면 / 김해 수가리
④ 황해 봉산 지탑리, 평양 남경 : 탄화좁쌀
⑤ 강원 고성 문암리 : 동아시아 최초의 밭 유적
⑥ 강원 양양 오산리 : 백두산 흑요석, 평저형 토기 / 양양 지경리
⑦ 평남 온천 궁상리 : 뼈바늘
⑧ 함북 웅기 굴포리 서포항 : 동물 장신구와 여인상 / 청진 농포동

정리 흑요석
① 구석기 ~ 신석기에 걸쳐 발견
② 화산활동에 의해 형성되는 날카로운 검은색 자연 유리
③ 원거리 교역의 증거

▲ 신석기 시대 생활상

▲ 간석기

▲ 빗살무늬토기

▲ 덧무늬토기

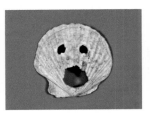
▲ 조개가면

▲ 가락바퀴

■■■ **주요 연표**

기원전 70만년	기원전 8000년	기원전 2000년	기원전 5세기	기원전 2세기
구석기 시작	신석기 시작	청동기 시작	철기 최초 도입	철기 본격 도입

chapter 청동기 생활상

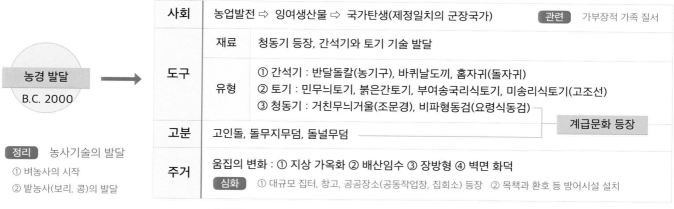

| 사회 | | 농업발전 ⇨ 잉여생산물 ⇨ 국가탄생(제정일치의 군장국가) | 관련 가부장적 가족 질서 |

	재료	청동기 등장, 간석기와 토기 기술 발달
도구	유형	① 간석기 : 반달돌칼(농기구), 바퀴날도끼, 홈자귀(돌자귀) ② 토기 : 민무늬토기, 붉은간토기, 부여송국리식토기, 미송리식토기(고조선) ③ 청동기 : 거친무늬거울(조문경), 비파형동검(요령식동검)
고분		고인돌, 돌무지무덤, 돌널무덤
주거		움집의 변화 : ① 지상 가옥화 ② 배산임수 ③ 장방형 ④ 벽면 화덕

계급문화 등장

농경 발달
B.C. 2000

정리 농사기술의 발달
① 벼농사의 시작
② 밭농사(보리, 콩)의 발달

심화 ① 대규모 집터, 창고, 공공장소(공동작업장, 집회소) 등장 ② 목책과 환호 등 방어시설 설치

O X 청동기 시대에는 청동농기구를 이용하여 생산력이 향상되었다. (O / X)

신석기 움집 vs 청동기 움집

신석기 움집	청동기 움집
① 강가 ② 반지하 ③ 원형바닥, 모가 둥근 사각형 ④ 중심에 화덕 	① 구릉지대(배산임수) ② 지상 가옥화, 주춧돌 사용 ③ 사각형(장방형) ④ 벽면 혹은 외부에 화덕 

chapter 청동기 주요 유적지

① 부여 송국리 : 탄화된 볍씨, 원형 평면의 두 개 기둥
② 여주 흔암리 : 탄화된 볍씨
③ 서천 화금리 : 볍씨 창고

정리 청동기 암각화
① 고령 양전리·장기리 암각화 : 추상적 동심원, 방패형 문양
② 울주 반구대 암각화 : 사실적 묘사(물고기, 동물)
③ 울주 천전리 암각화 : ㉠추상무늬 ㉡신라시대 기록

▲ 울주 반구대 암각화　　▲ 고령 장기리 암각화

▲ 반달돌칼

▲ 간석기(청동기)

▲ 바퀴날 도끼

▲ 덧띠새김무늬토기

▲ 민무늬토기

▲ 붉은간토기

▲ 미송리식토기

▲ 비파형동검

▲ 세형동검(철기)

▲ 거푸집(철기)

▲ 청동거울(거친무늬)

▲ 농경무늬 청동기

▲ 청동 방울

▲ 북방식 고인돌(탁자식)

▲ 남방식 고인돌(바둑판식)

chapter **초기 철기 시대**

도구	① 철제농기구 사용 : 괭이, 낫, 보습, 호미, 따비 ② 민무늬토기, 검은간토기, 덧띠토기 ③ 한반도에서 청동기 독자적 발전 : 잔무늬거울(세문경), 세형동검(한국식 동검), 거푸집(용범)
주거	① 부뚜막(온돌) 등장 ② 초가집, 귀틀집
고분	① 독무덤(옹관묘) ② 널무덤(토광묘)
중국과 교류	① 중국 화폐 : 명도전, 반량전, 오수전, 왕망전 ② 경남 창원 다호리 유적(중국 화폐, 붓) / 창원 성산 패총 ③ 경남 사천 늑도 유적(중국 화폐, 한나라 거울)

비교 비파형 동검 vs 세형 동검

비파형 동검(요령)	세형 동검(한국형)
청동기(전기 고조선)	철기(후기 고조선)
요령 분포 (전기 고조선 영토)	한반도 북부 분포 (후기 고조선 영토)

비파형 동검은 중국의 동주식이나 북방의 오르도스식 동검과 구별됨

▲ 검은 간토기   ▲ 명도전

정리 덧무늬토기(신석기) - 덧띠새김무늬토기(청동기 초기) - 덧띠토기(철기)

chapter **고조선**

정리 기자조선
① 기원전 12세기 경 주 무왕이 기자를 조선의 제후로 책봉하였다는 설
② 중국의 '상서대전', '사기', '한서' 등에서 기자조선을 기록하고 있다.

단군조선 성립 B.C 2333 건국	연과의 경쟁 B.C 3세기	위만조선 B.C 194	한사군 설치 B.C 108
① 군장국가 ② 제정일치(단군왕검) ③ 선민사상, 홍익인간 ④ 농경사회(풍백, 운사·우사) ⑤ 토테미즘(곰, 호랑이) ⑥ 요령을 중심으로 성장	① 부왕, 준왕 왕위세습 ② 대부, 박사 ③ 연과 경쟁 ⇨ 한반도 북부로 이동 (연나라 장수 진개의 침입)	① 연이 멸망하자 위만이 준왕을 몰아내고 왕이 됨 ② 위만조선의 정체성 ㉠상투와 흰옷 ㉡토착세력 등용 ㉢조선 국호 유지 ③ 경제적 특징 ㉠철기 본격적 수용 ㉡중계무역 ④ 관직 정비 : 비왕, 상, 장군, 경 등 ⑤ 세력 확장 : 진번·임둔 지역 복속	① 중계무역 이익 독점 ⇨ 한무제 침략 ② 1차 패수에서 승리 ⇨ 내분으로 멸망(우거왕) 예) 조선상 역계경 남하 ③ 한사군 설치 : 낙랑, 진번, 임둔, 현도

8조법
① 중국의 한서지리지 고조선의 불문법인 8조법 중 3개 조가 전함
② 살사, 도노, 상곡
③ 여성 정조, 도둑 없음

60여조 법문
풍속 각박

고조선 4대 유물
① 비파형동검
② 거친무늬동거울
③ 미송리식토기
④ 탁자식 고인돌

고조선 후기 유물
초기 철기 시대 청동기 문화의 독자적 발전
(청천강 이남의 세형동검, 잔무늬동거울)

정리 단군신화를 기록한 역사서
① 삼국유사(충렬왕) : 중국의 요임금 때 고조선 건국
② 제왕운기(충렬왕)
③ 세종실록지리지(단종)
④ 응제시주(세조)
⑤ (신증)동국여지승람(성종, 중종)
단군조선을 기록 : 동국통감, 표제음주동국사략 등

관련 중국의 고조선 기록 역사서
산해경, 관자, 한서(8조법 중 3조가 전함), 사기, 위략

심화 한과 고조선의 경쟁 과정
① 고조선의 속한 예왕 남려가 한나라에 투항하자 한무제가 이 지역에 창해군을 설치(B.C 128년)
② 고조선의 우거왕은 한을 견제하기 위해 요동으로 군대를 보내서 한의 섭하를 살해(B.C 109)
③ 한무제가 고조선을 침입하여 패수 전투에서는 고조선이 승리
④ 내분으로 멸망(B.C 108)

심화 고조선 세력의 한반도 남하
① 위만에게 나라를 빼앗긴 준왕이 남하하여 한왕이 됨
② 한과의 전쟁을 반대하던 조선상 역계경의 진으로 남하

고조선 멸망을 전후하여 예맥족(동이족)이 중심이 되어 형성된 국가들로 일부 국가는 연맹왕국으로 발전(삼국지 위서 동이전에 기록)

부여와 고구려

		부여	고구려
정치		① 왕 5부족연맹체(연맹왕국) ② 사출도의 마·우·저·구가는 왕 선출과 폐위 ③ 왕은 궁궐, 감옥, 창고 등의 시설 갖춤	① 왕 5부족연맹체(연맹왕국) ② 상가·고추가·대가, 대로, 패자
		① 기원전 4세기 송화강 일대(길림성)에 건국 ② 1세기 초 왕호 사용 ③ 3세기 선비족의 침략으로 쇠퇴 ④ 5세기말 고구려(문자왕) 때 편입	① 기원전 1세기 졸본(오녀산성) 건국 ② 유리왕 때 국내성 천도 ③ 1세기 초 왕호 사용
경제		① 반농반목 : 밭농사(오곡)와 목축. 과일 X ② 말·주옥·모피	① 토지 척박 ② 약탈경제(부경이라는 작은 창고) ③ 맥궁
사회		① 영고(12월), 우제점복 ② 형사취수제, 투기·간음녀 死 ③ 1책12법, 살사노, 순장, 은력 ④ 흰옷, 가죽신 ⑤ '영토 2천리 가호8만호', '넓고 평탄'	① 동맹(10월) ② 형사취수제, 서옥제, 자유연애 ③ 1책12법, 제사노, 감옥 X ④ 수혈(국동대혈) 제사 : 주몽 · 유화부인 ⑤ 장례를 후하게 치르고 재화 함께 묻음 ⑥ 돌로 만든 봉분 + 소나무와 잣나무

정리 관직 정리　① 고조선 : 상·대부·장군 등
　　　　　　　　② 부여 ： ㉠사출도의 마·우·저·구가 ㉡사자, 대사자
　　　　　　　　③ 고구려 ： ㉠고추가, 대가 ㉡사자, 조의, 선인

옥저와 동예

	옥저	동예
정치	① 읍군, 삼로, 후(군장국가) ② 고구려의 수탈	① 읍군, 삼로, 후(군장국가) ② 고구려의 수탈
경제	소금, 해산물	단궁, 과하마, 반어피, 방직 해산물 풍부, 평야지대
사회	① 민며느리제 ② 골장제(가족묘, 세골장), 쌀 담은 항아리	① 무천(10월) ② 족외혼, 책화 ③ 여자형, 철자형 집터 발굴 ④ 사람이 죽으면 집을 허물고 다시 집을 지음

삼한

정치	① 진(辰) ⇨ 목지국을 중심으로 마한, 진한, 변한의 소국들 난립(연맹왕국으로 해석) ② 신지, 읍차 ③ 제정분리 : 천군이 다스리는 소도
경제	① 벼농사 발달 ⇨ 두레, 저수지(김제 벽골제, 밀양 수산제, 제천 의림지) ② 변한의 철(덩이쇠) ⇨ 낙랑, 왜와 교역 ③ 양잠 발달
사회	① 수릿날(5월), 계절제(10월) ② 편두 풍습 ③ 새의 깃털을 같이 매장

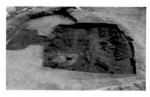
▲ 동예 여자형 집터

▲ 덩이쇠

▲ 마한 토굴

▲ 마한 주구묘

▲ 솟대

chapter　**고대 국가로의 도약**

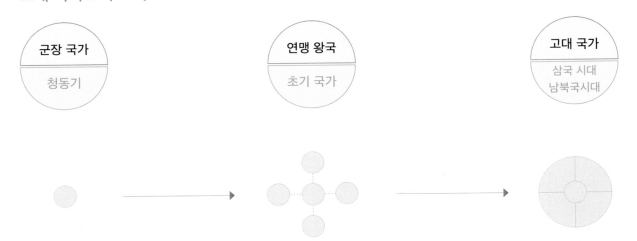

① 고조선
② 제정일치

① 초기 국가 : 부여, 고구려
② 왕은 선출(세습X)
③ 각각의 부족은 행정적으로 자치
④ 단, 외교·군사에 있어서는 공조

① 고구려, 백제, 신라
② 왕위 세습
③ 중앙집권화

고대 중앙집권화

제도적	①형제세습	②부자세습	③부(部)정비	④율령 반포
사상적	⑤불교 수용			

정리　삼국의 체제 정비

고구려 : ①태조왕 ②고국천왕 ③태조왕 ⇨ 고국천왕　④소수림왕 ⑤소수림왕
신라　 : ①내물왕 ②눌지왕　 ③소지왕　　　　　 ④법흥왕　⑤법흥왕
백제　 : ①고이왕 ②근초고왕 ③성왕　　　　　　 ④고이왕　⑤침류왕

■■■　**삼국시대 마디·마디**

	1기 성립기	2기 주도권 쟁탈기			3기 통일기	
	고구려 성장기	4세기 백제 전성기	5세기 고구려 전성기	6세기 신라 전성기	7세기 전반 신라의 시련	7세기 후반 통일기
고구려	+	-	+	-	-	+	-
	태조왕 고국천왕	동천왕 미천왕 고국원왕	소수림왕 광개토왕 장수왕			영양왕 영류왕 보장왕	보장왕
백제	-	+	-	+	-	+	-
		고이왕 근초고왕 침류왕	비유왕 개로왕 동성왕	무령왕 성왕	성왕	무왕 의자왕	의자왕
신라			+	+	+	-	+
			내물왕 눌지왕 소지왕	지증왕 법흥왕 진흥왕	진흥왕	진평왕 선덕여왕 진덕여왕	무열왕 문무왕 신문왕

chapter **1기 : 삼국 성립기**

고구려	백제	신라
① 동명왕(기원전 37년) 졸본(오녀산성) 동가강 유역 건국 ② 유리왕 때 국내성(집안) 천도 ③ 부여 유민과 압록강 토착세력 결합	① 온조(기원전 18년) 한강(위례성)에 건국 ② 비류 미추홀(인천) ⇨ 백제로 통합 ③ 고구려 유민과 한강 토착세력 결합	① 박혁거세(기원전 57년, 나정) 건국 ② 석탈해(해외 세력), 김알지(계림) 포섭 ③ 박 · 석 · 김씨가 번갈아 왕위 계승 ④ 진한의 사로국

태조왕(2C)

① 형제세습 : 소노부 ⇨ 계루부 고씨 왕위독점
② 부족적 5부 정비
: 소노 · 계루 · 절노 · 관노 · 순노
③ (동)옥저 멸

고국천왕(2C)

① 부자세습
② 행정적 5부 정비 : 동 · 서 · 남 · 북
③ 진대법 : 을파소, 구휼법

■□□ **고구려 건국**
옛적 추모왕이 나라를 세웠는데, 북부 부여에서 태어났으며, 천제(해모수)의 아들이고 어머니는 하백의 딸 유화이다. - 광개토대왕릉비

■□□ **백제의 건국**
백제는 고구려 주몽의 아들로 알려진 온조가 남하하여 한강 유역의 하남 위례성에 정착한 후 마한 소국의 하나로 발전하였다.

■□□ **신라의 건국**
우물가에는 흰말이 있었는데 6촌장들이 나타나자 말은 하늘로 오르고 우물가에는 큰 알이 하나 놓여있었다. 알에서 건장한 사내아이가 나왔는데 아이의 몸에서는 광채가 나고 뭇 짐승들이 모여 춤을 추었으며 해와 달이 밝게 빛났다. 6촌장들은 아이의 이름을 박혁거세라 칭하고 왕으로 추대하였다. 왕은 국호를 서라벌이라 하고 스스로를 거서간으로 정했다.

chapter **2기 : 백제 전성기(4C)**

	고구려	백제
3세기	**동천왕** ① 위의 서안평 선제 공격함(오나라와 수교) ② 위의 관구검이 반격 ③ 환도성, 국내성 빼앗기고 옥저까지 퇴각 [관련] 중천왕 '관노부 출신의 장발미인 설화'	**고이왕** ① 체제 정비 : 율령 반포, 6좌평 설치, 형제세습 ② 정복전쟁 : 목지국 정복, 한강 장악 ③ 중국과 활발한 교류
4세기	**미천왕(4C 전반)** ① 을불, 소금장수 출신 왕 ② 서안평 점령 ③ 낙랑과 대방 축출(한사군 완전 축출) **고국원왕(4C 중반)** ① 북쪽 전연의 침략 ② 백제의 공격(근초고왕)으로 사유 전사 **소수림왕(4C 후반)** ① 율령 반포 ② 불교 수용 : 전진(북중국), 순도·아도 ③ 태학 : 중앙의 유학교육기관	**근초고왕(4C 중반)** ① 체제 정비 : 부자세습 ② 정복 : 마한 멸. 고구려·신라 압박, 가야 진출 ③ 중국 진출 :요서·산둥 진출, 동진과 수교 ④ 일본 진출 : 규슈 진출 　　　 왕인(천자문· 논어), 아직기(한자), 칠지도 [참고] 왕인의 경우 근구수왕 때로 보는 견해도 존재 ⑤ 역사서 편찬 : 고흥 '서기' **침류왕(4C 후반)** ① 불교 수용 : 동진. 인도 승려 마라난타

▼ 칠지도

고구려	백제	신라

<table>
<tr><td rowspan="2">4
세
기</td><td colspan="2"></td><td>▼ 경주 호우총에서 발견된 호우명 그릇</td></tr>
<tr><td colspan="2"></td><td></td></tr>
</table>

4세기

고구려

소수림왕(4C 후반)
① 율령 반포
② 불교 수용 : 전진, 순도와 아도
③ 태학 : 중앙. 유학교육

신라

▼ 경주 호우총에서 발견된 호우명 그릇

5세기

광개토대왕(4C~5C) : 담덕 ············▶
① 연호(영락) : 최초 연호
② 한강 이북 점령 : 관미성, 백제 아신왕
③ 요동 : 거란과 숙신, 후연, 동부여 정벌
④ 신라의 왜구 토벌(400)
⑤ 금관가야 토벌

정리 연나라 정리
① 연 : 고조선과 경쟁(진개의 침입)
② 전연 : 4세기 고국원왕 때 북방에서 침입
③ 후연 : 광개토대왕이 정벌

내물마립간(4C~5C)
① 신라 왜구 토벌(호우명그릇)
② 김씨세습(형제세습)
③ 마립간 칭호 사용(왕권↑)
④ 진한 장악
⑤ 고구려를 통해 전진과 수교

정리 신라 고유 왕명
① 거서간 : 군장, 박혁거세
② 차차웅 : 제사장(제정분리 현상 반영), 남해
③ 이사금 : 연장자, 박 · 석 · 김 왕위 세습
④ 마립간 : 대군장, 왕권 강화, 김씨 왕위 독점

참고 실성왕 : 눌지왕을 살해하려다 살해당함

장수왕(5C) : 거련
① 남북조균형외교
② 북방 지두우 분할 점령(흥안령 일대)
③ 평양천도(427)
④ 한강 이남 점령(475, 위례성)
 : 죽령~남양만까지 남하
⑤ 광개토대왕비(국내성, 414)
  중원고구려비(충주, 문자왕설)

나제 동맹 (433)	비유왕	**눌지마립간** ① 부자세습 ② 불교 전래(고구려 묵호자, 아도) ③ 박제상의 망부석 설화(미사흔)

백제 개로왕 전사 ⇨ 웅진(공주) 천도(문주왕)와 왕권 약화

관련 개로왕 관련 : 북위 교서, 아차산성에서 전사(위례성 함락)

참고 자비왕 때 수도의 방리 명칭 제정

결혼 동맹 (493)	동성왕 ① 이벌찬의 딸과 결혼 ② 탐라 복속	**소지마립간** ① 6부 정비 ② 우역 설치 ③ 시장 설치

정리 문자왕(5C ~6C)
① 장수왕의 손자
② 북부여를 점령하여 최대 영토 확보(494)

■■□□ **광개토대왕릉비**

영락 9년에 백제가 서약을 어기고 왜와 화통하므로 왕은 남쪽으로 순수해 내려갔다. 신라가 사신을 보내 왕에게 말하기를 "왜인이 국경에 가득 차 성을 부수었으니 왕께 도움을 청합니다."고 하였다. 영락 10년에 보병과 기병 5만을 보내 신라를 구원하게 하였다.

■■□□ **중원고구려비**

5월에 고려 대왕 상왕공은 신라매금과 세세토록 형제처럼 지내기를 원하였다. … 매금의 의복을 내리고 … 상하에게 의복을 내리라는 교를 내리셨다. … 12월 23일 갑인에 동이매금의 상하가 우벌성에 와서 교를 내렸다.
*동이매금은 고구려가 신라왕을 낮추어 부르는 호칭

백제	신라

무령왕

① 내부 : 22담로(왕족을 지방에 파견)
② 외부 : 양직공도(남조), 일본과 관계 강화, 가야 진출
③ 무령왕릉 : 벽돌무덤(남조영향), 일본 금송으로 만든 관
④ 일본에 문화 전파 : 5경박사(단양이, 고안무), 의박사 파견

▲ 양직공도   ▲ 무령왕릉   ▲ 진묘수

성왕

① 사비 천도(538) ⇨ 국호 남부여
② 관제 정비 : 22부, 5부5방
③ 전륜성왕, 미륵 자칭
④ 불교 : 노리사치계(일본에 불교 전파), 겸익(백제 율종)
⑤ 한강 하류 일시 회복 ⇨ 옥천 관산성 전투에서 전사(554)

정리 백제의 관제 정비
 ① 고이왕 : 6좌평
 ② 무령왕 : 22담로
 ③ 성왕 : 22부, 5부5방

지증왕

① '신라 / 왕' 최초 사용, 주·군·소경
② 최초 지방관(군주) 파견 : 이사부를 실직주 군주로 임명
③ 이사부(하슬라주 군주)의 우산국 정벌
④ 경제 : 우경 최초 기록, 동시와 동시전 설치
⑤ 사회 : 순장 금지 기록
⑥ 포항 중성리비, 영일 냉수리비

법흥왕

① 체제 정비 : ㉠병부 설치(517)
              ㉡율령 반포(520)
              ㉢상대등 설치(531)
              ㉣골품제 정비
② 불교 공인(527, 이차돈 순교)
③ 대가야 결혼동맹(522) / 금관가야 흡수(532, 김구해)
④ 신라 최초 연호 사용(건원, 536)
⑤ 최초 불교식 왕명(중고의 시작)
⑥ 울진 봉평비(524) / 영천 청제비(536)

▼ 백률사 석당

진흥왕

한강 점령 전 : 거칠부의 '국사', 우륵 음악 발전, 황룡사 건립
① 연호 사용 : 개국·대창·홍제
② 한강 점령(553) : 당항성 확보, 김무력, 신주 설치
 참고 신주 ⇨ 관산성전투 ⇨ 북한산비 ⇨ 북한산주 ⇨ 남천주 ⇨ 한산주(한주)
③ 관산성전투(554) : 김무력에 의해 백제 성왕 전사
④ 대가야 정복(562, 이사부, 사다함), 고구려 압박
⑤ 품주 설치, 화랑도 정비, 불교 교단 정비(혜량 국통)
⑥ 단양적성비(550), 북한산비(555), 창녕비(561), 마운령·황초령비(568)

정리 이사부
 ① 지증왕 : 실직주와 하슬라주 군주
 ② 지증왕 : 우산국 점령
 ③ 진흥왕 : 국사 편찬 건의
 ④ 진흥왕 : 대가야 정벌

참고 진지왕 : 화백회의에 의해 폐위. 김춘추의 할아버지

고구려	백제	신라

7세기 전반

고구려

영양왕

① 온달의 한강 수복 시도 (6C 말)
  온달은 6세기 평원왕~영양왕. 아차산성에서 전사
② 고구려 요서 선제 공격 (수문제)
③ 살수대첩 (612) : 을지문덕, 수양제
                   우중문, 청천강
④ 유기 100권 요약한 이문진의 신집5권
⑤ 일본에 문화 전파 : 담징, 혜자

영류왕

① 당나라와 관계 악화 (당의 경관 허물기)
② 천리장성 축성 ⇨ 연개소문 정변 (642)

보장왕(전기)

① 연개소문 집권
② 신라 김춘추의 동맹제안 거절
③ 당태종의 침공
④ 안시성 전투 (645) : 연개소문과 양만춘
⑤ 안시성 전투 이후 당은 지구전
⑥ 나당연합 (648)

백제

무왕

① 신라 압박
② 익산 천도 시도
③ 익산 미륵사지 석탑, 왕궁리 유적

관련 서동요 (선화공주)
      금제사리봉안기 (사택덕적, 대왕폐하)

의자왕(전기)

① 해동증자
② 신라의 대야 40성 점령 (김품석 전사)
   당항성 공격

신라

진평왕(건복)

① 원광 : 세속오계, 걸사표
② 위화부(인사권) 최초 설치
③ 김유신 등장

선덕여왕(인평)

① 황룡사9층목탑 (자장 대국통)
② 분황사, 첨성대, 영묘사
③ 당태종의 모란자병화설화
④ 김춘추 고구려와 교섭 시도 · 실패
⑤ 비담·염종의 난 (647, 김유신 진압)

진덕여왕(태화)

① 친당정책 : 태평송, 중국식 의관
② 나당연합 (648)
③ 품주 ⇨ 집사부와 창부

7세기 후반

의자왕(후기)

③ 성충, 흥수 등 충신 유배
④ 계백의 황산벌 전투 패배 ⇨ 멸망 (660)

보장왕(후기)

⑦ 연개소문 사후 내분
⑧ 연남생의 배신 (당에 투항)으로 멸망 (668)

심화 여수전쟁
① 영양왕의 요서 선제 공격 (598)
② 수 문제 1차 침입 ⇨ 요하에서 격퇴
③ 수 양제 2차 침입   ㉠요동성 방어 성공
                      ㉡30만 별동대(우중문)이 요동성을 우회하여 평양성 공격
                      ㉢별동대 고구려의 청야전술로 보급 곤란
                      ㉣을지문덕 살수대첩 : 청천강에서 별동대 괴멸 (612)
                      ㉤수양제의 추가 침공 실패 ⇨ 수 멸망
관련 당태종은 안시성 전투 패배 후 전면전 보다는 지구전을 통해 고구려를 압박

무열왕(김춘추)

① 백제멸 (660)
② 최초 진골왕 (중대의 시작)
③ 최초 중국식 왕호 (하고의 시작)

문무왕(김법민)

① 고구려멸 (668)
② 나당전쟁 승리 (676) : 삼국통일
③ 당문화 적극 수용, 수중릉 (대왕암)

■■■ **신라 왕호 변천**

	거서간	차차웅	이사금	마립간	왕	불교식 왕명	중국시 시호
최초 사용	박혁거세	남해	유리왕	내물왕	지증왕	법흥왕	무열왕
의미	군장	무당	연장자	대군장	-	-	-

삼국 전성기 지도

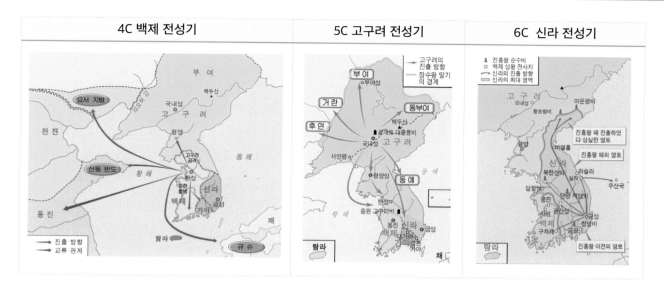

4C 백제 전성기	5C 고구려 전성기	6C 신라 전성기

고구려와 백제의 수도 변화

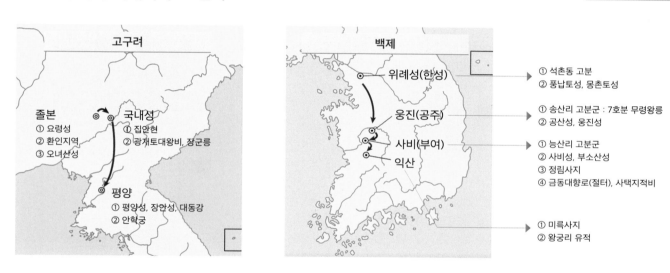

고구려

졸본
① 요령성
② 환인지역
③ 오녀산성

국내성
① 집안현
② 광개토대왕비, 장군릉

평양
① 평양성, 장안성, 대동강
② 안학궁

백제

위례성(한성)
웅진(공주)
사비(부여)
익산

① 석촌동 고분
② 풍납토성, 몽촌토성

① 송산리 고분군 : 7호분 무령왕릉
② 공산성, 웅진성

① 능산리 고분군
② 사비성, 부소산성
③ 정림사지
④ 금동대향로(절터), 사택지적비

① 미륵사지
② 왕궁리 유적

부흥운동과 나당전쟁

백제	① 왕자 부여풍이 중심 ② 임존성 : 흑치상지 ③ 주류성 : 복신, 도침 ④ 백강전투(663) : 일본에서 백제의 부흥운동 지원
고구려	신라의 고구려 부흥운동 지원 ① 오골성 : 고연무 ② 한성 : 검모잠 ③ 보덕국 : 안승, 금마저(익산)
나당전쟁 (670-676)	① 당의 한반도에 대한 야욕 ㉠웅진도독부(660, 백제의 웅진) ㉡계림도독부(663, 신라, 금성) ㉢안동도호부(668, 고구려의 평양) ⇨ 나당전쟁 이후 요동 ② 나당전쟁 ㉠웅진도독부 수복 ⇨ 사비에 소부리주 설치 ㉡매소성 전투(이근행) ⇨ 기벌포 전투(설인귀) ㉢안동도호부 요동으로 축출하고 임진강 국경선 확보

관련 성덕왕 때 대동강 ~ 원산만 국경선 확정

chapter **가야**

변한	4C 말 광개토대왕	5C 장수왕	6C 법흥왕	6C 진흥왕
철의 해상 무역 발달	금관가야 쇠퇴	대가야 성장	① 대가야-신라 결혼동맹 ② 금관가야 흡수(532)	대가야 멸(562)

6가야는 고대국가로 성장하지 못하고, 연맹왕국 단계에서 신라에 의해 멸망

| 금관가야 vs 대가야 | 6가야 : 금관가야(김해), 대가야(고령), 아라가야(함안), 고령가야(진주, 함창), 성산가야(성주), 소가야(고성) |

금관가야 (초기 가야 중심지)	대가야 (후기 가야 중심지)
뇌질청예(김수로왕) ① 김해 : 대성동 고분, 봉황동 유적 ② 수로왕과 허황후(인도), 구지봉, 난생설화, 가락국기 ③ 낙랑·왜와 교류하며 발전 [관련] 함안 말이산 고분(아라가야)	뇌질주일(이진아시왕) ① 고령 : 지산동 고분(가야 금동관, 철갑옷, 순장) ② 5세기 후반 발전 : 장수왕 전성기 ③ 6세기 이뇌왕 때 신라 법흥왕과 결혼동맹 ④ 6세기 신라의 진흥왕(이사부, 사다함)에게 점령 당함

▲ 기마인물형 토기　▲ 기마인물형 토기(신라)　▲ 가야 토기　▲ 철 갑옷　▲ 가야 금동관　▲ 백제　▲ 신라

대(對) 중국 관계

고대	
요순	여고동시(與高同時) : 요임금 때 단군조선 건국(삼국유사)
하은주	기자 조선설 : 주무왕이 기자를 조선의 제후로 책봉
춘추전국	연나라와 고조선의 경쟁
진	진한 교체기 : 위만조선 성립(연의 유이민 출신 위만)
한	한무제의 고조선 점령(우거왕) : 한사군 설치
삼국지	고구려 동천왕 : 서안평 선제 공격(실패) 　　　　　　　위의 관구검의 침입
5호16국	고국원왕 때 전연(선비)의 침입 전진으로부터 소수림왕 때 불교 수용 침류왕 때 동진에서 불교 수용 광개토대왕 후연(선비) 토벌
남북조	북조 : 개로왕의 국서 남조 : 무령왕릉, 양직공도
수	수 문제 때 고구려의 수나라 선제 공격 수 양제 고구려 침입 ⇨ 영양왕 때 을지문덕의 살수대첩
당	연개소문의 대당 강경정책(천리장성) 당 태종 고구려 침입 ⇨ 보장왕 양만춘의 안시성 전투 나당연맹 ⇨ 백제 멸망(660) ⇨ 고구려 멸망(668) 나당전쟁

고려	
5대10국	견훤 : 오월· 후당과 외교 왕건 ~ 광종 초기 : 5대와 자주적 외교
송	광종 송과 수교(외왕내제) 거란의 1, 2, 3차 침입 윤관의 여진 정벌(동북9성)
남송	금의 사대 요구 ⇨ 이자겸의 난, 묘청의 서경천도운동
원	대몽항쟁 원 간섭기

조선	
명	명의 철령위 설치 ⇨ 요동정벌 ⇨ 위화도 회군 실리적 사대외교 임진왜란·정유재란
청	정묘·병자호란 북벌론 호락논쟁 북학

chapter 중대의 왕권 강화

정리 지방관 감찰 : 사정부 설치(무열왕) ⇨ 외사정 파견(문무왕)

문무왕
외사정 당문화 수용

중대
왕권 강화

성덕왕
정전제 시행

정리 집사부

① 진흥왕 : 품주 설치
② 진덕여왕 : 집사부 / 창부로 분리
③ 무열왕 : 집사부와 중시 강화
④ 신문왕 : 집사부와 중시 강화
⑤ 경덕왕 : 중시 ⇨ 시중
⑥ 흥덕왕 : 집사부 ⇨ 집사성

신문왕(7C 후반)의 왕권 강화

집사부 중시(시중) 강화 **관련** 화백회의 상대등 약화	김흠돌(상대등) 난 진압	6두품 설총(화왕계) : 왕의 조력자, 행정 실무
9주5소경 : 지방행정제도 9서당10정 : 군사제도	국학 설치	관료전 실시 : 왕권 강화 녹읍 폐지 : 귀족 약화

O X 통일신라의 중시는 주로 6두품이 담당하였다. (O / X)

정리 9서당 10정

① 9서당 : 신라, 고구려, 백제, 말갈인으로 구성된 중앙군(민족융합정책)
　　　　자금 · 비금 · 녹금 · 황금 등 9서당
② 10정 : 9주에 한 주당 하나씩 배정(단, 국경인 한주만 2정이 배치)

■□□ **만파식적 설화**

해관 박숙청이 아뢰되, "동해에 산이 떠서 감은사로 향하여 오는데 물결을 따라 왕래합니다."라고 하였다. … 국왕이 배를 타고 그 산에 들어가니, 용 이 나타나 "동해의 용이 된 그대의 아버지인 문무왕과 천신이 된 김유신이 그대에게 옥대와 대나무를 전해 주라고 하였다."하고 하였다. 국왕이 놀라고 기뻐하여 대나무를 베어서 피리를 만들었다. … 그 피리를 만파식적이라 하고 나라의 보물로 삼았다.

■■□ 신라 시기 구별법

김부식 삼국사기	상대	중대	하대
	성골	무열왕 직계 진골	내물왕 방계 진골
	박혁거세 ~ 진덕여왕	무열왕 ~ 혜공왕	선덕왕 ~ 경순왕

일연 삼국유사	상고	중고	하고
	고유 왕명	불교식 왕명	중국식 왕명
	박혁거세 ~ 지증왕	법흥왕 ~ 진덕여왕	무열왕 ~ 경순왕

■■■ 신라와 발해의 관계 정리

신라 중대 | 신라 하대

654	무열왕	문무왕	신문왕	성덕왕	경덕왕	혜공왕	선덕왕	원성왕	헌덕왕	(흥덕왕 신무왕 문성왕)	진성여왕	경순왕 935

백제 멸망 660 / 고구려 멸망 668

780

김헌창 822

장보고 840

원종 애노 / 후백제 900

대조영 698~719 / 무왕 719~737

문왕 737~793

선왕 818~830

926 발해 멸망

발해와 신라의 관계	발해 건국	패강 일대 수자리 설치	신라도 설치		엔닌의 입당구법순례행기 덩저우에 신라관과 발해관	등제서열사건 쟁장사건

관련 성덕왕 때 신라의 서북 국경지대 패강 일대에 수자리 설치 ⇨ 선덕왕 때 패강진

chapter 하대의 왕권 약화

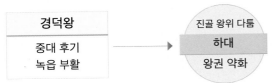

96각간의 난, 김지정의 난 ⇨ 혜공왕 피살 ⇨ 선덕왕 즉위(김양상)

하대 왕권 약화		
화백회의 상대등 강화 (집사부 시중 약화)	① 김헌창의 난(822) : 진골, 헌덕왕 ② 장보고의 난(846) : 호족, 문성왕 ③ 원종·애노의 난(889) : 민중, 진성왕 ④ 적고적의 난(896) : 민중, 진성왕	6두품 : 반신라적 성향 ① 최치원(진성여왕) ② 최승우(견훤) ③ 최언위(왕건)

① 출신 : 진골, 촌주, 군벌 등 다양
② 조력자 : 6두품, 선종, 풍수지리설

정리 신라 하대 생활상
① 지배층 : 사치향락(금입택)
② 피지배층 : 농민봉기(원종애노의 난)

관련 김헌창·김범문의 난(822, 825)
① 김주원의 아들인 무열계 진골이 헌덕왕 때 일으킨 난
② 웅천주(공주), 장안(국호), 경운(연호)

■■■ 최치원

① 신라 : '10년 동안에 과거에 합격하지 못하면 내 아들이 아니다.'
② 당 : 빈공과, 토황소격문
③ 신라 : 여러 지역의 태수로 역임
④ 시무10조(진성여왕)를 건의 ⇨ 진골들의 반대로 실패
⑤ 주요 저서
 계원필경(현존, 문집), 사륙집(문집), 법장화상전(현존, 화엄종 관련 기록)
 제왕연대력(역사서, 신라 고유 왕호를 부정하고 모두 '왕'으로 표기)
⑥ 사상적 경향 : 유학자지만 유불선과 풍수지리설, 풍류도를 두루 섭렵
⑦ 발해에 대해 부정적 : 빈공과 합격자를 놓고 발해를 비판(등제서열사건)
⑧ 문창후 : 고려 현종 때 문창후로 문묘에 배향(설총은 홍유후)
⑨ 사산비명(현존) : 낭혜화상탑비명, 진감선사탑비명
 증대사적조탑비명, 대숭복사비명
⑩ 난랑비문 : 화랑 난랑을 위해 만든 비석, 풍류도(유불도)
⑪ 해인사묘길상탑비문 : 당의 흉함 ⇨ 동쪽 신라로 옮겨옴

■■■ 장보고(궁복, 궁파)

① 호족(당나라 소장 출신)
② 흥덕왕 대 청해진(완도). 문성왕 때 혈구진(강화도)를 설치
③ 서해와 남해의 해상 무역권 장악, 외교 사절 파견
④ 일본 승려 엔닌의 '입당구법순례행기'에 언급
⑤ 신무왕(김우징) 때 중앙으로 진출을 꾀하다 염장에게 암살(문성왕)
⑥ 장보고의 사후 호족 난립(왕건의 송악세력)

하대 주요 왕의 업적

중대 경덕왕	흥덕왕	진성여왕
① 녹읍 부활 ② 중국화 : 지방 명칭의 중국화 ③ 중시 ⇨ 시중 ④ 국학 ⇨ 태학, 박사와 조교, 논어와 효경 가르침 ⑤ 김대성 관련 문화 유산 : 불국사(불국사3층석탑, 다보탑), 석굴암(본존불)	① 청해진 설치(828) ② 집사부 ⇨ 집사성 ③ 사치금지령	① 위홍이 최초의 향가집 '삼대목' 편찬 ② 원종·애노의 난(889) ③ 최치원의 시무10조(894) ④ 적고적의 난(896) ⑤ 양길, 기훤, 견훤, 궁예 등 봉기

심화 신라의 군진
① 북진 : 무열왕. 강원도에 말갈 대비
② 패강진 : 성덕왕 때 발해를 견제하기 위해 수자리 설치 ⇨ 선덕왕 때 패강진
③ 청해진 : 흥덕왕 때 장보고가 완도에 설치
④ 혈구진 : 문성왕 때 장보고가 강화도에 설치

chapter **고대 귀족회의와 행정조직**

		고구려	백제	신라	통일신라
귀족회의		제가회의	남당 ⇨ 정사암	남당 ⇨ 화백회의	화백회의 ⇔ 집사부
수장		좌우보, 국상 ⇩ 대대로, 막리지	상좌평	상대등	상대등 ⇔ 중시(시중)
행정구역	중앙	5부(고국천왕)	5부(성왕)	6부(소지왕)	-
		5부5부	5부5방	6부5주	9주5소경
	지방	5부(욕살) 성(처려근지,도사)	5방(방령) 군(군장, 도사)	5주(군주) 군(당수)-촌(촌주)	9주(총관 ⇨ 도독) 군-현
특수행정		3경	22담로(무령왕)	3소경	5소경(사신)
중앙관서		① 주부 : 재정 ② 내평 : 내무 ③ 외평 : 외무	① 6좌평(고이왕) ② 22부(성왕) : 내관12/외관10	병부 시작(법흥왕)	14부 완성(신문왕)

가(加)
각 부족의 수장
→ 중앙 귀족화 →

정리 신라의 지방통제
① 지방관 감찰 : 사정부(무열왕), 외사정(문무왕)
② 지방 세력가 견제 : 상수리 제도(인질 제도)

정리 5소경
① 사신 파견
② 북원경(원주), 중원경(충주), 서원경(청주), 남원경(남원), 금관경(김해)

chapter **삼국의 중앙관서**

백제 6좌평

① 내신좌평 : 왕명출납, 인사
② 내두좌평 : 재정
③ 내법좌평 : 교육과 의례
④ 병관좌평 : 국방
⑤ 조정좌평 : 형벌·법률
⑥ 위사좌평 : 왕실경호

신라 14부

법흥왕	병부(국방)
진평왕	위화부(인사) 예부(교육과 의례), 영객부(외교) 조부(조세 수취) 승부(육상교통), 선부(선박과 해상교통)
진덕여왕	집사부(왕명출납) ① 진흥왕 때 품주 설치 ② 진덕여왕 때 집사부로 개칭 ③ 무열왕과 신문왕 때 집사부와 중시 강화 ④ 경덕왕 때 중시 ⇨ 시중 좌이방부(형률 사무) 창부(재정)
무열왕	사정부(관리 감찰) ⇨ 문무왕 때 외사정 파견
문무왕	우이방부(형률 사무, 좌·우이방부로 분리)
신문왕	공장부(수공업), 예작부(토목)

	고구려	백제	신라
관등제	① 10여관등(소수림왕) ② 형계와 사자계열 ③ 조의, 선인	① 16관등(고이왕) ② 솔계와 덕계열	① 경위제(17관등)/외위제(11관등) 이원적 구조 ⇨ 통일 후 경위제로 일원화 ② 17관등(법흥왕) ③ 찬계열, 나마계열
관복제	-	3색관복(자·비·청) : 자색관복 나솔 이상은 은제관식	4색관복(자·비·청·황)

■■□□ 삼국 관등제

고구려		백제			신라		
등급	관등명	등급	관등명	관복색	등급	관등명	관복색
1	막리지 대대로	1	좌평	자색	1	이벌찬	자색
		2	달솔		2	이찬	
		3	은솔		3	잡찬	
2	태대형	4	덕솔		4	파진찬	
3	울절	5	한솔		5	대아찬	
4	태대사자	6	나솔		6	아찬	비색
5	조의두대형	7	장덕	비색	7	일길찬	
6	대사자	8	시덕		8	사찬	
7	대형	9	고덕		9	급벌찬	
8	발위사자	10	계덕		10	대나마	청색
9	상위사자	11	대덕		11	나마	
10	소사자	12	문독	청색	12	대사	황색
11	소형	13	무독		13	사지	
12	제형	14	좌군		14	길사	
13	선인	15	진무		15	대오	
14	자위	16	극우		16	소오	
					17	조위	

chapter **발해의 성장과 쇠퇴**

고왕 대조영 (천통)	① 고구려 유민들이 말갈족과 함께 당나라 탈출 ② 동모산에 '진' 건국(698) ⇨ 당이 대조영을 발해 군왕으로 봉함
무왕 대무예 (인안)	① 당과의 전쟁 : 흑수말갈 공격(대문예), 산둥반도 공격(장문휴), 요서 공격 ② 당·신라·흑수 vs 발해·일본·돌궐 : 성덕왕의 발해 공격 ⇨ 일본의 신라 공격 ③ 북만주 장악
문왕 대흠무 (대흥)	① 당·신라와 관계 개선 : 조공도, 신라도 ② 체제 정비 : 3성6부제, 주자감 ③ 천도 : (동모산) ⇨ 중경 ⇨ 상경 ⇨ 동경(성왕 때 다시 상경으로 환도)` [정리] 문왕 관련 내용 정리 　① 고구려 계승 의식 : 일본에 보낸 국서 '나 고려왕 대흠무는...' 　② 전륜성왕, 황상·대왕(정혜공주묘), 황후(문왕 비의 고분), 자칭 천손(일본 국서) 　③ 고구려의 굴식 돌방무덤 : 정혜공주묘 　④ 중국의 벽돌식 무덤 : 정효공주묘(단, 고구려식의 평행고임구조 사용)
선왕 대인수 (건흥)	① 대야발 가문이 왕위 계승 ② 체제 재정비 : ㉠5경 15부(도독) 62주(자사) ㉡10위(중앙군, 대장군) ③ 요동 확보, 신라와 국경 접함 ⇨ 해동성국이라 칭송 받음
멸망 (926)	대인선 때 요나라(거란, 야율아보기)의 침입으로 멸망

[관련] 발해 멸망 이후 발해를 계승하는 후발해, 정안국이 건국되기도 하였다.

[정리] 발해의 지방군
① 발해의 지방군은 지방관(도독, 자사, 현승)이 지휘
② 현 밑의 말단 촌락에서는 토착세력에 의해 자치

chapter **발해의 정체성**

발해의 이원적 민족 구성 : ①지배층(고구려인) ②피지배층(말갈족) ⇨ 정체성 문제 야기

[정리] 발해 관련 역사서

①제왕운기(이승휴) ②발해고(유득공) ③동사(이종휘) ④아방강역고(정약용) ⑤대동지지(김정호) ⑥해동역사(한치윤) ⑦조선상고사(신채호)
참고. 발해사를 말갈의 역사로 본 경우 : 일연의 삼국유사, 안정복의 동사강목
추가. 동사세가(홍석주, 순조), 발해강역고(서상우, 고종)

고구려 영향	① 무왕과 문왕의 고구려 인식 　㉠무왕의 일본국서 '고구려의 옛 땅에서 부여의 습속 계승' 　㉡문왕의 일본국서 '나 고려왕 대흠무는 ...' ② 정혜공주묘(육정산 고분군) : 굴식돌방무덤(모줄임 구조), 문왕 둘째 ③ 온돌, 돌사자, 이불병좌상, 석등, 벽돌과 기와, 조우관
당의 영향	① 상경 용천부의 주작대로(당의 장안 모방), 영광탑(전탑) ② 정효공주묘(용두산 고분) : 벽돌고분(천장 고구려식 평행고임구조), 문왕 넷째 ③ 3성6부제 : 그러나 당과는 명칭과 운용이 다름 　㉠정당성의 장관인 대내상이 국정을 총괄 　㉡6부의 형태가 당과는 달리 좌사정, 우사정 이원체제 　㉢세부 명칭도 당과는 다름 : 좌사정에 충부, 인부, 의부 우사정에 지부, 예부, 신부

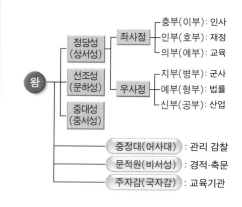

▲ 이불병좌상

▲ 발해 돌사자

▲ 발해 석등

▲ 연와당 무늬 기와

[정리] 발해와 신라의 관계
문왕 이후에 신라와 적대 관계가 해소되었으나 신라와 관계가 우호적이지는 않았다.
① 등제서열사건(907) : 당의 빈공과 합격자를 둘러싼 신라와 갈등(오소도, 최언위)
② 쟁장사건(897) : 당나라에서 사신의 서열을 두고 신라와 갈등(대봉예)
③ 최치원의 사불허북국거상표 : 최치원은 위의 두 사건을 기록하며 북국 비난

chapter **후삼국의 성립과 통합**

후백제(900)

① 견훤은 아자개 아들로 신라 비장 출신
② 무진주(광주) 점령(왕 자칭) ⇨ 완산주(전주)에서 후백제 건국
③ 중국(오월, 후당 등), 일본과 외교
④ 한계 : 신라에 대한 적대 정책(경애왕 살해). 농민과 호족 포섭에 실패

후고구려(901)

① 궁예(善宗)는 신라 왕족 출신(반신라)
  ⇨ 기훤, 양길 휘하 성장 ⇨ 송악에서 후고구려 건국
② 마진 개칭(904) ⇨ 철원 천도(905) ⇨ 태봉 개칭(911)
③ 연호사용(무태, 성책, 수덕만세, 정개). 체제 정비(광평성, 9관등제)
④ 나주 금성전투(910) : 왕건의 후백제의 배후인 나주 점령
⑤ 한계 : 미륵불·관심법. 신라에 대한 적대 정책. 농민과 호족 포섭에 실패

고려(918)

① 왕건은 송악 해상 호족 ⇨ 궁예 휘하에서 활약(나주 금성전투 등)
② 궁예를 몰아내고 철원에서 고려 건국 ⇨ 개경(송악) 천도
  [참고] 발해 거란에 멸망(926)
③ 대구 공산전투(927) : 후백제의 신라 압박(경애왕 살해)
          ⇨ 신라를 돕던 왕건 패배
④ 안동 고창전투(930) : 고창 호족의 지지로 왕건 승리

통합 과정

① 발해 멸망(926) ⇨ 발해세자 대광현 귀순(934)
② 큰 아들 신검에 의해 금산사에 유폐된 견훤이 고려에 투항(935)
③ 신라 통합(935) : 경순왕 귀순(최초의 사심관)
④ 선산 일리천전투 : 신검의 백제를 고려가 점령(936)

[정리] 후삼국 순서 잡기
① 후삼국의 형성 : 후백제 ⇨ 후고구려 ⇨ 고려
② 후삼국의 통합 : 발해 ⇨ 견훤 ⇨ 신라 ⇨ 후백제

■■□□ **주요 연호**

삼국시대	고구려	광개토왕 : 영락(永樂)
	신라	법흥왕 : 건원(建元) 진흥왕 : 개국, 대창(太昌), 홍제 진평왕 : 건복 선덕여왕 : 인평 진덕여왕 : 태화
남북국시대		고왕 : 천통(天統) 무왕 : 인안(仁安) 문왕 : 대흥(大興), 보력(寶曆) 성왕 : 중흥(中興) 선왕 : 건흥(建興)
고려		궁예 : 무태, 성책, 수덕만세, 정개 태조 : 천수(天授) 광종 : 광덕(光德), 준풍(峻豊)
조선		고종 : 개국기년(開國紀年), 건양(建陽), 광무(光武) 순종 : 융희(隆熙)
현대		이승만 : 단군기원 박정희 : 서력기원

PART 01

■■□ 고려시대 마디·마디

918	(1000)	1170	1270	(1370)	1392
호족	**문벌귀족**	**무신**	**권문세족**	**신진사대부**
태조 광종 경종 성종	목 현 문 숙 예 인 의	명종 고종 원종	원 열 선 숙 혜 목 정	우 창 공

최승로의 시무28조　　　무신정변　　　개경환도　　　공민왕의 반원개혁

○　○　● 　　　　　　　　　　　　　　　　　　　　　　　호족 주도기

chapter 　**태조 왕건(918~943)**

대내 정책

호족 통합

유화책	① 정략결혼　② 왕씨성 사성　③ 역분전
견제책	① 사심관 : ㉠부호장 이하 향리임명·관리　㉡치안유지 ② 기인제도(인질 제도) ≒ 신라의 상수리제도

→ ① 후손 : 훈요10조
② 신하 : 정계, 계백료서

민생 안정

① 취민유도(取民有度) : 1/10세
② 구휼제도 : 흑창

대외 정책

자주적 성격

① 중국 5대10국의 혼란기 ⇨ 5대와 자주적 외교
② 연호(천수), 황색포

북진정책

① 서경 중시 : 사민정책, 분사제도
② 영토확장(청천강~영흥만)
③ 발해세자 우대
④ 만부교사건(거란 배척)

흔들리는 왕권

혜종	왕규의 난 ⇨ 왕식렴이 진압하여 정종을 즉위 시킴
정종	① 왕식렴의 서경천도 시도 실패 ② 광군사 설치 : 거란 침입 대비(정안국과 통교하여 거란 견제) ③ 광학보 설치 : 승려들의 장학 재단

■■□ 훈요10조

1조 후세의 간신들이 사원을 빼앗고 경영하지 못하게 하라
2조 지금의 사원은 도선의 역에 따라 세운 것이니, 함부로 사원을 세워 지덕을 손상시키지 말라
3조 왕위의 계승은 맏아들을 함이 원칙이나, 불초한 경우 덕망있는 자가 대통을 잇게 하라
4조 당의 풍속을 숭상해 왔으나, 반드시 당과 같을 필요는 없으며, 거란의 풍속을 멀리하라
5조 서경은 길지이므로 중시하고, 사중마다 순수하여 100일을 머물도록 하라
6조 연등회와 팔관회를 중시하라
7조 간언을 받아들이고 참소를 멀리하며, 백성의 부세를 가벼이 하며, 상벌을 공평히 하라
8조 차현 이남의 공주강 외의 지역을 등용하지 말라
9조 녹봉을 공정하게 정하고, 병졸을 아끼라
10조 널리 경사(經史)를 거울삼아 현실을 경계하라

[정리] 국경선의 변화

① 통일신라 : 대동강 ~ 원산만
② 태조 왕건 : 청천강 ~ 영흥만
③ 서희 강동6주 : 압록강
④ 공민왕의 철령 이북 땅 수복
⑤ 세종 4군6진 개척 : 압록강 ~ 두만강

광종의 왕권 강화

1기 잠복기	① 최승로 "광종 8년 동안의 다스림은 가히 삼대에 견줄 만하다." ② 주현공부법(949) : 주현이 부담하는 세금과 부역을 법으로 정함 ③ 노비안검법(956) : 노비안을 검사하여 불법으로 노비 된 자를 양민화
2기 과거제 실시	과거제도(958) : 후주의 쌍기가 건의
3기 왕권 전제화	① 본격적 호족 숙청 ② 광덕(즉위 초) ⇨ 준풍(연호) 관련 광종 때 송과 수교 이후 송의 연호 사용(외왕내제) ③ 개경을 황도, 서경을 서도 ④ 공복제도 : 자·단·비·녹 4색 관복제 정비 관련 신라의 4색 관복(자·비·청·황)과 구별
기타	① 제위보 설치 : 빈민구제 ② 불교정비 : ㉠승과 제도 ㉡국사·왕사 제도 ㉢귀법사(균여) 창건

정리 경종

시정전시과 시행 : 인품과 관품(4색 관복 등)을 기준으로 지급

chapter 성종(981~997)

최승로(6두품 출신)의 시무28조

관련 주요 시무책 : 최치원의 시무10조 — 최승로의 시무28조 — 최충헌의 봉사10조

왕권 강화	귀족특권 인정
① 유불 정치의 실현 : 유교는 정치, 불교는 수신의 본(本) ② 불교도교 비판 : 연등회와 팔관회 비판, 고리대업 비판 ③ 외관 파견 ④ 중국·신라의 공복과 군신의 도리 수용 ⇄ 거마·의복 등 생활양식 X ⑤ 중국과의 무역 공무역만 허가 ⇄ 사무역 X	① 신하에 대한 예의, 대간 ② 귀족특권(삼한공신, 세가) ③ 노비환천법

O X   고려 성종 때 최승로의 주도하에 불교를 탄압하였다. (O / X)

통치조직 정비

중앙 정비	① 2성6부를 중심으로 중앙정치체제 정비 ② 송의 중추원과 삼사 설치, 도병마사와 식목도감 설치 ③ 3경 정비(동경 설치) ④ 문·무산계 최초 정비
지방 정비	① 12목 설치하고 지방관 파견 (단, 5도 양계의 지방행정조직은 현종) ② 향리제도 정비 (호장, 부호장 등 9등급)
유교 정치	① 국자감 정비, 문신월과법 ② 과거제 정비, 과거 출신자 적극 등용 ③ 문한 부서 : 비서성(개경, 경적과 축문 작성), 수서원(서경) ④ 지방 향학(향교)에 경학박사, 의학박사 파견
대외 정책	① 거란1차 침입 ② 서희의 강동6주 설치
사회 경제	① 의창과 상평창 설치 ② 건원중보 : 최초의 화폐. 철전

■■□□ 최승로의 시무28조 (현재 22개 조가 전함)

다섯 임금의 정치와 교화가 잘 되었거나 잘못된 것을 기록(오조정적평)

.....

5조 … 지금부터 사신 편에 무역을 겸하게 하되 그 밖의 때에 어극사는 매매는 일절 금지하도록 하소서

6조 절에서 해마다 장리를 두어 백성을 괴롭히니 이를 모두 금지하소서

7조 태조께서 나라를 통일한 후에 군현에 수령을 두고자 하였으나 대개 초창기에 일이 번다하여 미처 이 일을 시행할 겨를이 없었습니다. 청컨대 외관(지방관)을 두소서

9조 관료들이 조회할 때는 모두 중국 및 신라의 제도를 따라 공복을 입게 하고 높고 낮음을 구분하도록 하소서

11조 중국의 제도를 따르지 않을 수는 없지만 사방의 풍습이 각기 토성에 따르게 되니 다 고치기는 어려울 것 같습니다. 그 예약·시성의 가르침과 군신·부장의 도리는 마땅히 중국을 본받아 비루한 것을 고치도록 하고, 그 밖의 거마·의복의 제도는 우리의 풍속을 따르게 하소서

13조 우리나라에서는 봄에 연등회를 열고 겨울에는 팔관회를 베풀어 사람을 많이 동원하고 노력이 심히 번거로우니, 원컨대 이를 감하여 백성이 힘을 펴게 하소서

20조 불교는 수신(修身)의 근본이요, 유교는 치국(治國)의 근원이니, 수신은 내생의 일이요. 치국은 금일의 일입니다

chapter 문벌귀족 사회

문벌귀족 사회의 성립 [관련] 대외 관계 : 거란(요)의 1, 2, 3차 침입

① 사상적 기반 : 유교 + 교종
② 정치적 기반 : 음서제, 재추회의
③ 경제적 기반 : 공음전
④ 사회적 기반 : 폐쇄적 통혼권
⑤ 학문적 기반 : 사학(사학12도, 최충의 9재학당), 지공거(좌주·문생 관계)

[참고] 8대 가문
경원 이씨 이자겸
파평 윤씨 윤관
해주 최씨 최충
경주 김씨 김부식

문벌귀족 사회 변질 [관련] 대외 관계 : ①윤관의 동북9성 ②금의 사대요구

이자겸의 난(1126)　　① 인종 때 이자겸·척준경이 일으킨 난(십팔자득국설)
　　　　　　　　　② 개경의 궁궐이 불타고 지배층 분열

금의 사대 요구

묘청의 서경천도운동(1128~36)　　묘청과 정지상 등 신진 세력이 서경 천도를 시도 ⇨ 좌절 ⇨ 반란

[관련] 신채호 조선사연구초 '조선역사 일천년내 제일대사건'

	서경파	개경파
주요 인물	묘청, 정지상(신진세력)	김부식(문벌귀족)
성향	고구려, 진취적	신라, 보수
금에 대한 태도	금정벌, 칭제건원 (천개, 대위국, 대화궁, 천견충의군)	금사대
사상적 성향	풍수지리 + 불교 + 도교 + 토속	유교

[관련] 묘청 서경천도운동 결과 ⇨ ①김부식의 삼국사기 ②3경제도와 분사제도 폐지

chapter 문벌귀족기 대외관계

거란(요)의 침입 ⇨ 진취적·자주적 대응	여진(금)의 침입 ⇨ 사대적·보수적 대응
1차 침입(성종, 993) ① 원인 : 송을 공격하기 전에 배후의 정안국과 고려 공격 ② 서희와 소손녕의 담판 ③ 송과 단교 약속 ⇄ 강동6주 획득(압록강으로 국경선 확장)	**윤관의 여진 정벌(숙종~예종)** ① 윤관 별무반 조직과 여진 토벌(숙종) : 신기 + 신보 + 항마 ② 동북9성 설치(예종) ⇨ 반환(보수적 성향) ⇨ 여진(금) 성장 계기 마련 ③ 금 성장 : 고려는 금과 형제관계 수용, 남송시대

2차 침입(현종, 1010)
① 요구 : 강조의 변(목종 시해) + 강동6주 반환
② 강조 패배 ⇨ 개경 함락(현종은 나주로 피신)
③ 양규의 항전 : 강동6주 흥화진, 양규 전사
④ 현종의 친조 조건으로 물러남
⑤ 거란을 막고자 초조대장경 조판 시작

3차 침입(현종, 1018)
① 요구 : 현종의 친조 + 강동6주 반환. 소배압 침입
② 강감찬의 흥화진 승리, 귀주대첩
③ 거란은 강동6주 포기 ⇄ 고려는 친송정책 포기
④ 대비 : ㉠개경에 나성 축조
　　　　㉡천리장성 축조(압록강 입구~도련포, 덕종~정종)

금
의

사
대

요
구

금과 사대관계 수용

이자겸의 난

묘청의 서경천도

개경파 승리 ⇨
금과 사대관계 유지

목종 (997~1009)	① 개정전시과(998) ② 음서제 처음 실시 ③ 천추태후와 김치양의 전횡 ④ 강조의 정변 ⇨ 현종 즉위
현종 (1009~1031)	① 지방행정구역 정비 : 5도 양계, 4도호부 8목(군현체제 완비) ② 향리의 관등·공복제 실시, 주현공거법(향리 과거 응시) : 지방행정과 향리제도 정비 시작은 성종 완성은 현종 ③ 거란의 2차, 3차 침입 ⇨ 초조대장경 조판 시작(2차 침입 직후), 연등회·팔관회 부활, 현화사 건립(법상종) ④ 7대 실록 편찬 시작(덕종 때 완성) ⑤ 거란 3차 이후 천리장성 : 덕종 ~ 정종
문종 (1046~1083)	① 경정전시과(1076) ② 공음전 처음 지급 ③ 한양을 남경으로 승격 ④ 사학 발전 : 사학12도(최충의 문헌공도 등) ⑤ 경원 이씨 등장(문종이 이자연의 딸과 결혼) ⑥ 흥왕사 건립 : 화엄종 중심 사찰(의천) ⑦ 동서대비원 설립
선종 (1083~1094)	① 숙종과 의천의 형 ② 의천의 건의로 흥왕사에 교장도감 설치 ③ 천태종의 중심사찰인 국청사 건립(흥왕사는 문종)
숙종 (1095~1105)	① 교장(속장경) 간행 ② 주전도감 설치(의천) : 삼한, 해동, 활구 등 ③ 관학진흥책 : 서적포(출판) ④ 윤관의 별무반 조직 ⑤ 의천과 윤관의 활동 ⑥ 기자 사당(충숙왕 때 숭인전도 기자를 모신 사당)
예종 (1105~1122)	① 윤관의 동북9성 축조 ② 관학진흥책 : 7재, 청연각·보문각, 양현고 ③ 지방에 감무 파견 ④ 경연을 최초 시행 ⑤ 복원궁이라는 최초 도교 도관 설립 ⑥ 혜민국 설치
인종 (1122~1146)	① 이자겸의 난(1126) ② 묘청의 서경천도 운동(1135)과 김부식의 삼국사기 ③ 서긍의 고려도경 ④ 관학진흥책 : 경사6학
의종 (1146~1170)	무신정변(경인의 난, 정중부의 난, 경계의 난)

chapter 무신집권기 개념도

| 무신정변 직후 혼란기 | 최충헌 집권 → | 최충헌·최우 안정기 | 최우 때 몽골의 침입 → | 대몽항쟁기 | 원종의 개경환도 → | 삼별초의 항쟁 |

chapter 무신 정권

무신정변(경계의 난, 1170)의 배경

① 숭문경무(崇文輕武) ⇨ 무신차별(한품제, 하급군인의 군인전 미지급, 강예재 폐지, 무과X)
② 의종의 향락
③ 이고, 이의방, 정중부가 의종을 폐위(명종 즉위)하고 김돈중 등 문신을 제거하고 집권

무신 정권 성립

	권력기구	무력기반
이의방	중방	-
정중부	중방	-
경대승	중방	경대승 도방 설치
이의민	중방	이의민 도방 폐지
최충헌	교정도감	최충헌 도방 부활
최우	정방(인사) 서방(문신)	야별초 삼별초

정리 최충헌
① 명종 때 봉사10조
② 명종을 폐위시키고 신·희·강·고종을 옹립
③ 이규보 등용(동국이상국집의 동명왕편, 백운소설), 조계종의 지눌 지원
④ 진주를 식읍으로 받아 흥녕부 설치(진강후로 책봉)
⑤ 대규모 농장, 권력 독점

민란의 시대

문벌 귀족	① 김보당의 난(1173, 명종) : 동계, 동북면병마사 ② 조위총의 난(1174) : 서경 중심, 서경유수 ③ 교종 승려의 봉기(1174) : 귀법사의 난
민중 저항	① 망이·망소이 난(정중부, 공주 명학소의 난, 충순현, 1176) ② 전주관노의 난(경대승, 1182) ③ 김사미·효심의 난(이의민, 1193) : 운문·초전 등 경남 일대 　이의민과 내통, 신라 부흥 ④ 만적의 난(1198, 신종) : 최충헌 노비
삼국 부흥	① 이비·패좌의 난(1202) : 신라 부흥운동 ② 최광수의 난(1217) : 고구려 부흥운동 ② 이연년의 난(최우, 1237) : 백제 부흥운동

■□□ 최충헌의 봉사 10조(명종)

제1조 왕은 정전(正殿, 연경궁(延慶宮))으로 환어할 것.
제2조 필요 이상의 관원(용관(冗官))을 도태시킬 것.
제3조 토지점유를 시정할 것.
제4조 조부(租賦)를 공평히 할 것.
제5조 왕실에 공상(供上)을 금지할 것.
제6조 승려를 단속하고 왕실의 고리대업을 금할 것.
제7조 청렴한 주·군의 관리를 등용할 것.
제8조 백관으로 하여금 사치를 금하고 검약을 숭상케 할 것.
제9조 비보(裨補) 이외의 사찰을 도태시킬 것.
제10조 관리등용에서 인물을 가려 등용할 것.

chapter 무신정권기 대외관계 (대몽항쟁)

몽골의 침입(1231~1270)

시작 **(1219)**	① 강동성의 역 : 여몽연합군이 강동성의 거란 격파(김취려) ② 형제 관계 ⇨ 몽고 사신 저고여 피살로 관계 악화
1차 **(1231)**	① 살리타의 개경포위 ② 박서의 저항(귀주성) ⇨ 조공관계, 퇴각
2차 **(1232)**	① 최우 강화도 천도(1232), 주민 섬과 산으로 피난 ⇨ 2차 침입 ② 처인부곡(처인현 승격)에서 김윤후가 살리타 사살 ③ 초조대장경(대구 부인사)과 교장(흥왕사) 소실
3차 **(1235)**	① 강화도에서 대장도감 설치(1236) ⇨ 팔만대장경 조판 ② 황룡사와 황룡사9층목탑 소실
후기	① 5차 충주성 승리 : 김윤후와 하층민의 승리(국원경 승격) ② 6차 : 6년간 4차례 전투, 충주 다인철소 승리(익안현 승격) **관련** 무오정변 (고종, 1258) 김준, 임연 등에 의해 최씨 정권 몰락 ⇨ 무신 세력의 약화 ③ 강화체결과 개경환도(1270, 원종) **관련** 원종 녹과전 실시(1272)

● 삼별초 항쟁 지역

귀주 박서와 김경손의 항쟁(1차)

개경 몽골과 강화

최우의 항쟁 강화도

처인성(용인)

김윤후의 살리타 사살(2차) 충주 충주성 승리(5차)
충주 다인철소 승리(6차)

부인사 초조대장경 소실(2차) 대구

동경(경주)

황룡사9층목탑 소실(3차)

제주도

진도

정리 무신정권기 주요 왕
① 의종 : 무신정변(정중부의 난)
② 명종 : 최충헌 봉사 10조
③ 고종 : 최충헌·최우 집권, 강화도 천도
③ 원종 : 개경 환도, 녹과전 지급

정리 최우(고종) 인쇄술 발달
① 상정고금예문 활판 인쇄(1234)
② 강화도에 대장도감 설치 (1236) : 팔만대장경, 향약구급방

삼별초의 항쟁

삼별초의 형성

야별초 ⇨ 좌별초 + 우별초 ⇨ 신의군 가세하여 삼별초

개경환도 이후 삼별초의 저항

① 배중손이 '승화후 온'을 왕으로 추대, 일본국서(고려첩장)
② 배중손이 강화도와 진도(용장성, 일본 국서)에서 활약
③ 김통정이 제주도(항파두리성)에서 활약

■■□□ 북방 민족

민족	나라	왕족
선비족	연, 전연, 후연	모용○
숙신 = 말갈 = 여진	금, 후금, 청	-
거란	요	야율○
몽골	원	○○칸

chapter **원 간섭기**

	원의 영향
영토상실	① 쌍성총관부(철령 이북, 화주) : 고종 대 설치. 공민왕 탈환 ② 동녕부(자비령 이북, 평양) : 원종 대 설치. 충렬왕 때 반환 ③ 탐라총관부 : 원종 대 일본 정벌 위해 설치, 충렬왕 때 반환
내정간섭	① 국격 하락 : 부마국, 관제 격하 　2성 ⇨ 첨의부. 6부 ⇨ 4사. 중추원 ⇨ 밀직사. 어사대 ⇨ 감찰사 ② 독로화 : 세자가 원의 연경에 머물다가 왕위에 오르는 제도 ③ 내정간섭 기구 : 정동행성이문소, 다루가치, 순마소, 만호부 　관련　응방 : 해동청(송골매) 공급. '시치미 떼다'
권문세족	① 정치 : 도평의사사, 정방, 음서 ② 경제 : 대농장, 공음전 　관련　입성책동 : 친원세력이 고려를 몽고에 편입시키려는 시도
사회	① 몽골 ⇨ 고려 : 상류사회에서 몽골풍, 변발, 쪽두리, 수라 ② 고려 ⇨ 몽골 : 공녀(결혼도감, 조혼), 고려양 ③ 쌍화점(회회아비)

	원간섭기 개혁정치
충렬왕	① 두 차례 일본 정벌 : 정동행성 설치 ② 도병마사 ⇨ 도평의사사로 개편 ③ 개혁 시도 : 전민변정도감, 홍자번 편민18사 ④ 유교 : 성균감으로 개칭(충선왕 때 성균관) 　　　　　안향의 성리학 수용(문묘 설치) 　　　　　섬학전 설치(양현고에 귀속) 　　　　　경사교수도감(유교 장려) ⑤ 민족의식 부각 : 삼국유사(일연), 제왕운기(이승휴)
충선왕	① 개혁 시도 : 사림원 설치, 정방 폐지 　　　　　　소금전매제도(의염창, 각염법) ② 조비사건으로 퇴위 ⇨ 원 무종 옹립으로 복위 ③ 복위교서(재상지종) ④ 심양왕(요령의 왕) 임명 ⑤ 친원적 성향 : 원 수시력 정착(최초는 충렬왕) 　　　　　　　퇴위 후 연경의 만권당(이제현, 이암)

　심화　중조사건 : 국왕이 물러났다 다시 왕위에 오르는 사건
충렬왕·충선왕, 충숙왕·충혜왕

　심화　원 간섭기 개혁기구

① 충렬왕	전민변정도감
② 충선왕	사림원
③ 충숙왕	찰리변위도감
④ 충혜왕	편민조례추변도감
⑤ 충목왕	정치도감

▼ 회헌 안향

chapter **공민왕의 반원개혁(1351~1374)**

1차 개혁	① 정방 폐지 ② 관제 복구, 몽골풍 금지 ③ 정동행성 이문소 폐지 ④ 친원세력 숙청(기철) ⑤ 쌍성총관부 무력으로 회복(화주 = 철령 이북, 이자춘 활약)
내우외환	① 홍건적 침입 1차 침입(1359) : 서경 점령(이방실이 격퇴) 2차 침입(1361) : ㉠ 개경 점령(공민왕 안동으로 몽진) 　　　　　　　　관련　안동의 놋다리 밟기(노국공주) 　　　　　　　　㉡ 최영·이성계 등이 격퇴 　　　　　　　　㉢ 포상 과정에서 첨설직(산직) 설치 ② 친원세력의 반격 : 흥왕사의 변(1363, 외척 김용의 난)
2차 개혁	① 원의 공격 격퇴 ② 노국공주의 죽음　관련　충렬왕(제국대장공주), 충선왕(계국대장공주) ③ 전민변정도감(1366, 신돈 중용) ④ 성균관 정비(순수한 유교교육기관. 기술학X) : 신진사대부 등용 ⑤ 요동공략 : 명과 함께 원의 동녕부 공략. 일시적 점령
실패	권문세족의 반발과 미약한 개혁 세력 ⇨ 공민왕 시해(자제위의 홍륜)

　정리　정방 폐지

① 충선왕
② 충목왕
③ 공민왕 때 이색이 주도
④ 창왕 때 완전 폐지

　정리　전민변정도감

① 원종 최초 설치
② 충렬왕, 공민왕, 우왕 때 설치

chapter **신진사대부의 성장과 개혁**

신진사대부의 성격	① 무신집권기 이래로 중소 지주나 향리 출신으로 과거를 통해 등용 　충선왕과 공민왕의 개혁으로 본격적으로 중앙 정계에 진출 ② 사상적 경향 : 실천적 성리학을 중시하고 불교 비판 ③ 외교 노선 : 친명배원
신흥무인세력의 성장 (우왕)	① 홍산대첩(최영) : 부여 ② 진포대첩(최무선) : 화통도감, 화포 사용, 군산 ③ 황산대첩(이성계) : 남원시 운봉 ④ 관음포대첩(정지) : 남해 관음포
요동정벌과 위화도 회군	① 최영 집권 : 친원세력인 이인임 일파 숙청 ② 명의 철령위 통보 ⇨ 최영 요동정벌 ③ 이성계 · 조민수의 위화도회군 : 사불가론(큰나라, 여름 농사, 여름 화살, 왜구) ④ 최영 제거, 우왕을 폐하고 창왕 옹립

> **정리** 창왕
> ① 대마도 정벌 : 위화도 회군 직후, 박위
> ② 정방 완전 폐지

신진사대부 분열

혁명파 사대부 (정도전, 남은, 조준, 윤소종)	온건파 사대부 (이색, 정몽주, 길재)
① 급진적 역성혁명 ② 전면적 토지 개혁 ③ 이성계 일파와 결합	① 점진적 고려 개혁 ② 온건한 토지 개혁

> **사료** 이방원의 '하여가'
> 이런들 어떠하며 저런들 어떠하리
> 만수산 드렁칡이 얽어진들 어떠하리
> 우리도 이같이 얽어져 백년까지 누리리라.

> **사료** 정몽주의 '단심가'
> 이 몸이 죽고 죽어 일백번 고쳐 죽어
> 백골이 진토되어 넋이라도 있고 없고
> 님 향한 일편단심이야 가실 줄이 있으랴.

공양왕 즉위와 조선 건국 준비

① 창왕을 신돈의 자손이라 폐하고 공양왕 옹립(폐가입진)
② 군권 장악 : 무과 실시, 삼군도총제부 설치
③ 경제권 장악 : 공사전적 소각 ⇨ 과전법 실시
　　　　　　(1391, 조선 건국의 경제적 기반 제공)
④ 온건파 사대부 정몽주 선죽교 살해
⑤ 혁명파 집권 ⇨ 조선 건국(1392)

▼ 삼봉 정도전

▼ 포은 정몽주

chapter **고려의 중앙정치체제**

초기 태봉의 관제(광평성)을 중심으로 당과 신라의 관제를 답습 ⇨ 성종 때 당과 송의 제도를 일부 수용하여 고려 특유의 2성 6부제 정비

정책결정·집행기구

중서문하성	① 고려시대 최고 정무기구. 문하시중이 수장 ② 재신(2품 이상, 6부 판사 겸직)과 낭사(3품 이하)로 구성
중추원	추신(2품 이상, 군국기무)과 승선(3품, 왕명출납)으로 구성
재추회의 (임시기구)	① 재신과 추신의 합좌기구로 고려의 독자적 정치체제 ② 귀족정치의 성격 반영 ③ 종류 : 도병마사(대외적, 국방), 식목도감(대내적, 법률) ④ 원간섭기 충렬왕 : 도병마사 ⇨ 도평의사사(상설화)
상서성	실무부서인 6부를 관할

참고 6부(판사가 수장)
① 이(吏) : 인사
② 호(戶) : 재정(호적, 양안)
③ 예(禮) : 외교, 교육, 과거
④ 병(兵) : 군사, 무관의 인사, 역참, 봉수
⑤ 형(刑) : 형벌, 치안, 노비
⑥ 공(工) : 산업

언론기관

① 대간(대성) : 중서문하성의 낭사 + 어사대로 구성
② 낭사 : 간관
③ 어사대 : 관리의 비리에 대한 감찰
④ 대간의 주요 기능
　㉠간쟁 : 왕에 대한 간언
　㉡봉박 : 왕의 잘못된 하명을 거부
　㉢서경 : 관리 임명이나 법령 개폐에 관한 동의
관련 고려 삼사 : 화폐와 곡식 출납에 관한 회계(언론 기능과 무관). 송의 영향

문한기구

① 춘추관 : 역사 기록
② 한림원 : 왕의 교서와 외교문서 작성, 경연 담당
③ 비서성 : 경적이나 축문 담당(도서관). 서경의 분사 수서원

chapter **고려 군사조직**

중앙군

2군	6위
국왕의 친위부대 ① 응양군 ② 용호군	수도 경비, 국경 방어 ① 좌우위·신호위·흥위위 : 개경과 국경 수비 ② 금오위 : 수도 치안 ③ 천우위 : 의장 ④ 감문위 : 도성 경비

정리 고려 중앙군 특징
① 직업군인(상비군)으로 구성
② 군적에 오르고 군인전 지급
③ 실질적 세습

지방군
군적에 오르지 못한 일반 양인 장정으로 구성

5도	양계
① 주현군 : 일반 군현 치안 유지와 노역 ② 구성 : 정용군, 보승군, 일품군	① 주진군 : 양계의 국경 수비 전담. 둔전 ② 구성 : 좌군, 우군, 초군

정리 고려의 특수 군사 기구
① 광군 : 정종, 거란 대비 청천강
② 별무반 : 숙종, 여진 정벌. 양천혼성군
③ 삼별초 : 최우, 몽골 항쟁
④ 연호군 : 공민왕, 고려말 왜구 격퇴. 양천혼성군
⑤ 중방 : 무신 합좌 기구. 상장군·대장군 참여(장군 X)

5도 양계

5도 양계 체제의 성립

① 태조 때 금유, 조장이 조세를 징수하고, 전운사가 운반
② 성종 때 12목 설치와 상주 지방관 최초 파견(외관 파견)
③ 현종 5도 양계 4도호부 8목 체제 완비
　계수관 설치(큰 도시의 수령)
④ 예종 때 속군, 속현과 향·부곡·소에 감무 파견 시작

5도(안찰사) 양계(병마사)			
4도호부	8목	주·군	현
부사	목사	자사	현령
촌			

정리 5도와 양계의 차이

① 5도 : 일반 행정구역, 안찰사 파견
② 양계 : 군사적 행정구역, 병마사 파견, 군사적 행정구역인 '진' 설치

주군과 속군

주군·주현	지방관이 파견된 군현(30%)
속군·속현	지방관이 파견되지 않은 군현(70%)로 향리가 다스림

■■■ 지방관 비교 정리

안찰사	병마사	관찰사	조선 수령
6개월	6개월	1년(360일)	5년(1800일)
비상주	상주	상주	상주
5~6품(낮은 관품)	3품	2품	2~6품
행정관청 X	영	감영	관청
-	-	상피제 엄격	상피제 엄격
-	-	행정·사법·군사권 + 수령 감찰·포폄권	행정·사법·군사권

고려의 특별행정구역

3경	① 개경, 서경, 동경 ② 문종 때 개경, 서경, 남경(한양). 고려의 3경은 모두 풍수지리설과 관련 ③ 묘청의 서경천도운동의 실패로 인종 때 폐지
향·부곡·소	① 차별받는 양인 집단거주지 : 세금 중과, 이주 불가, 과거 응시 불가 ② 향과 부곡은 농사, 소는 수공업 ③ 향과 부곡은 신라 때부터, 소는 고려 때 형성 ④ 고려 후기부터 점차 소멸하여 조선 전기 면리제 정착으로 소멸

■■□□　조선시대 마디·마디

1392	15세기 말	1592	17세기 말	1800	1862
관학 주도기	**사림 등장기**	**붕당 정치기**	**환국·탕평정치**	**세도 정치기**
태조 태종 세종 세조 성종	연산군 중종 명종	선조 광해군 인조 효종 현종	숙종 영조 정조	순조 헌종 철종

chapter　**관학파와 사림파**

	혁명파 사대부(정도전) → 관학파(사장파)	온건파 사대부(정몽주) → 사학파(사림파)
성향	① 부국강병(실용) ② 실용, 자주, 진취	① 왕도정치(윤리와 명분) ② 윤리와 명분, 사대, 보수
향촌 자치	중앙 집권	향촌 자치
역사 인식	단군 중시	기자 중시
기술에 대한 태도	기술 중시	기술 경시
학문적 성향	사장 중시	경학 중시
사상적 경향	타사상 관대 : 소격서(초제) 용인	타사상 배척 : 소격서(초제) 폐지

훈구파

① 세조의 계유정란 이후 변질된 관학파
② 왕실과 외척 관계를 맺으며 부와 권력 집중
③ 농장을 확대하여 대지주화

chapter **태조 이성계와 정도전**

▲ 태조 이성계

| 사상적 지향 | 성리학적 유교국가
① 불씨잡변 : 불교 비판
② 심기리편, 심문천답 : 성리학 중시 |

정치적 지향

민본(民本)의 실현을 위한 재상중심정치
① 조선경국전 : 재상중심의 최초의 사찬 헌법
② 경제문감 : 조선 정치체제에 대한 기획
③ 삼봉집 : 정도전의 문집. 재상 중심 정치 주장
④ 고려국사 : 정도전, 조선 건국의 정당화
⑤ 경제육전 : 조준, 최초의 관찬 법전
⑥ 주례(주나라의 제도) 중시

> **정리** 용어정리
>
> ① 주례 : 주나라의 제도. 관학파(정도전)가 중시
> ② 주자가례 : 주자가 쓴 집안의 예법
> ③ 주자서절요 : 이황. 주자의 편지 모음

> **정리** 군사 제도 정비
>
> ① 삼군도총제부+도평의사사의 군사권 ⇨ 의흥삼군부
> ② 진법 : 병법서, 정도전의 요동정벌 준비

경제적 지향

국가와 신진사대부의 경제적 기반 확보하기 위해 고려 말 공양왕 때 과전법 실시(1391)

> **정리** 조선 건국 전후의 주요 사건
>
> ①과전법 실시(1391) ⇨ ②선죽교(정몽주 死. 1392) ⇨ ③이성계 즉위(1392) ⇨ ④국호 제정(1393) ⇨ ⑤한양천도(1394) ⇨ ⑥경복궁을 중심으로 도성 건립(1395)

chapter **왕자의 난과 정종 즉위**

1차 왕자의 난	① 이방원(태종)이 주도하여 왕세자인 방석과 정도전을 제거하고 정종이 즉위 ② 개경 천도
정종 (1398~1400)	① 1차 왕자의 난 이후 개경 천도(2차 왕자의 난 이후 태종 때 다시 한양 천도) ② 도평의사사 약화 ⇨ 의정부 설치(행정권 이양) : 의정부는 태종 때 국정최고기구화 되지만, 6조 직계제 실시로 다시 약화 ③ 중추원의 군사권 ⇨ 의흥삼군부 **관련** 삼군도총제부 + 도평의사사 + 중추원 ⇨ 의흥삼군부 ⇨ 오위도총부(세조) ④ 집현전 최초 설치 : 유학과 정책 연구 기관
2차 왕자의 난	① 이방간의 난, 박포의 난 ② 이방간(넷째)을 제거하고 이방원이 왕세제로 책봉 ③ 태종(이방원) 때 다시 한양 천도(창덕궁 건립)

정치	왕권 강화를 위한 일련의 정책 ① 6조 직계제 실시 : 도평의사사 폐지, 의정부 약화 ② 승정원과 의금부 설치 : 왕 직속 기구 ③ 사간원 독립 : 사간원을 독립시켜 신하를 견제 ④ 사병 혁파 : (의흥)삼군부에 군권 집중 ⑥ 노비변정도감　**관련**　① 노비안검법(광종) ② 전민변정도감(공민왕)
경제	① 양전사업(20년 마다 양안 정비) ② 호구조사(호적을 보완하기 위한 10가구 단위 인보제 시행), 호패법 ③ 사원 철폐와 사원전 몰수 ④ 사섬서에서 저화 재발행(최초는 고려 공양왕) ⑤ 청계천과 경회루(경복궁 누각) 건설
사회	① 서얼차대(성종 때 경국대전에 규정) 　㉠서얼금고 : 서얼은 문과 응시 제한 　㉡한품서용 : 무과나 잡과를 통해 관직에 진출하더라도 승진에 한계 설정 ② 과부의 재가금지(성종 때 경국대전에 규정) ③ 신문고 설치(연산군 때 폐지, 영조 때 부활)
기타	① 하륜의 속육전 ② 권근의 동국사략 ③ 4부 학당 설치 ④ 이회의 혼일강리역대국도지도, 이회의 팔도도 ⑤ 인쇄술(주자소, 조지소, 계미자), 무기(거북선, 비거도선 제작)

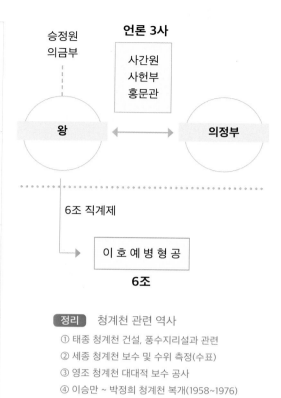

정리 청계천 관련 역사
① 태종 청계천 건설, 풍수지리설과 관련
② 세종 청계천 보수 및 수위 측정(수표)
③ 영조 청계천 대대적 보수 공사
④ 이승만 ~ 박정희 청계천 복개(1958~1976)
⑤ 이명박 청계천 복원(2003~2005)

chapter 세종(1418~1450)

정치	왕권과 신권의 조화 ① 의정부서사제 : 신권 강화(단, 인사와 군권은 장악) ② 집현전 재정비 : 학문 연구, 경연과 서연 담당 ③ 중앙 집권화(향리 견제) : 부민고소금지법, 원악향리처벌법 ④ 여진과 왜에 대한 초기 대외관계 방향 설정 　㉠쓰시마섬 정벌(이종무) ㉡4군6진 개척(최윤덕과 김종서) ㉢토관제도
경제	① 공법 실시 : 여론조사를 바탕 실시, 전분6등법과 연분9등법 ② 경지 면적 역대 최대(160만결)
사회	① 유교윤리 정착을 위한 노력 　㉠주자가례 장려 ㉡삼강행실도·효행록 간행 ② 의창제 실시, 사창제 대구 시범 실시 ③ 노비 출신 장영실 정 4품. 노비에게 출산 휴가, 노비사형금지법 ④ 금부삼복법(사형시 의금부에 삼심), 태배금지법(가혹 형벌 금지) ⑤ 향리 압박 : 부민고소금지법, 원악향리처벌법

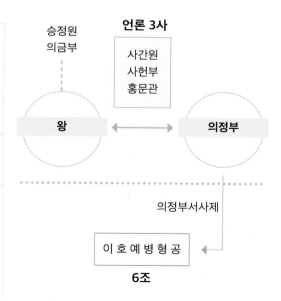

정리 문종(1450~1452, 단종의 아버지이자 세조의 형)
① 세종의 아들
② 동국병감, 신기전(세종~문종)
③ 고려사(기전체, 정인지 등), 고려사절요(편년체, 김종서 등)
④ 사창제 실시(성종 때 폐지)

정리 단종(1452~1455, 문종의 아들, 노산군)
① 재상 중심의 정치(김종서, 황보인 등)
② 세종실록지리지
③ 계유정란(1453) ⇨ 수양대군(세조)에 의해 왕위 찬탈
④ 강원도 영월의 장릉

계유정란을 통해 집권 ⇨ 소수의 훈구파와 왕에게 권력이 집중

정치	① 6조 직계제 재실시 ② 내수사 설치 : 왕실 재정관리. 장리의 폐단 ③ 집현전과 경연 폐지, 유향소 폐지 ④ 경국대전 시작 : 호전·형전 간행, 완성은 성종 ⑤ 훈구와 종친 중용(측근 정치)
경제	① 직전법 실시 : 현직 관리에게만 과전 지급 ② 팔방통보(전폐, 유엽전)
사회	① 태종의 호패법 강화 ② 군현제 정비 : 면리제 강화, 오가작통법(태종의 인보제 강화) ③ 상평창 설치 ④ 장례원 설치
군사	① 태조 때 봉족제 시행 ⇨ 태종 때 봉족제 확대 ⇨ 세조 보법 시행 ② 중앙군 : 5위 정비 ③ 지방군 : 진관체제 실시
문화	① 불교 관련 : 간경도감, 원각사지10층석탑 ② 정척의 동국지도 ③ 조지소 ⇨ 조지서 개칭 ④ 토지측량 기술 : 인지의와 규형

관련 계유정난(癸酉靖難)

계유정란으로 김종서, 황보인, 안평대군을
숙청하고 수양대군(세조)이 실권 장악

정리 계유정란에 대한 반발

① 이징옥의 난 : 함길도에서 금황제를 칭하며 여진족과 함께 반란
② 단종 복위 시도
　㉠사육신 : 성삼문, 박팽년, 하위지, 이개, 유성원, 유응부
　㉡생육신 : 김시습, 원호, 이맹전, 조려, 성담수, 남효온
③ 이시애의 난 ⇨ 유향소 폐지

정리 여말선초 중앙군 변천사

고려 공양왕 삼군도총제부 ⇨ 태조 의흥삼군부 ⇨ 세조 오위도총부

관련 세조 대의 대표적 훈구와 종친

① 한명회 : 성종의 장인. 갑자사화 때 부관 참시
② 신숙주 : 해동제국기
③ 정인지 : 정초 등과 함께 칠정산, 고려사, 고려사절요 등
　　　　역사·천문·역법·아악 정비에 기여
④ 남이 장군 : 이시애의 난 진압. 세조 사후 제거

예종이 왕위에 오른지 1년 만에 죽자 어린 성종이 즉위

세조의 정책 계승

즉위 초기 정희왕후 윤씨가 수렴청정(훈구세력이 주도)
① 경제 : 세조의 직전법 ⇨ 관수관급제(1470)
② 법전 : 경국대전 완성(세조 시작, 6전 체제)

정리 기타 성종의 업적

① 억불정책 : 간경도감 폐지, 도첩제 폐지(산간 불교화)
② 북방 개척 : 윤필상 등이 압록강·두만강 이북 지역 정벌

유교적 통치질서의 완비

① 훈구의 정통성 부재와 부패 ⇨ 사림등용(3사 활성화, 김종직, 김일손, 김굉필 등)
② 홍문관(옥당) 설치하여 경연 활성화
③ 유향소 복구
④ 관학 진흥 : 성균관에 존경각 설치. 양현고 설치, 학전 설치, 독서당 설치

심화 양현고 정리

① 고려 예종 양현고 설치
② 고려 충렬왕 양현고를 보완하기 위해 섬학전 설치
③ 조선 성종 양현고 설치

	세종	성종
역사	-	삼국사절요(서거정, 노사신 등), 동국통감(서거정 등)
문학	용비어천가, 월인천강지곡, 석보상절, 동국정운(한자 음 표기)	동문선(서거정 등)
지리지	(신찬)팔도지리지	팔도지리지(양성지) 동국여지승람 : 서거정 등, 팔도지리지 + 동문선
윤리 의례서	삼강행실도, 효행록　　　　　관련　이륜행실도는 중종	국조오례의 완성(세종 때 시작)
농업	농사직설(정초 등)	금양잡록(강희맹)
음악	관습도감 : 박연, 아악 정리 세종의 정간보, 여민락	악학궤범 : 성현, 음악백과사전, 성현의 합자보
의학	의방유취, 향약집성방　　　관련　고려의 향약구급방	-

인물　서거정

① 세종 때부터 성종 대에 활약한 훈구
② 동국여지승람(성종), 동문선(성종), 동국통감(성종)
③ 삼국사절요(성종), 경국대전(성종), 필원잡기(성종)

▼ 삼강행실도

정리　조선 전기 과학기술의 발달

태조	천상열차분야지도 : 고구려 천문도를 바탕으로 제작
태종	① 주자소 설치. 조지소 설치. 계미자 주조
세종	① 칠정산 내외편, 혼천의와 간의 ② 자격루(물), 앙부일구(해), 측우기 ③ 인쇄술 : 경자자, 갑인자와 식자판 방식
세조	① 조지소 ⇨ 조지서 개칭 ② 토지측량 기술 : 인지의와 규형

▼ 측우기	▼ 앙부일구	▼ 자격루	▼ 혼천의

chapter 4대 사화

| 연산군
무오사화
1498 | ① 유자광, 노사신 등 주도
② 김일손의 사초 : 스승 김종직의 '조의제문'이 발단 |

심화 연산군의 폭정

① 흥청망청 : 채홍사, 채청사, 성균관은 유흥장
② 언로 차단 : 신언패 착용, 한글 탄압
③ 신문고 폐지(이후 영조 때 부활)
④ 홍길동

| 연산군
갑자사화
1504 | ① 임사홍이 주도
② 폐비윤씨 사건
③ 성종 후궁, 한명회 등 훈구, 김굉필 등 사림 피해 |

정리 조선의 3대 대도

홍길동	① 연산군 대 서얼 출신 ② 황해도 및 경기, 전라
임꺽정	① 명종 대 백정 출신 ② 황해도 구월산 및 평안도
장길산	① 숙종 대 광대 출신으로 승려와 봉기 ② 황해도 구월산 및 평안도 ③ 서울 공격 계획

중종 반정(1506)

조광조의 개혁

| 중종
기묘사화
1519 | 사림을 통해 훈구 견제 시도 ➡ | ① 왕도정치와 공론정치 추구
② 현량과(천거제)
③ 향약 보급(여씨 향약, 최초 향약)
④ 소학·주자가례 중시
⑤ 소격서 폐지, 승과 폐지
⑥ 방납 폐단 시정 위해 수미법 제안
⑦ 경연 강화
⑧ 위훈 삭제 | ➡ 走肖爲王 ⇨ 조광조 숙청 |

| 명종
을사사화
1545 | 대윤(인종) vs 소윤(명종) ➡ | ① 소윤의 윤원형이 대윤을 제거
② 문정왕후의 수렴청정
③ 소윤(윤원형, 정난정)의 척신정치 | ➡ 사림의 대응 : 향약과 서원 발달 |

참고 정미사화(1547)

양재역 벽서사건 ⇨ 대윤 잔당과 사림 제거

정리 사화를 거치며 완성되는 사림

① 기존의 유향소에 더하여 ② 향약 ③ 서원

■■□□ 사림등장기 왕들의 주요 업적

	중종	인종	명종
군사	① 3포왜란(비변사 임시 설치) ② 임신약조(25척, 100석) ③ 사량진왜변	조광조 복권	① 정미약조(25척) ② 을묘왜변(비변사 상설화) ③ 제승방략체제 실시
경제	군적수포제		전면적 녹봉제(직전법 폐지) ⇨ 지주전호제 확산
사회·문화	① 백운동 서원(주세붕, 안향) ② 이륜행실도, 신증동국여지승람		① 백운동 서원 ⇨ 소수서원(이황 건의) ② 임꺽정
불교	승과 폐지		보우 중용, 승과 일시적 부활
구황법	구황절요		구황촬요

chapter **붕당정치 Ⅰ : 붕당의 형성 (선조)**

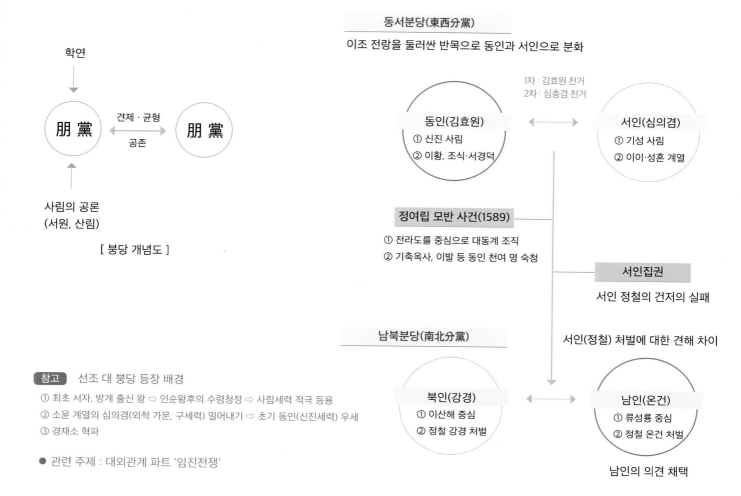

[붕당 개념도]

참고 선조 대 붕당 등장 배경
① 최초 서자, 방계 출신 왕 ⇨ 인순왕후의 수렴청정 ⇨ 사림세력 적극 등용
② 소윤 계열의 심의겸(외척 가문, 구세력) 밀어내기 ⇨ 초기 동인(신진세력) 우세
③ 경재소 혁파

● 관련 주제 : 대외관계 파트 '임진전쟁'

chapter **붕당정치 Ⅱ : 북인의 집권 (광해군)**

광해군 주요 정책(1608~1623)   임진왜란 과정에서 활발하게 활동한 북인(정인홍, 이산해, 이이첨)과 광해군의 정권 성립

전후 복구사업	대외 정책
① 민생 : 대동법(이원익 건의, 경기도), 동의보감(허준) ② 경제 : 은광 개발, 양안 호적 작성 ③ 문화 : 5대 사고정비, 궁궐 수리(무리한 토목공사)	**관련** 선조(1607, 기유약조 직전) : 사명대사. 왜관 설치 ⇄ 포로 송환 ① 기유약조(1609) : 일본의 요청 ⇨ 일본과 무역 재개, 대마도주 ② 중립외교 : 후금의 성장 ⇨ 명의 파병 요청 ⇨ 강홍립 투항

심화 대북 세력의 고립
① 대북과 소북의 분화 : 일부 북인들이 영창대군의 옹립을 주장(소북)
② 회퇴변척 : 대북이 조식이 문묘종사에서 제외되자 이언적과 이황의 문묘종사를 반대한 사건

심화 광해군 때 주요 인물 정리
① 허균
  ㉠인목대비 폐비 주도, 광해군 때 도승지
  ㉡최초의 한글 소설 '홍길동전', 허난설헌
  ㉢유재론 : 서얼차대를 비판
  ㉣호민론 : 백성을 항민·원민·호민으로 구별
    가장 두려운 것은 부조리에 도전하는 호민
② 유몽인 : ㉠어우야담 ㉡중상학파 비슷한 사상
③ 실학의 선구자 등장
  ㉠이수광의 지봉유설 ㉡한백겸의 동국지리지

광해군의 실정과 인조반정

실정 ⟶ 인조반정(1623)

7서의 옥(서자들의 역모)   서인을 중심으로 남인이 가세하여 반정
⇨ 폐모살제(인목대비 폐비, 영창대군 살해)   (광해군과 북인 몰락)

광해군의 중립외교를 비판하고, 존화주의적 명분론에 입각한 친명배금 정책을 고수하여 후금(청)과의 관계를 악화시키게 된다.

인조	효종
① 국내 : 서인 중심의 남인 공존체제 　　　 공론 정치(산림 본격 등용, 시강원, 송시열, 허적) ② 대외 : 친명배금, 어영청· 총융청· 수어청 설치 　　　 ⇨ 정묘· 병자호란(삼전도의 굴욕) 야기	① 북벌론 : 청에 대한 복수심과 문화적 우월감(소중화 사상) 　　　 복수설치(復讎雪恥) 주장 　　　 서인(송시열, 송준길)의 권력 강화에 이용 ② 나선정벌 ： 청의 2차례 러시아 정벌에 동원 　　　 1차 변급(1654), 2차 신유가 지휘(1658)

정리 　인조 대 주요 업적

① 영정법 실시
② 상평통보 최초 주조(개경)

정리 　효종 대 주요 업적

① 김육에 의해 태음력에 태양력 가미한 시헌력 도입
② 김육에 의해 충청도, 전라도로 대동법 확대 실시
③ 김육에 의해 상평통보 유통 확대
④ 김육은 구황촬요, 벽온방 등 조선 전기 구황의 보급 확대

정리 　박연과 하멜

박연(벨테브레)	하멜
① 인조. 네델란드, 제주도 ② 훈련도감에서 활동하며 서양 화포 기술 전파에 기여	① 효종. 네델란드, 제주도 ② 훈련도감에서 활동하였으나, 탈출을 시도하다 전라도 강진 유배. ③ 일본을 거쳐 탈출하여 유럽에 처음으로 조선을 소개한 '하멜표류기'

● 관련 주제 : 대외관계 파트 '정묘호란'과 '병자호란'

chapter 붕당정치 Ⅳ : 예송논쟁 (현종)

인조의 둘째 아들인 효종의 왕위 계승의 정통성이 문제되어 현종 때에 두 차례 예송 발생
: 집권 붕당 서인 vs 왕과 연합한 남인 세력의 국내에서 경쟁이 본격화

1차 예송 (기해예송, 1659)	2차 예송 (갑인예송, 1674)
① 효종 死 ⇨ 조대비의 상복문제 ② 서인 1년 VS 남인 3년	① 효종비 死 ⇨ 조대비의 상복문제 ② 서인 9개월 VS 남인 1년

정리 　예송논쟁

	남인 (허목 중심)	서인(송시열 중심)
기해예송(1차)	3년	1년설 채택
갑인예송(2차)	1년설 채택	9개월
근거	국조오례의	주자가례
정치적 입장	왕권 강화	신권 강화

chapter 3대 환국 (숙종)

① 조선 후기 신분제의 동요에 따른 양반 수의 급증
② 상품화폐 경제의 발달
③ 숙종은 탕평정치라는 이름 하에 편당적 인사조치로 정쟁 부추김

↓

특정 붕당이 권력을 독점하는 환국정치

정리 조선 후기 붕당정치의 변질
① 비변사의 기능 강화
② 외척과 종실 개입 증가
③ 고위 관직에 권력 집중
⇨ 언론기관 약화·변질(자기 붕당의 이해만 대변)

관련 군사력과 경제력 같은 현실적 쟁점을 두고 서인과 남인이 치열하게 경쟁

경신환국(1680) 인현왕후(서인)	허적의 유악사건 ⇨ 남인대축출, 허적·윤휴 死 **관련** 노소론의 분열 ① 회니시비 : 송시열과 윤증의 대립 ② 남인 처벌에 대한 입장 차이
기사환국(1689) 희빈 장씨(남인)	① 남인 계열 장희빈의 아들 원자 책봉 문제 ② 서인 축출(송시열 死), 인현왕후 폐비 ⇨ 남인 집권
갑술환국(1694) 숙빈 최씨 + 인현왕후	① 인현왕후 복위 논쟁 ② 서인 집권(소론 우세). 인현왕후 복위 ⇨ 남인 몰락

인물 허적
① 예송논쟁 주도
② 상평통보 전국 유통
③ 대동법 전국 실시

정리 숙종 대 주요 업적
① 대동법 전국적 시행(1708)
② 금위영 설치 5군영 완비(1682)
③ 독도 : 안용복의 활동(1695, 돗토리번 답변서)
④ 간도 : 백두산 정계비(1712)
⑤ 숭명보은 : 대보단(창덕궁), 만동묘(충북 괴산)
⑥ 장길산 : 황해도, 광대, 생존

chapter 노론과 소론의 경쟁

노론 vs 소론

	노론	소론
남인에 대한 태도	남인에 대해 강경	남인에 대해 온건
학문적 계열	이이 학파	성혼 학파
중심 인물	송시열	윤증
성향	대의명분 중시 ⇨ 민생안정	실리 중시 ⇨ 북방개척 주장
학문적 성향	성리학 절대화	성리학에 대한 탄력적 이해

정리 북벌론
① 효종 : 송시열 북벌론
② 숙종 : 윤휴의 북벌론
③ 소론의 북방 개척

노론과 소론의 경쟁 과정

관련 소론이 훈련도감과 어영청을 장악하여 주도권을 쥔 상태에서 노론의 반격이 '무고의 옥'이란 형태로 시작된다.

신사환국(숙종, 1701)	신임사화(경종, 1721)
① 무고의 옥(巫蠱獄) ② 장희빈 사약 ⇨ 노론 집권 **참고** 정유독대(1717) 경종의 대리청정 시작	① 경종(희빈 장씨 아들) 즉위 ② 신임사화 : 목호룡의 고변 연잉군 대리청정을 주장하던 김창집 등 노론 4대신 숙청 ⇨ 소론 집권

경종의 갑작스런 죽음과 영조(연잉군, 경종의 동생) 즉위

chapter 영조의 완론탕평

탕평(蕩平)은 서경의 '왕도탕탕(王道蕩蕩) 왕도평평(王道平平)'에서 유래
임금은 항상 치우침이 없이 공평무사해야 함을 의미한다.

관련 탕평정치를 처음 시작한 왕은 숙종(단, 형식적 탕평, 실질적 환국)

초기 탕평 정책과 이인좌의 난

초기 탕평정책	① 탕평교서를 발표(1725) ② 편당적인 을사환국(목호룡과 소론 축출)과 정미환국(노론 축출)
이인좌의 난(1728)	① 강경한 소론과 남인이 경종의 죽음에 대한 의혹을 제기 ② 청주성을 중심으로 전국적으로 전개된 난 ③ 안성·죽산 전투에서 관군에 패배로 실패 ④ 소론 주도한 전국적 난 실패 ⇨ 노론의 독주

영조의 탕평정책

완론탕평	① 이인좌의 난 이후 노·소론을 막론하고 온건한 인물을 등용(탕평파 육성) ② 탕평비(성균관), 탕평채, 탕평의 ③ 사형 삼심제, 가혹한 형벌 개선 **관련** 세종 대의 금부삼복법(사형시 의금부에 삼심)과 가혹한 형벌 금지
붕당의 기반 약화	① 전랑 통청권(3사 선발권)과 자천권(후임자 천거권) 폐지 **관련** 낭천권(6품 이하 천거권)은 선조 때 폐지 ② 공론의 주재자인 산림 축출, 서원 정리(절반으로 축소)
왕권 강화와 민생안정	① 속대전 : 경국대전 이후 바뀐 내용 정리 ② 균역법 : 군역의 부담 완화(2필 ⇨ 1필) ③ 수성절목(수성윤음) : 3군문(훈련도감, 어영청, 금위영) 중심으로한 도성 방위체제 ④ 연산군 때 폐지된 신문고 부활 ⑤ 노비종모법 실시, 주인의 노비 사형 금지 ⑥ 청계천 준설
한계	나주괘서사건(1755)	소론인 윤지, 심정연 등이 영조와 조정을 비난하는 괘서를 붙여, 소론이 타격을 받은 사건

한계	임오화변(1762)	노론을 견제하려던 사도세자의 죽음 ① 영조의 탕평책이 붕당 문제를 근본적으로 해결하지 못했음을 보여줌 ② 사도세자의 죽음에 대한 태도 차이 ⇨ 벽파와 시파로 분열

문물 정비

① 속대전, 속오례의, 속병장도설(성종 때 '진법' ⇨ 영조 때 '병장도설'로 복간 ⇨ 영조 때 병장도설을 개찬하여 '속병장도설')
② 동국문헌비고 : 국가가 간행한 한국학 백과사전 ⇨ 정조 때 증보동국문헌비고 ⇨ 고종 때 증보문헌비고
③ 지도·지리지 제작 활발 : 정상기의 동국지도, 이중환의 택리지, 신경준의 동국여지도와 강계고(역사지리서, 독도)
   읍지 제작 활발 ⇨ 여지도서(읍지 종합, 신증동국여지승람 보완), 해동지도(읍지 보완, 중국·일본·유구 포함)
④ 무원록 : 법의학서. 세종 때 간행된 신주무원록 ⇨ 영조 때 주석을 달아 증수무원록
⑤ 해동악장 : 가사와 가곡을 정리

전환점

'나는 사도세자의 아들이다.'
즉위 초 홍국영을 중심으로 영조 때 척신·환관을 배제하고 왕권 강화

정조의 준론탕평

준론 탕평	① 학문적 자신감(만천명월주인옹)을 바탕으로 시비를 직접 가리는 탕평정책 ② 소론과 남인(채제공, 정약용) 등 시파 계열 고른 등용 ③ 침전에 '탕탕평평실'
붕당의 기반 약화	수령이 향약 관장 : 사림을 약화시키고 관료정치를 강화 **심화** 정조 vs 노론 ① 신해통공(1791) : 채제공 육의전을 제외한 시전상인의 금난전권 폐지 ⇨ 사상의 성장 ② 최초의 천주교 박해인 신해박해(진산사건, 노론의 반격) ③ 문체반정(1792. 정조의 반격, 열하일기의 문체 비판)
왕권 강화와 민생안정	① 규장각(1776) : 비서실 역할, 과거와 문신 교육 주관. **관련** 강화도 외규장각 설치 정약용, 이가환, 김조순, 서얼 출신 4검서관(이덕무, 유득공, 박제가, 서이수) ② 초계문신제(1781) : 정조가 스승의 입장에서 젊은 신하 재교육, 주합루 2층 ③ 대전통편(1785) **관련** 흥선대원군(고종)의 대전회통 ④ 장용영(1793) : 친위부대, 병권 장악을 위한 노력 ⑤ 백성의 언로 확대 : 화성 행차시 격쟁·상언 활성화

심화 정조 대의 주요 절목
① 정유절목 : 서얼의 허통 범위 확정. 한품서용 완화
② 제언절목 : 이앙법의 확산에 맞물려 발행된 저수지에 관한 지침

문물 정비

① 화성 축조(1796) : 채제공과 정약용이 주도. 정치 · 군사 · 상업 복합도시
 거중기 사용(기기도설 참고), 대유둔전(만석거· 만년제)
② 홍재전서 : 정조의 개인 문집
③ 일성록 : 정조의 일기, 정조 이후 전통이 됨(유네스코 기록 유산)
④ 무예도보통지(병법서)
⑤ 고금도서집성(청나라의 최대 규모 백과사전) 수입
⑥ 동국문헌비고(영조) ⇨ 증보동국문헌비고(정조) ⇨ 증보문헌비고(고종)
⑦ 탁지 : 정조 때 호조 사무에 관한 사례집
⑧ 추관지 : 정조 때 형조 사무에 관한 법령집
⑨ 동문휘고(외교문서 정리)
⑩ 내각일력 : 정조 때부터 고종까지 규장각일기
⑪ 운서(한자 발음 사전) : 이덕무의 규장전운 ⇨ 전운옥편

▼ 무예도보통지

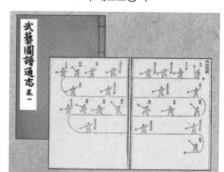

chapter 세도정치와 삼정문란

노론 벽파의 일시적 집권

정조 사후 정순왕후 중심의 벽파 계열이 일시적 집권
① 신유박해(1801) : 정조 대의 개혁세력 제거
② 장용영 혁파와 5군영 부활 : 군권 장악

세도정치의 전개

세도정치

① 정순왕후 사후 순조(안동 김씨)·헌종(풍양 조씨)·철종(안동 김씨) 60년간 외척가문의 세도정치
② 세도정치기 권력기구 : 비변사를 중심으로 훈련도감, 선혜청, 호조에 권력 집중
　　　　　　　　　　　정2품 이상 고위직에 권력 집중(고위직을 세도가문이 장악)

↓

민생 파탄

매관매직
⇨ 삼정문란(전정, 군정, 환곡)
⇨ 농민의 토지 이탈

정리 농민 토지 이탈 가속화
① 자연재해, 기근, 이양선 출몰 ⇨ 도참사상 유행(정감록)
② 총액제 : 촌락 단위에 조세를 공동으로 납부하게 한 제도.
　　　　　비총제(전세), 군총제·정총제(군정), 환총제·이환제(환곡)

순헌철 비교 정리

순조(1800~1834)	헌종(1834~1849)	철종(1849~1863)
정순 왕후(벽파) ⇨ 안동 김씨(시파)	풍양 조씨(벽파)	안동 김씨(시파)
신유박해	기해박해, 병오박해	
홍경래의 난		임술민란
공노비 해방(1801)		동학 등장
만기요람, 임원경제지(순헌)	오주연문장전산고	대동여지도

관련 순조의 아들 효명세자가 척신정치 청산을 시도하였으나 급사

chapter 사회 변혁의 움직임

민란의 시대

관련 단성 민란(1862)을 임술민란의 효시로 보기도 한다.

홍경래의 난(순조, 1811)	임술민란(철종, 1862)
① 원인 : 서북지역(평안도, 관서)에 대한 차별, 세도정치	① 원인 : 진주 백낙신의 학정(삼정의 문란)
② 주도세력 : 홍경래(잔반) + 상인 + 광산노동자	② 주도 : 진주의 유계춘(잔반)등이 진주성 점령(백건당의 난)
③ 경과 : 청천강 이북 장악 ⇨ 정주성 패배로 실패	③ 대응 : 안핵사(박규수)를 파견하여 삼정이정청 설치(삼정이정절목)
	④ 결과 : 미흡한 대응으로 전국적 확대

동학의 등장

성립	경주의 최제우(잔반)
교리	① 유·불·선과 천주교, 민간신앙에 영향 받음 ② 동경대전(경전), 용담유사 ③ 인내천, 시천주, 천인합일, 사인여천 ④ 후천개벽, 보국안민, 제폭구민
경과	최제우 처형(1864, 혹세무민) ⇨ 최시형에 의해 삼남지방 교세 확장

천주교 수용

① 17세기 광해군 이수광의 지봉유설에 천주실의 소개 ⇨ 서학으로 수용
② 18C 후반 : 남인계열(성호학파)을 중심으로 자생적 정착. 선교사의 선교 X

관련 이익과 안정복은 천주교 부정 : 안정복의 천주교 비판서 '천학문답'

정리 천주교 박해
① 신해박해(1791) : 정조. 윤지충의 신주 소각 사건(진산사건), 권상연
② 을묘박해(1795) : 중국인 주문모 신부를 체포하려다 놓친 사건 ⇨ 정조의 척사학교 발표
③ 신유박해(1801) : 순조. 벽파집권으로 대대적 탄압
　　이승훈(최초 영세)·이가환·주문모 순교, 정약용, 정약전 유배
　　⇨ 황사영 백서사건(프랑스 개입 요청)
④ 기해박해(1839) : 프랑스 신부 순교(앵베르), 정하상(상재상서) 순교
⑤ 병오박해(1846) : 김대건 신부 순교
⑥ 병인박해(1866) : 흥선대원군. 최대 박해. 프랑스 신부 순교(베르뇌)

chapter **명과의 사대외교**

건국 초기 명과의 불화

정도전과 명 태조(주원장)의 불화
➪ ①표전문 사건 ②고명·금인 문제 ③종계변무 ④여진족 송환 문제
➪ 요동정벌 준비(정도전의 진법)

`참고` 명과 갈등

① 표전문 사건 : 명이 조선의 외교문서에 문제를 제기한 사건
② 고명·금인 문제 : 명이 태조를 왕으로 인정하지 않은 사건
③ 종계변무 : 명이 이성계를 이인임의 아들로 기록한 사건

명과의 관계 개선

① 왕자의 난으로 태종이 정권을 잡은 이후 사대관계 정착
② 사대외교(조천사 파견) 정착 `관련` 조선 후기 청에 보낸 사신은 연행사
 ㉠ 정기 : 하정사(1월1일), 동지사(12월), 성절사(황제 생일), 천추사(황후, 황태자)
 ㉡ 비정기 사절단도 파견
③ 평가
 ㉠ 명 중심의 국제질서에 편입
 ㉡ 자주적 실리 외교(조공 < 회사)
 ㉢ 선진 문물을 흡수하기 위한 공무역과 사행무역

`관련` 16세기 이후 사림이 집권하면서 존화주의를 바탕으로 맹목적인 사대외교로 변질

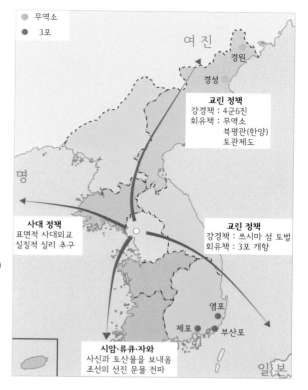

chapter **교린외교**

여진·일본과의 교린외교

	여진	일본
강경책	① 태조와 태종의 두만강 개척 ② 세종 4군(최윤덕)6진(김종서)의 개척 : 현재 국경선 확보 ③ 세조·성종 때 신숙주, 윤필상 등이 국경선 일대 여진 토벌	세종 이종무의 쓰시마정벌(1419, 기해동정) ➪ 대마도주 왜구 근절 약속
회유책	① 태종 경원과 경성에 무역소 설치 ② 태종 한양의 북평관 설치(조공 무역) ③ 토관 제도(여진족 족장, 상피제 예외)와 귀순 장려 `관련` 사민정책 : 북방으로 이주 장려	① 태종 한양의 동평관 ② 세종 3포 개항(1426) : 제포, 부산포(왜관 설치), 염포 ③ 세종 계해약조(1443) : 대마도주. 세견선 50척, 세사미두200석

`참고` 적례교린과 기미교린

조선 국왕과 일본 막부의 쇼군은 적례관계교린(대등한 관계)였으나, 실질적으로 쇼군은
조선에 대한 외교권은 대마도주에게 위임하여 일왕의 서계를 대마도주가 조선에 전하는
기미관계교린(소의 고삐, 견제) 형태로 교류가 이루어졌다.

동남아시아와의 교류

시암·류큐·자와와 조공 또는 진상의 형식으로 교역. 특히 류큐(유구)와의 교류과 활발하였는데, 불경·유교 경전·범종 등을 전해주었다.

chapter **대일 관계의 악화**

조선 초 대일관계 정립(세종)

① 쓰시마섬 정벌(이종무, 기해동정, 1419)
② 3포개항(1426)
③ 계해약조(50척, 200석, 1443)

> **관련** 해동제국기
>
> ① 성종 때 신숙주가 쓴 일본 견문록
> (세종 때 서장관으로 일본을 다녀온 기록)
> ② 대마도, 유구에 대해서도 기록

일본과의 관계 재개

기유약조(광해군,1609)

① 세견선 20척, 세사미두 100석
② 부산포 개항(초량에 왜관)

통신사 파견

① 비정기적(쇼군 교체시)
② 비용 일본 부담
③ 12 차례 파견
④ 국학운동으로 1811년 중단

> **관련** 선조(1607) : 사명대사. 왜관 설치, 포로 송환

3포왜란(중종, 1510)	사량진왜변(중종,1544)	을묘왜변(명종,1555)	임진·정유(선조, 1592~1598)
내이포, 부산포, 염포에서 왜란	경상도 통영 사량진에서 왜변	전라도 강진, 진도 일대에서 왜변	7년간 전국적인 왜란
비변사 임시 설치 →→→→→→→→→		비변사 상설화 →→→→→ 제승방략체제 →→→→→	비변사 최고기구화 진관체제 복구 훈련도감 설치 속오군체제
임신약조(중종) ① 세견선 25, 세사미두 100석 ② 내이포(제포)만 개항	**정미약조(명종)** 세견선 25	국교 단절	

■■■ **대일관계 정리**

15세기	세종(1419)	쓰시마정벌	이종무, 기해동정
	세종(1426)	삼포개항	제포, 부산포, 염포
	세종(1443)	계해약조	세견선 50척, 세사미두 200석
16세기	중종(1510)	삼포왜란	비변사 설치(임시 기구)
	중종(1512)	임신약조	제포만 개항, 세견선 25척, 세사미두 100석
	중종(1544)	사량진왜변	국교 일시 단절
	명종(1547)	정미약조	세견선 25척
	명종(1547)	을묘왜변	국교 단절, 비변사 상설화
17세기	광해군(1609)	기유약조	부산포 개항, 세견선 20척, 세사미두 100석

chapter **임진왜란의 배경**

① 국내 : 조선의 무역통제 강화, 방어체제 붕괴(군적수포제)
② 국외 : 풍신수길의 전국시대 통일

일본의 정명가도(征明假道) ⟶ 임진왜란 직전 통신사 파견(1591) ⟶

서인 황윤길	동인 김성일
전쟁 예측	황윤길 비판

관련 소오 요시토시의 제안 : 명과 일본의 중재 제안

chapter **개전과 무력한 대응**

① 부산진(정발)과 동래성(송상현)의 패배(1592.4)
② 고니시, 가토, 구로다가 이끄는 일본군은 세 갈래 경로로 한양으로 북상
③ 이일의 상주 전투와 신립의 충주 탄금대 전투 패배
④ 선조는 한양을 버리고(1592.4) 개성, 평양을 거쳐 의주 피난(1592.6)하여 명에 구원 요청
⑤ 광해군을 세자로 책봉하고 분조 단행
⑥ 광해군은 민심을 수습하며 의병 독려. 임해군·순화군 함경도, 강원도에서 병력 모집

chapter **조선의 반격**

바다에서 시작되는 반격

이순신이 제해권을 장악하여 전라도를 지키고 일본의 물자공급이 힘들어짐
① 옥포해전(1592.5) : 한양 함락 직후 이순신의 첫 승리, 원균 합세
② 사천해전 : 거북선 첫 등장
③ 당포해전, 당항포해전, 율포 해전
④ 한산도 대첩(1592.7) : 학익진 대승
⑤ 부산포해전(1592.9) : 일본의 거점인 부산포에서 승리

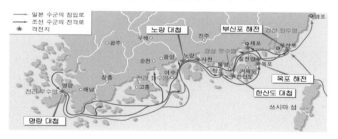

일어나는 의병들

① 사림이나 승려가 의병장이 되어 농민들을 주축으로 형성
② 지리적 이점을 살린 전술 사용, 이후 관군에 편입되어 감
③ 진주대첩(1592.10 김시민 전사)에서 후방 지원(곽재우)

북한	① 서산대사(휴정) : 묘향산. 평양 탈환 기여
	② 사명대사(유정) : 금강산. 일본에 강화 사절로 파견
	③ 정문부 : 함경도에서 가토의 왜군 대파
충청도	④ 조헌·영규 : 청주성 수복, 금산 전투에서 전사
경상도	⑤ 정인홍 : 경상도에서 활약. 북인의 중심 인물
	⑥ 곽재우 : 홍의장군. 의령 등 경상도. 진주대첩 활약
	⑦ 김덕령 : 경남. 이몽학의 난에 연루되어 옥사
전라도	⑧ 김천일 : 2차 진주성 전투에서 전사
	⑨ 고경명 : 금산전투에서 전사

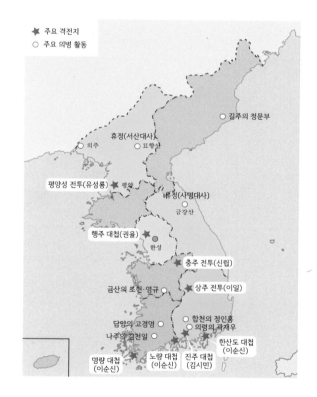

정리 임진왜란 주요 전투

① 한산도대첩(1592.7) : 이순신. 남해 제해권 장악
② 진주대첩(1592.10) : 김시민. 전라도 곡창지대 방어
③ 평양성전투(1592.12) : 조명 연합군의 전세역전
④ 행주대첩(1593.2) : 권율. 행주성 방어

chapter **명 개입**

명 개입 이후

① 조·명연합군의 평양성 탈환(1592.12)
② 벽제관 전투에서 이여송의 명군의 패배
③ 행주대첩(1593.2 권율)
④ 2차 진주성전투 패배(1593.6 김천일, 논개)

chapter **휴전회담과 정유재란**

휴전회담(1593~1597) **명과 일본 사이에 휴전회담**

배경

① 조선 : 한양 수복, 적극적 전투을 회피는 명군
② 왜군 : 보급 문제 ⇨ 경상도 해안에서 성을 쌓고 장기전 준비

관련 풍신수길(도요토미 히데요시)의 무리한 요구로 결렬되고 전쟁 재개

정유재란(1597~1598)

① 원균의 칠천량 패배 ⇨ 해상권 상실 ⇨ 충청·전라 침략
② 직산전투 : 충청도에서 명군 활약
③ 명량대첩(1597.9) : 제해권 확보. 울돌목
④ 노량대첩(1598.11) : 철수하는 왜군 격파. 이순신 전사

조선의 재정비

① 중앙군 : 훈련도감 설치(삼수병, 직업군인)
② 지방군 : 속오군체제 실시, 진관체제 복구
③ 화포 개량, 조총 제작, 비격진천뢰

관련 이몽학의 난(1596) : 충청도, 종친 계열의 서얼

▼ 판옥선

chapter **임진전쟁의 영향**

국내	① 정치 : 비변사가 국정 최고 기구화 　　　재조지은(再造之恩) 사상 ⇨ 숭명보은 사상 ② 경제 사회 : 인구감소, 농촌 황폐화 　　　양안과 호적의 소실 ⇨ 재정악화 ⇨ 공명첩, 납속책 발행 ⇨ 신분제 동요 ③ 문화재 소실 : 전주사고를 제외한 3대 사고 소실, 경복궁 소실, 불국사 소실
국외	① 명 : 국력 약화 ⇨ 여진족의 성장(누르하치 후금 건국 1616) ② 일본 : 이황 성리학(강항), 서적, 활자, 도자기 기술자(이삼평, 심당길) 등을 약탈 ⇨ 일본 문화 발전

chapter 정묘·병자호란

인조반정과 친명배금 정책

누르하치 후금 건국(1616)과 성장 ⇨ 광해군의 중립외교 ⇨ 인조반정(1623)과 친명배금 정책 ⇨ 정묘·병자호란

정리 숭명보은

① 동묘(관제묘) : 선조. 관우 사당

② 송시열의 기축봉사 : 송자대전에 명에 대한 의리와 북벌

③ 만동묘(충북 괴산 화양동) : 숙종. 명나라 황제 제사. 송시열의 제자 권상하가 건립. 흥선대원군이 철폐

④ 대보단(창덕궁) : 숙종. 명나라 황제 제사

호란 발발

관련 이괄의 난 (1624) : 인조반정 이후 논공행상에 불만을 품은 이괄이 일으킨 난

정묘호란 (1627)	① 배경 　㉠ 홍타이지 집권 　㉡ 명의 장군 모문룡의 평안도 주둔을 지원(가도 사건) 　㉢ 이괄 잔당이 후금에 조선 정벌 요구 ② 후금이 침입 ③ 항전 　㉠ 인조 강화도 피신 　㉡ 의병의 활약 : 정봉수 용골산성, 이립 의주 ③ 형제관계와 조공을 조건으로 강화(강홍립 중재)
병자호란 (1636)	① 청 건국과 군신관계 요구 　⇨ 주전론(김상헌, 홍익한, 윤집 등) VS 주화론(최명길) ② 청은 백마산성(임경업)을 우회하여 속공 ③ 분열 : ㉠ 왕실과 김상용은 강화도 　　　　 ㉡ 피신하지 못한 인조·소현세자는 남한산성 ③ 각개격파 ⇨ 삼전도의 굴욕(3배9고두) ④ 소현세자와 강경파 인질 ⇨ 복수설치

→ 정묘호란 침입로
→ 병자호란 침입로

임경업 백마산성 항쟁

정봉수·이립의 의병

홍명구의 항전

김상용의 순절

안주 / 평양 / 김화 / 강화 / 한성 / 남한산성

심화 소현세자

① 소현세자는 인조의 맏아들

② 병자호란 후 동생인 봉림대군과 강경파 주전론자(김상헌, 윤집 등), 수만 명의 백성들과 함께 청나라에 인질로 끌려갔다.

③ 소현세자는 심양에 머무르며 외교업무와 조선인 포로의 환속문제 처리

④ 북경에서 머무르며 독일인 신부 아담 샬을 만나 학술과 종교 습득

chapter **조선의 중앙정치체제**

정책결정 기구

① 승정원 : 왕명출납
　　　　　도승지(정3품)가 수장, 주서(승정원일기)
② 의금부 : 국왕 직속의 사법기구. 판사(종1품)
　　　　　역모·강상죄 등 중요 범죄

```
              사간원
              사헌부
              홍문관
               3사

승정원                        조선시대 최고 정무기구
       왕  ⟷  의정부
의금부                        3정승(정1품 의정)이 수장

      6조 직계제        의정부서사제
```

정책집행 기구

6조

이 호 예 병 형 공

실무부서. 판서(정2품)가 수장
① 이(吏) : 인사
② 호(戶) : 재정(호적, 양안)
③ 예(禮) : 외교, 교육, 과거
④ 병(兵) : 군사, 무관의 인사, 역참, 봉수
⑤ 형(刑) : 형벌, 치안, 노비
⑥ 공(工) : 산업

참고　6조의 주요 속아문
① 이 : 사옹원(식사 공급), 내수사, 상서원(옥쇄, 마패), 내시부
② 호 : 평시서(시전 관리, 도량형), 광흥창(녹봉), 양현고
③ 예 : 통례원(의례), 홍문관, 예문관, 성균관, 춘추관
　　　　승문원, 교서관, 관상감(천문), 전의감, 혜민서
　　　　사역원(번역), 도화서(그림)
④ 병 : 5위
⑤ 형 : 장례원, 전옥서(죄수 관리)
⑥ 공 : 상의원(의복), 조지서(종이)

주요 기관

주요 문한기구

① 춘추관 : 역사서 편찬과 보관. 영사(영의정 겸임)
② 예문관 : 국왕의 교서 작성, 영사와 대제학
③ 승문원 : 외교문서 작성
④ 교서관 : 궁중 인쇄업무 ← 태종의 주자소
⑤ 상서원 : 옥쇄 담당, 수장은 도승지가 겸직

사법 관련 기구

① 한성부 : 서울의 행정과 치안 담당. 판윤(정2품)이 수장
② 포도청 : 일반인의 범죄 관할
③ 장례원 : 노비와 산송. 형조 관할, 판결사(정3품)

비변사

형성	① 중종 때 북방과 남쪽 해안에 난리를 대비하여 설치 ② 3포왜란 : 임시 기구로 설치 ③ 을묘왜변 : 상설기구화 ④ 임진왜란 이후 의정부를 대신하여 정무, 군사를 총괄한 국정 최고 기구
구성	① 도제도, 제조, 낭청으로 구성 ② 도제조 : 전·현직 정승 ③ 제조 : 공조를 제외한 5조 판서, 강화유수, 대제학, 5군문 대장 등 ④ 낭청 : 실무자
담당	① 외교, 재정, 인사 등 제반 정무 ② 군사 문제
부작용	① 왕권을 약화시키고, 의정부6조 체계를 유명무실하게 함. ② 노론 일당 독재와 세도가문의 중심 기구로 역할
혁파	① 흥선대원군은 비변사를 혁파 ② 정무는 의정부가 군무는 삼군부가 담당하도록 함

chapter **조선의 언론정치**

조선 3사(청요직)

고려 대간(대성)

낭사
어사대

조선 3사(청요직)

사간원(대사간, 정3품) : 간쟁
사헌부(대사헌, 종2품) : 관원감찰기관
홍문관(대제학,정2품) : 도서관리, 경연, 자문, 옥당

관련 성균관 대사성(정3품)

심화 언론 기관의 주요 기능
① 간쟁 : 왕에 대한 간언
② 서경 : 5품 이하 관리 임명 혹은 법령 개폐시 동의권
　　　　 (고려는 모든 관리 대상)
③ 봉박 : 왕명에 대한 거부권 행사

정리 경연
신하가 임금에게 역사와 유교경전 등을 교육으로 조강이 원칙
주요 교재 : 대학(연의), 자치통감, 정관정요, 4서3경, 이이의 성학집요 등
① 고려 예종 때 시작되었으나, 무신집권기에 폐지되고 서연이라는 형태로 명맥 유지
② 공양왕 때 신진사대부에 의해 서연이 경연으로 승격되어 태조 이성계 때 정착
③ 세종 때 집현전에서 담당
④ 세조 때 집현전과 함께 폐지
⑤ 성종 때 홍문관에서 담당. 경국대전에 규정
⑥ 연산군 때 일시적 폐지
⑦ 중종 때 조광조에 의해 활성화

전랑

구성	정랑(정5품)과 좌랑(정6품)
권한	① 통청권 : 3사 언관직에 대한 인사권 ② 자천권(자대권) : 후임자에 대한 천거권 ③ 낭천권 : 신규 관원에 대한 천거권(선조 때 폐지)
변질	조선 후기 당쟁이 격화되면서 특정 당론만을 반영 ⇨ 조선 후기 언론정치 쇠퇴
쇠퇴	영조 대에 통청권과 자천권 폐지 ⇨ 자천권은 정조 대에 실질적 폐지

그밖에 주요 언로

공식적	① 윤대 : 매일 5명 이내의 문·무관이 임금의 질문에 응대하던 일 ② 상참 : 매일 아침 의정부·6부·삼사의 참상관 이상이 참여한 약식 조회 ③ 조참 : 매월 4회 중앙의 모든 문무백관이 모이는 조회. 조참 후에 조계 ④ 차대 : 매월 6회 의정부의 의정, 삼사의 고급 관원과 전직 대신들을 만나는 회의 **관련** 조보 : 조선의 관보
비공식적	① 구언 : 왕이 관원이나 백성에게 의견을 묻는 제도 ② 상소 : 글을 써서 의견을 밝히는 제도 ③ 상언 : 국왕의 행차시 글을 올려 억울함을 호소하는 방식 ④ 격쟁 : 국왕의 행차시 징을 쳐서 억울함을 호소하는 방식 ⑤ 권당 : 성균관 유생의 동맹 휴학

관련 장계 : 관리의 보고서

고려의 관계

정/종	1품	2품	3품
정			
		재추직	
종			

정/종	상/하	4품	5품	6품	7품	8품	9품
정	상						
	하		참상직			참하직	
종	상						
	하						

① 18품계
② 29관등(정1품은 임명되지 않음)

심화 실직과 산직 / 시직과 산직
① 실직(직관) : 직임이 있는 관직
② 산직(산관) : 직임이 없이 관계만 부여된 관직 예)검교직, 동정직, 공민왕 때 첨설직
③ 시직과 산직 : 시직은 현직 / 산직은 전직

조선의 관계

정/종	상/하	1품	2품	3품	4품	5품	6품
정	상						
	하	당상관		참상관			
종	상						
	하						

정/종	7품	8품	9품
정			
	참하관		
종			

① 18품계
② 30관등
③ 당상관(정3품상 이상)과 당하관(정3품하 이하)
④ 참상관(6품 이상)과 참하관(7품 이하) : 참상관 이상이 수령에 임명 가능

참고 조선의 주요 관등
① 정1품상 : 대광보국숭록대부(문관만 존재)
② 정3품상 : 통정대부(문관), 절충장군(무관)

참고 조선의 주요 관직의 품계
① 당상관(경관) : 3정승(정1품), 6조 판서(정2품), 도승지(정3품)
② 당상관(외관) : 관찰사(종2품), 부윤(종2품), 부사(정3품), 목사(정3품)
③ 참상관(외관) : 군수(종4품), 현령(종5품), 현감(종6품)

조선의 인사행정 제도

① 합리적 인사행정 제도 구축
② 직차상당 : 품계에 맞는 관직에 임명 ⇨ 예외 행수법
③ 서경제 : 왕의 독단적 인사권을 견제하기 위해 5품 이하 관리 임명 혹은 법령 개폐시 삼사에 동의권 부여(고려는 모든 관직)
④ 상피제 : 친인척이 같은 부서에 근무하거나, 연고지에 지방관이 파견되는 것을 막는 제도
⑤ 포폄제 : 인사 고과제 ⇨ 하급 관리가 상급 관리의 집을 방문하는 것을 금지함(분경금지법)
⑥ 겸직제 발달

정리 조선의 행수법
관직과 품계가 맞지 않는 경우
① 행(行)은 품계보다 낮은 관직에 임명된 경우
② 수(守)는 품계보다 높은 관직에 임명된 경우

중앙집권화의 완성

조선은 전국을 8도로 나누고 고을의 크기에 따라 지방관의 등급을 조정하여 전국에 약 330개의 군현을 두고, 모든 군현에 지방관을 파견하였다.

8도(관찰사 = 감사, 방백, 도백)			
부	목	군	현
부윤, 부사	목사	군수	현령, 현감
면 리 통			

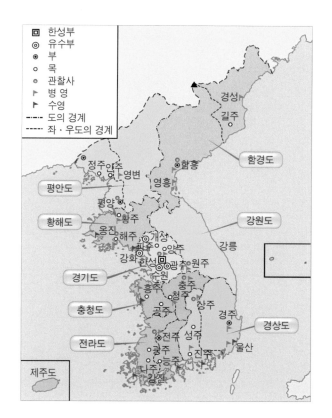

참고 **유수부(4도 유수)**

한양으로 향한 4개의 관문 도시. 왕 직속 도시(정조 때 완비)

개성, 강화, 광주, 수원

참고 **조선 지방관의 품계**

① 당상관(외관) : 관찰사(종2품), 부윤(종2품), 부사(정3품), 목사(정3품)

② 참상관(외관) : 군수(종4품), 현령(종5품), 현감(종6품)

참고 **계수관**

고려와 조선시대 안찰사와 관찰사 아래서 3경이나 부와 목 같은 도시를 관할하는 지방관을 계수관이라 부르기도 하였다.

고려와 조선의 차이

① 3경의 존재 ⇨ X
② 행정적(도) + 군사적(양계) 성격의 행정구역 병존
　　⇨ 행정적 성격(양계의 소멸)의 행정구역
③ 안찰사는 비상주 ⇨ 관찰사 감영 상주
④ 속현 70%, 향·부곡·소의 존재
　　⇨ 속현 소멸, 향·부곡·소 소멸(100% 지방관 파견)
⑤ 향리는 실질적 지배층 ⇨ 향리의 몰락
⑥ 촌 ⇨ 면리통제와 오가작통제 정비

■□□ 지방관 비교 정리

안찰사	병마사	관찰사	조선 수령
6개월	6개월	1년(360일)	5년(1,800일)
비상주	상주	상주	상주
5~6품(낮은 관품)	3품	2품	2~6품
행정관청 X	영	감영	관청
-	-	상피제 엄격	상피제 엄격
-	-	행정·사법·군사권 + 수령 감찰·포폄권	행정·사법·군사권

chapter **조선 초기 : 수령권 강화와 향리의 몰락**

관찰사

① 행정·사법·군사
② 수령 감찰권· 포폄권

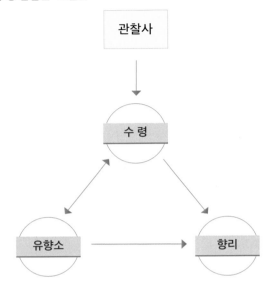

관찰사 → 수령 → 유향소 / 향리 (유향소 → 향리)

관련 경재소
① 현직 고위 관료가 연고지의 유향소를 통제(좌수·별감 임명)
   하기 위해 중앙 정부와 유향소의 연락기능을 담당
② 태종 때 최초 실시 ⇨ 세종 전국적 ⇨ 조선 중기(선조) 때 폐지

수령

① 지방의 행정·사법·군사권을 담당
② 조선 초기 중앙집권화로 수령에게 권한 집중

사료 조선의 수령 7사
① 농업을 성하게 함
② 호구를 늘림
③ 학교를 일으킴
④ 군정을 닦음
⑤ 역의 부과를 균등하게 함
⑥ 소송을 간명하게 함
⑦ 교활하고 간사한 버릇을 그치게 함

정리 인사관리제도
① 임기제 : 관찰사 1년, 수령 5년
② 상피제 : 출신지역 발령 X
              친인척 동일 부서 X
③ 포폄제 : 근무성적평가제

향리

① 고려 시대 지방의 실질적 지배자였지만, 조선 시대에는
   수령을 보좌하는 외아전(6방)으로 몰락
② 향리 약화 : 외역전 X, 부민고소금지법, 원악향리처벌법

관련 경저리(경주인)
① 고려의 기인제도에서 유래
② 중앙과 지방의 연락사무나 공납 등 업무를 위해 서울에 머물던 향리

관련 영저리는 감영에 머무는 향리

---

chapter **조선 중기 : 사림의 성장**

조선 초 유향소를 중심으로 결집한 사림은 4대 사화를 거치며 향약, 서원을 정착시키며 향촌에서 지배력을 강화하였다.

유향소 향청, 향소	① 사림의 향촌자치기구 ② 수령을 보좌·자문하고, 향리를 규찰하며 풍속을 교정 　　실제로 유향소를 통해 조세의 부과(부세제도)에 관여하며 향리와 농민을 통제하고 공론을 주도 ③ 유향소 임원 : 향임(좌수, 별감)　**관련** 약정은 향약의 임원 ④ 향안(명단), 향회(총회), 향규(규칙)
향약	① 사림 중심의 유교적 향촌자치규약 　: 사림을 중심으로 여성과 하층민까지 포괄하는 자치규약 ② 약정, 부약정, 직월, 사화 ③ 조광조 여씨향약(최초) ⇨ 이황 파주향약, 예안향약 　　　　　　　　　　　　　이이 서원향약, 해주향약 **사료** 향약의 4대 덕목 ① 덕업상권 : 좋은 일은 서로 권한다 ② 과실상규 : 잘못은 서로 규제한다 ③ 예속상교 : 좋은 풍속은 서로 교환한다 ④ 환난상휼 : 어려운 일은 서로 돕는다
서원	① 사림의 향촌 사립교육기관 : 교육, 제사(선현) 기능 ② 청금록(학생 명단), 향음주례, 향사례 ③ 백운동서원(중종) : 주세붕이 안향을 모신 최초서원 　　　　　　　　　　명종 때 이황 건의 ⇨ 소수서원(사액서원) ④ 이언적의 옥산서원, 이황의 도산서원, 이이의 자운서원과 문회서원, 성혼의 파산서원 　　조식의 덕천서원, 서경덕의 화곡서원, 송시열의 화양동서원, 유성룡의 병산서원 **OX** 서원에서는 교육과 성현에 대한 제사 기능을 수행하였다. (O / X)

PART 01

향전(鄕戰)

구향
재지 사림

신향
부농

재지 사림의 약화 배경
① 양반수 급증
② 특권계층의 재편성(권반에 권력 집중)
③ 중앙과 향촌 사림의 단절(공론 붕괴)

정리 　조선 후기 재지 사림의 지위 유지 노력
　① 문중서원, 사우 설립(조상)
　② 동약 실시(면리)
　③ 동성촌락, 문중 형성 활발

광작과 상업 발달로 부유한 평민(요호부민)
이 사족의 경쟁자로 등장

수령권 강화

향리

향청

정리 　조선 후기 수령권 강화
　① 숙종 때 오가작통법 21조 ⇨ 오가작통법 강화
　② 영조 : 서원 철폐, 산림X
　③ 정조 : 수령이 향약 관장
　④ 수령과 결합한 신향이 향청(향회) 장악
　　⇨ 수령권이 강화되면서 향청은 수령의 자문기구화

매관매직과 삼정의 문란
세도정치기 막강한 수령권을 바탕으로 수탈 심화

chapter **조선 전기 양인개병제(농병일치)**

양인개병제의 성립

① 태종 때 사병혁파하고 16~60세 양인 남자가 군역 부담
② 보법 : 군역의 의무가 있는 양인을 현역인 정군과 비용을 부담하는 보인이 짝을 이루는 제도
　　　　 정군은 일정 기간 동안 교대로 복무(복무 기간에 따라 품계를 받기도 함)

심화 역 징발의 기준 변화
태종 봉족제(가호 기준) 실시
　⇨ 세조 보법(인정 기준)을 실시

기타

① 면제 대상 : 현직 관료, 향리, 학생 등은 군역 면제. (종친이나 외척·공신의 자제는 특수군으로 복무)
② 잡색군 : 정규군 외에 전직 관리, 서리, 향리, 교생, 노비, 잡학인, 신량역천 등으로 구성된 부대(농민 X)
　　　　　 잡색군은 생업에 종사하다가 일정 기간 군사 훈련(예비군의 성격)
③ 상인 · 수공업자 : 세금을 내거나, 일정 기간 국가를 위해 생산 활동

chapter **조선의 중앙군**

조선 전기 : 5위도총부(세조)	조선 후기 : 5군영

조선 전기 : 5위도총부(세조)

① 임무　궁성과 수도 방어
② 구성　㉠ 지휘 : 도총관(정2품, 문반)
　　　　㉡ 5위 : 중앙군. 의흥위·용양위·호분위·충좌위·충무위
　　　　㉢ 내삼청 : 국왕의 친위대. 내금위·우림위·겸사복
③ 편성　㉠ 갑사(직업 군인, 2보) : 하급 직업군인, 주력, 품계와 녹봉
　　　　㉡ 정군(농민 번상병, 1보) : 대다수, 산계 지급, 녹봉 X
　　　　㉢ 특수군(종친· 외척 등의 자제)
④ 변화　임진왜란 이후 축소. 고종 때 폐지

O X 　조선 초기 중앙군은 모두 품계와 녹봉을 받았다. (O / X)

조선 후기 : 5군영

① 훈련도감(선조) : 수도 방위. 임진왜란 중 설치.
　　　　　　　　　 급료를 받는 직업군인화(상비군)
② 어영청(인조) : 왕 호위. 북벌의 중심. 서인 정권의 군사적 기반
③ 총융청(인조) : 북한산성 수비
④ 수어청(인조) : 남한산성 수비
⑤ 금위영(숙종) : 수도·왕 방위, 훈련별대 + 정초군

관련　삼군문 : 훈련도감, 어영청, 금위영. 중앙군의 핵심

정리　훈련도감
① 임진왜란 중 류성룡이 건의
② 척계광의 기효신서 참고
③ 삼수병(포수, 살수, 사수) 직업군인

chapter **조선의 지방군**

	조선 전기	조선 후기
편제 변화	**영진군** ① 양인개병제 기반 : 정군 중심의 방어체제 ② 영 : ㉠병영 : 병마절도사(관찰사)가 지휘 ㉡수영 : 수군절도사 ③ 진 : 지역의 수령이 지휘	**속오군(선조)** ① 양천혼성군 기반 : 양반, 노비까지도 참여 ② 평상시 생업에 종사하다 전쟁이나 훈련시 동원 ③ 척계광의 기효신서의 영향을 받아 속오법에 의해 편성 ④ 중앙에서 속오군을 훈련시키기 위해 영장을 파견(인조)
운용 변화	**진관체제(세조)** ① 소규모의 진을 통한 빈틈없는 운용 ② 수령이 지휘 ③ 대규모 전투에 무력함 ④ 변방 중심의 방어체제 ⇨ 지역 중심 방어체제로 전환　양인개병제 붕괴 / 을묘왜변　**제승방략체제(명종)** ① 거점으로 집중 ② 중앙에서 파견된 장수가 지휘	**진관체제(선조)** ① 임진왜란 때 제승방략체제의 한계 ② 임진왜란 중 속오군 편제 하에 진관체제 복구

PART 01

PART 02
전근대 각론

2° korean history

chapter **경제 기초 지식**

정치와 경제의 관계

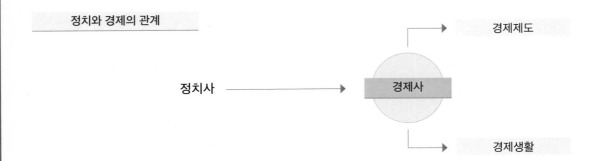

경제 기본 구조와 전근대 수조권

`관련` 왕토사상

① 국가가 조세를 수취하기 위한 이념적 기반으로 모든 땅은 왕의 땅이라는 사상

② 전주전객제 : 전주는 수조권 행사하는 자 / 전객은 토지의 소유자

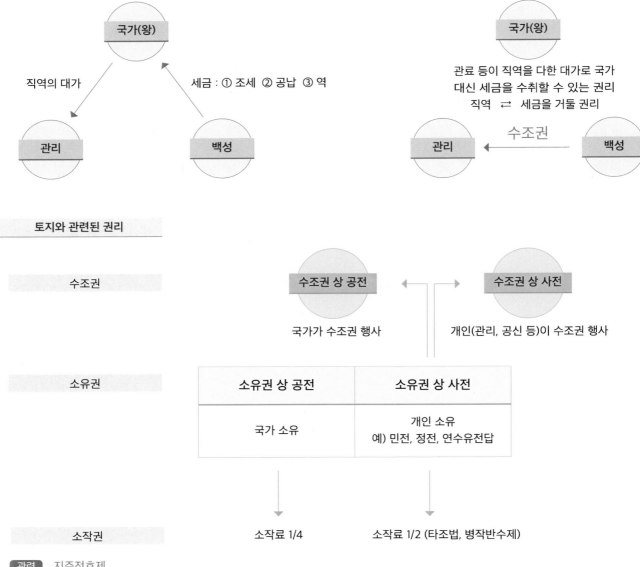

토지와 관련된 권리

수조권

소유권 상 공전	소유권 상 사전
국가 소유	개인 소유 예) 민전, 정전, 연수유전답

소유권

소작료 1/4   소작료 1/2 (타조법, 병작반수제)

소작권

`관련` 지주전호제

소유권을 가지 지주와 소작료를 내야하는 전호의 관계

chapter **기초 지식 : 조세·공납·역**

| 조세(租) | 전세 납부 - 토지의 크기(고대에는 인두세 성격이 가미) | 점차 순수한 토지세 성격 |

| 공납(調) | 특산물·현물 납부 - 가호나 마을 단위를 기준 | 토지 생산력의 증가에 따라 토지에 부과(대동법) |

| 역(庸) | 노동력 제공 - 정남(16~60세 남자) | 요역의 경우 토지 생산력의 증가에 따라 토지에 부과 시도 (성종 대의 8결1부제) |

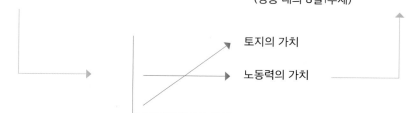

토지의 가치

노동력의 가치

chapter **고대의 조세·공납·역**

| 삼국시대 | ① 조세 : 재산에 대한 세금(인두세 성격 가미)
② 공납 : 현물·특산물을 제공
③ 역 : 군역(국방의 의무)와 요역(노동력 제공)
 (단, 백제의 경우 15~60세 역 부담) |

| 통일신라 | ① 조세 : 토지에 대한 세금(1/10)
② 공납 : 현물·특산물을 제공
③ 역 : 16세 이상 60세 이하의 남자(정남)를 대상으로 군역(국방의 의무)과 요역(노동력 제공) 징발 |

chapter **통일신라 수조권 변화**

신문왕 : 관료전의 시행

구분	녹읍	관료전
조세	O	O
공납	O	X
역	O	X

■■□□ **관료전과 녹읍(삼국사기)**

1) 신문왕 7년(687) 5월에 관료전을 지급하되 차등을 두었다.
2) 신문왕 9년(689) 1월에 내외관의 녹읍을 혁파하고 매년 조를 내리되 차등이 있게 하여 이로써 영원한 법식을 삼았다.

〈관련〉 식읍

식읍은 왕족·공신에게 지급한 수조권

성덕왕 : 정전제의 시행

'성덕왕 21년(서기 722) 8월, 처음으로 백성들에게 정전(丁田)을 주었다.'

경덕왕 : 녹읍의 부활

'경덕왕 16년(757) 월봉(관료전)을 없애고 녹읍을 부활하였다.'

〈주의〉 경덕왕은 중대 후반의 왕임. 하대 X

녹읍		관료전, 정전제		관료전 폐지, 녹읍 부활
상대 : 강력한 귀족	→	중대 왕권 강화	→	하대 왕권 약화

chapter **민정문서(신라장적)**

개요

① 1933년 일본 도다이사(동대사 정창원)에서 발견
② 통일신라 / 서원경(청주) 인근 사해점촌, 살하지촌 등 4개 촌·마을에 대한 자료
③ 촌주가 1년 마다 조사하고, 3년 마다 보고

민정문서

① 토지 : 종류와 크기. 소유권 X   호나 인구와 달리 토지는 증감을 기록하지 않음
② 인구 : 남녀 각각 6등급 + 노비(극소수) 수 파악. 이름 X
③ 호구 : 인구를 기준으로 상상~하하 9등급
④ 가축 : 소, 말
⑤ 기타 : 뽕나무, 호두나무, 잣나무, 특산물 등 기록

정리 민정문서 토지의 종류

① 관모전답 : 관청 경비
② 내시령답 : 녹읍, 관료전
③ 촌주위답 : 촌주
④ 연수유전답 : 개인의 사유지(정전). 대부분
⑤ 마전 : 공동으로 마 경작
주로 촌민들이 관모전답, 내시령당, 촌주위답을 공동 경작하였다.

■ ■ □ 민정문서

이 현의 사해점촌은 산과 평지로 이루어져 있고, 크기는 5,725보이다. 공연 수는 합하여 11이고, 계연은 4, 나머지는 3이다. 이 가운데 중하 4호, 하상2호, 하하5호이다.
인구는 모두 147명인데 남자는 정이 28명(노비1명), 조자 7명(노비1명), 추자 12명, 소자 10명, 3년간 태어난 소자 5명, 제공 1명이고 여자는 정녀 42명(노비5명), 조여자 9명, 소여자 8명, 3년간 태어난 소여자 8명(노비1명), 제모 1명과 다른 마을에서 이사 온 추자 1명, 소자 1명 등이었다. 말은 22마리에 3마리가, 소는 17마리에 5마리가 보태졌다. 논은 102결 정도인데 관모전 4결, 내시령답 4결, 촌민이 받은 것은 94결이 있었으며 그 가운데 19결은 촌주가 받았다. 밭은 62결, 마전은 1결 정도이다. 잣나무는 862그루가 있었고 34그루를 심었다. 호두나무는 74그루가 있었고 382그루를 심었다.

O X 통일신라의 촌주는 매년 조사된 내용을 바탕으로 3년 마다 행정촌을 단위로 민정문서를 작성하였다. (O / X)

chapter **고려 수취체제**

조세·공납·역		조세는 양안을 기준으로, 공납과 역은 주로 호적을 기준으로 부과

조세	① 토지는 수전(논)과 한전(밭)을 구별하고 비옥도에 따라 3등급(상중하) 구분 ② 생산량의 1/10을 징수 ③ 양안(토지대장), 조창과 조운 체제
공납	① 가호를 기준으로 특산물을 현물로 바치는 세금 ② 상공(정기적), 별공(필요시)
역	① 16~60세 남자를 대상으로 군역과 요역을 징발 ② 요역은 가호를 기준으로 인구와 장정의 다과에 따라 9등호제 적용 (고려 후기와 조선 전기에 토지에 다과에 따라 요역을 부과하려는 시도)

고려의 전시과제도 관료 등에게 직역 등을 대가로 전지(경작지)와 시지(임야)를 지급하는 제도

O X 고려 전시과에서는 관리가 직역을 다한 대가로 임야와 토지의 소유권을 지급하였다. (O / X)

역분전 (태조)	시정전시과 (경종)	개정전시과 (목종)	경정전시과(문종)
대상자 : 개국공신 기준 : 공훈 + 인품	대상자 : 전현직 기준 : 관품 + 인품	대상자 : 전현직 기준 : 관품	대상자 : 현직 기준 : 관품
	① 광종 때 4색관복제 적용 ② 자삼만 18등급으로 나누어 전시과 지급 (자삼은 문반·무반·잡업을 나누지 않음) ③ 단삼은 문반·잡업·무반으로, 비삼·녹삼은 문반·잡업으로 나누고 다시 5·8·10·18품으로 세분화하여 전시과 지급	① 18등급 전시과 정착 ② 실직 > 산직, 문관 > 무관	① 전직, 산직 제외 ② 공음전, 한인전, 별사전 지급 ③ 무반 차별 완화 ④ 무산계 지급 ㉠ 문무산계가 처음 성립한 것은 성종 ㉡ 문무관에게 문산계 적용 (단, 하급 군인에게는 군인전 지급) ㉢ 무산계는 향리, 여진족 추장 등에 지급 조선은 문신에게는 문산계 / 무신에게는 무산계 지급 (단, 2품 이상의 경우 무신에게도 문산계 지급)
하급 군인	군인에게 전시과 지급	군인전 지급	군인전 지급
잡직	한인에게 전시과 지급	한외과 설치(잡직)	한외과 폐지(18관등 전시과에 편입)

심화 시지의 부족

시지가 점차 부족해짐에 따라 개정전시과와 경정전시과에서 일부 하급 관리들은 시지를 지급받지 못하였다. (단, 조선의 과전법은 전지만 지급)

전시과의 붕괴

① 무신집권기 전시과 문란
② 녹과전 지급 : 개경 환도 직후(원종) 녹봉이 부족하여 녹봉 대신 경기8현의 과전을 지급
③ 권문세족기 과도한 토지겸병으로 전시과 붕괴

chapter **조선의 종합 경제법 : 과전법**

정치적 측면	① 혁명파 사대부의 경제적 기반 (조선 건국의 기반 마련) ② 권문세족이 겸병한 토지를 원소유자에게 반환 ③ 농민의 경작권 법적 보호
수조권 측면	① 전시과와 차이 : ㉠ 전지만 지급 ㉡ 경기지역에 국한 ㉢ 전현직 관리 대상 ② 관리에게 18과로 나누어 최고 150결에서 최하 10결의 과전을 지급
조세 측면	① 세율 1/10로 제한(1결당 최대생산량 300두. 조세 최대 30두) ② 답험 손실법 : 수조권자가 직접 답험(조사)하여 작황을 10등급으로 구분하여 납부액 책정

chapter **수조권 측면 : 고려의 전시과 VS 조선의 과전법**

전시과와 과전법의 차이

고려 전시과
① 전지(곡물)와 시지(땔감)의 수조권 지급
② 전국의 토지를 대상
③ 현직 관리(경정전시과)

조선 과전법
① 전지만 지급(시지X)
② 경기도 토지로 제한 지급
③ 전현직 관리

수조권의 유형 비교   주로 백성들의 민전에 국가의 필요에 따라 다양한 수조권을 부여

		(경정)전시과 상 수조권	**과전법 상 수조권**
사전 (私田)	직역의 대가	① 과전 : 관리 ② 외역전 : 향리 ③ 군인전 : 직업군인	① 과전 : 일반 전현직 문무관리 ② 외역전 X ③ 군인전 X ④ 군전 : 과전법에서 한량과 전직관리에게 지급 토지. 　　　　 군인에게 지급 X
	사회보장제도	① 구분전 : 유가족 ② 한인전 : 하급관리 자제	① 구분전 X ⇨ 수신전(과부)과 휼양전(자식) : 세습 ② 한인전 X
	신분보장	① 공음전 : 5품 이상 귀족, 세습 가능 ② 공신전 : 공신, 세습 가능	① 공음전 X ② 공신전 : 공신, 세습 가능
	기타	① 사원전 : 사찰 ② 별사전 : 승려	① 사원전 몰수 ② 별사전 : 준공신 ③ 학전 : 학교에 지급
공전(公田) 공적 비용 충당		① 내장전 : 왕실 경비 ② 공해전 : 관청 경비	① 궁방전 : 궁중 ② 공해전 : 관청 경비

관련 사패전 : 고려 원 간섭기 종친이나, 권세가에게 지급한 개간되지 않은 토지

chapter **조선 전기 수조권 소멸**

세조
직전법
1466

① 배경 : 불법적 세습과 공신전 증가
② 내용 : 현직관리에게만 지급
　　수신전 X, 휼양전 X

→

성종
관수관급제
1470

① 배경 : 수조권 남용
② 내용 : 관리가 행사하던 수조권을
　　국가에서 대신한 후 관리에게 지급

→ 직전의 고갈과 부족현상 →

명종
직전법 폐지
1556

① 내용 : 수조권의 녹봉화(수조권 소멸)
② 결과 : 국가의 토지 지배권 강화
　　⇨ 관료의 토지 소유 욕구 자극

↓

지주전호제 확산 (농민의 소작농화)

chapter **지주전호제 확산과 지대방식 전환**

타조법 : 정율제

① 일정 비율로 소작료를 부담
② 주로 병작반수제(1/2)
③ 지주와 전호의 관계　신분적 관계 + 경제적 관계

→

도조법 : 정액제

조선 후기 일부 지역
① 일정 액수로 소작료를 부담
② 주로 1/3
③ 지주와 전호의 관계는 경제적 관계

chapter **조세의 변화**

과전법의 조세 규정

① 세율 1/10로 제한(1결당 최대생산량 300두. 조세 최대 30두)
② 답험 손실법 : 수조권자가 직접 답험(조사)하여 작황을 10등급으로 구분하여 납부액 책정

세종
공법
1444

인조
영정법
1635

연분9등법

① 풍흉의 정도를 판단
② 공법상정소 설치
③ 답험손실법의 폐해를 막기 위해 관리가 풍흉의 정도 (상상~하하 9등급)를 결정
⇨ 결정된 연분에 따라 1결당 4-20두 조세 납부

→

관련 토지세가 줄어들었지만 토지를 갖지 못한 대부분 농민은 혜택 보지 못함

연분9등법의 폐해(향리, 수령의 농간)를 막기 위해 풍흉과 상관없이 결당 4두로 고정

전분6등법

① 토지의 비옥도에 따라 등급을 결정하는 방식
② 수등이척법 : 다른 자 사용. 비옥한 토지일수록 작은 자 사용
　관련 효종 때 수등이척법 ⇨ 양척동일법(같은 자 사용) 시행
③ 전제상정소 설치

1결은 상대적 면적으로 비옥한 토지일수록 1결의 면적이 좁아짐

1등전　2등전　3등전　4등전　5등전　6등전

조선 초기의 공납

공납의 유형

① 상공 : 정기적 징수
② 별공 : 부정기적 징수
③ 진상 : 왕실에서 징수

공납의 책정 방식

국가 횡간 작성 ⇨ 할당량 분배

불산공물(不産貢物)

조선 전기
방납의 폐단

광해군
대동법

1608

방납업자와 관리가 결탁하여 고가로 방납을 강요

① 공납의 전세화 : 결당 12두
② 방납폐단 시정 : 쌀 · 동전 · 옷감 납부
③ 이원익(실시), 김육(효종, 확대), 허적(숙종, 전국)
④ 관청 : 선혜청, 지방의 대동청
⑤ 중개상인 공인 등장 ⇨ 상품화폐 경제의 발달에 기여

방납의 폐단의 막기 위한 시도

① 명종 이후 일부 시행된 사대동
② 조광조, 이이와 류성룡이 수미법 제안

정리 대동법의 확대 과정

① 광해군(이원익) : 경기도
② 인조 : 강원도
③ 효종(김육) : 충청도, 전라도
④ 숙종(허적) : 경상도, 황해도 전국 확대(제주도 등 잉류지역을 제외한 전국으로 확대)

대동법의 한계

① 별공과 진상 등 현물납부 여전히 존재
② 상납미 비율이 높고, 유치미 비율이 낮아 수탈 야기

chapter **역의 변화**

조선 초기의 역

군역

① 정남에게 부과
   ⇨ 정남은 정군과 보인으로 근무
② 양반, 향리, 서리, 학생은 실질적 면제

요역

① 인정으로 고려하여 가호에 부과
② 성종 경국대전에 팔결일부제(1명/8결)
   1년 중 6일만 동원 ⇨ 실패

조선 중기 변질

군역의 요역화와 대립제

요역 자원이 부족 + 오랜 평화
⇨ 군역의 요역화
⇨ 군역을 기피하는 현상 가속화
⇨ 대신 역을 세우는 대립제 유행

방군수포제

관리에게 불법으로 군포를 내고 역 면제

군적수포제(중종)

① 방군수포제 합법화. 1년 2필 군포 납부
② 국방체제 붕괴
③ 폐단 : 중복 징수, 백골징포, 황구첨정 등

조선 후기 개혁

영조
균역법

1750

① 배경
군적수포제의 폐단(중복 징수, 총액제)
   ⇨ 농민의 이탈로 악순환
② 내용
   ㉠ 기존 군포 2필 ⇨ 1필로 감소
   ㉡ 균역청이 관리(선혜청으로 통합)
③ 부족한 재정 보완
   ㉠ 결작(2두/결, 부분적 전세화)
   ㉡ 부유한 상민에게 선무군관포(1포)
   ㉢ 어장·염전·선박세로 보충

정리 군역의 폐단과 시정을 위한 노력

① 군적수포제 ⇨ ㉠ 감영, 군영 등에 군포 중복 징수 ㉡ 인징, 족징, 황구첨정, 백골징수
② 균역법 실시 ⇨ 군포 1/2로 감소
③ 영조 때 총액제(정총제) 일반화 ⇨ 세도정치기 인징, 족징, 황구첨정, 백골징포 성행 ⇨ 농민의 토지 이탈 가속화
④ 흥선대원군(고종)의 호포제

조운제도	① 군현에서 거둔 조세를 육로나 해로를 통해 조창을 거쳐 서울의 경창으로 운송하는 체제 ② 원칙적으로 징수된 세금은 봄에 경창으로 운반(조창민을 동원)
주요 조창	① 세금을 모아 경창으로 운반하기 위한 창고 ② 가흥창(충주), 흥원창(원주), 소양강창(춘천), 공진창(아산) **관련** 고려의 우창과 좌창 : 우창은 왕실 창고, 좌창은 관리 녹봉 　　　 조선의 광흥창 : 당고려 충선왕 이래로 관리 녹봉 담당
주요 경로	① 전라도, 충청도, 황해도 ⇨ 황해의 바닷길 ② 강원도 ⇨ 한강 ③ 경상도 ⇨ 낙동강 ⇨ 한강
잉류 지역	① 세금을 경창으로 운송하지 않고 자체 소비하는 지역 ② 함경도(국방), 평안도(사신 접대), 제주도(운송비 과다)

chapter　**고대와 고려 농업기술**

	삼국시대	통일신라	고려
논농사	저수지 축조		① 이앙법 : 못자리에 키운 모를 논에 옮겨 심는 재배법 ② 이앙법 최초 도입 : 고려 말 남부 일부 이앙법 보급
밭농사	황무지 개간		① 윤작법(2년3작, 조·보리·콩) ② 시비법 발달(휴경지 감소) 　: 녹비법(콩)과 퇴비법(분뇨) ③ 목화 도입 　: 공민왕 때 문익점이 원으로 부터 목화씨 도입 　　정천익(재배, 물레 제작)이 보급에 기여
기타	① 철제 농기구 보급과 일반화 ② 우경 장려 : 신라 지증왕 때 우경 최초 기록		① 농상집요(이암) : 현존 최고 농서. 원농법 소개 ② 우경(깊이갈이) 보편화

chapter　**조선 농업기술**

	조선 전기	조선 후기
논농사	이앙법 : 남부 일부에서 시행. 국가는 금지(가뭄에 취약)	① 조선 후기 이앙법(모내기법) 일반화 ② 벼·보리 이모작 가능, 잡초 제거 용이, 노동력↓ 생산력↑
밭농사	① 2년3작(윤작법) 일반화 ② 시비법 일반화 : 밑거름과 덧거름 ⇨ 휴경지 소멸, 상경전 ③ 목화 일반화 : 의생활 개선 ④ 농종법(이랑) 유행	 ① 상품작물 활성화 : 인삼, 담배, 채소, 쌀 ② 견종법(고랑) 유행
기타	① 농사직설(세종) 　: 정초, 조선의 농사 경험(토지개량, 모내기) 　　우리 농사경험을 바탕으로 제작한 최초의 우리 농서 ② 금양잡록(성종) : 강희맹, 경기도 시흥 농사 경험 ③ 양화소록(세조/성종) : 강희안, 최초의 원예농서	① 농가집성(효종) : 신속, 이앙법 보급에 기여 　　　　　　　우리농서(농사직설, 금양잡록)와 중국 농서 사시찬요초 반영 ② 색경(숙종) : 박세당, 농업에 관한 지식(상품작물)과 양잠법 기록 ③ 산림경제(숙종) : 홍만선, 농촌생활 ④ 해동농서(정조) : 서호수 , 중국의 농업기술 수용하여 농법 개량 주장 ⑤ 과농소초(정조) : 박지원, 영농기술 ⑥ 임원경제지(순조/헌종) : 서유구, 농촌생활백과사전
구황 작물	구황절요(중종)·구황촬요(명종) : 구황 방법	구황작물 : 고구마(18C 일본), 감자(19C 청)

정리　임란 이후 도입 작물

① 임란 전후 : 담배(일), 고추(일), 호박, 옥수수(중), 토마토(중)

② 고구마(일본, 18C)

③ 감자(청, 19C)

chapter **조선 후기 경제의 성장 배경**

대동법 - 공인

① 공납을 쌀·옷감·동전으로 납부하고 선혜청에서 물품 조달
② 공인 등장
 ㉠ 국가로부터 공가를 지급받아 필요한 물품을 조달하는 관허 상인
 ㉡ 상품화폐 경제 발달에 기여
 ㉢ 일부는 도고(독점적 도매상인)로 성장

이앙법 - 광작

① 이앙법(모내기법) : 못자리에 키운 모를 논에 옮겨 심는 재배법
② 조선 후기 이앙법(모내기법) 일반화
③ 장점 : 벼·보리 이모작 가능, 잡초 제거 용이, 노동력↓ 생산력↑
④ 파급효과 : 광작(廣作) 가능, 농민층의 분화(부농과 임노동자)

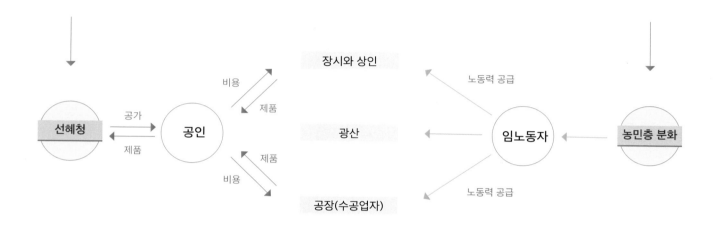

chapter **상업의 발달 : 고대와 고려**

삼국시대 상업

① 5세기 말 신라 소지왕 경주에 시장과 우역 설치
② 6세기 초 신라 지증왕 동시, 동시전(감독 관청) 설치

심화 우역

 우역(郵驛)은 공문서 전달, 관물 운송, 출장 관리 등의 업무를 담당하는 기관이다. 기록상으로는 신라 소지왕 9년(487년)에 설치된 고역전(尻驛典)과 경도역(京都驛)이 최초이다.

통일신라 상업

통일 후 효소왕 때 서시와 남시가 추가되고, 지방의 요충지에 시장 발생

▼ 활구(은병)

고려의 상업

시장과 상인

① 개경에 시전과 경시서(감독기관)
② 관영상점 : 대도시에 약점, 주점, 다점 등 관영상점 설치
③ 비정기적 시장 : 행상 활동 (단, 장시 X, 보부상 X)
④ 사원의 상행위 활발 : 장생고, 장생표

▼ 건원중보

화폐

① 건원중보(성종) : 최초 화폐, 철전
② 숙종 대 화폐 주조
 ㉠ 의천 주도로 주전도감
 ㉡ 삼한통보, 삼한중보, 해동통보, 해동중보, 동국통보, 동국중보
 ㉢ 활구(은병, 고액 화폐, 우리 지도 모양)

상업의 발달 : 조선 전기

관허 상인 : 시전상인

국가에 물품을 공급하는 대가로 특정 상품에 대한 독점판매권을 부여받은 관허상인

> **정리** 시전 관련 용어
> ① 육의전 : 비단, 명주, 모시, 무명, 종이, 어물을 판매하는 대표적 시전상인
> ② 경시서 : ㉠시전을 감독하는 관청 ㉡세조 때 평시서로 개칭 ㉢대한제국 때 평식원
> ③ 중도아는 시전의 물건을 떼다 파는 중개 상인

장시와 보부상의 등장

장시(5일장)
① 15세기 후반 전라도에서 처음 등장(성종)
② 16세기 전국적 확대
③ 18세기 중엽 전국 1,000여 개소(일부 상설화)
 : 덕원 원산장, 은진 강경장, 광주 송파장, 창원 마산포장 등

보부상
① 보부상(보따리장수와 등짐장수)
② 전국 장시를 연결하는 유통망 형성

▼ 보부상

조선 전기 화폐
① 저화 : 최초의 지폐. 고려 공양왕과 태종 때 발행
② 조선통보(세종, 해서체) : 주전소에서 발행
> **관련** 인조 때 팔분서체 조선통보
③ 팔방통보(세조) : 전폐(화살촉)

상업의 발달 : 조선 후기

관허 상인

①시전상인 : 난전에 대한 금난전권을 부여(조선 후기)
②공인 : 대동법의 실시로 등장함. 공가를 받고 선혜청에 물품 공급
 도고로 성장(독점적 도매상인)

> **관련** 관허상인 관련 정리
> ① 신해통공(정조)으로 인해 육의전을 제외한 금난전권 폐지
> ② 난전 : 칠패, 이현 등에 난전 형성

사상
① 의주 만상 : 청과 무역, 임상옥
② 평양 유상 : 청과 무역
③ 개성 송상 : 중계무역, 인삼, 송방(전국에 지점)
 복식부기(사개치부법)
④ 동래 내상 : 일본과 무역
⑤ 경강 상인 : 선상(운송,조선), 한강 중심 활약
 19세기 도고행위로 쌀 폭동 야기

장시와 포구

장시
① 18세기 중엽 전국 1,000여 개소 (일부 상설화)
② 주요 장시 : 송파장, 원산장, 강경장, 마산포장

포구
① 세곡을 운반하는 거점. 포구의 상거래는 규모가 장시보다 큼
② 주요 포구 : 원산포, 강경포
③ 선상의 활발한 활동

> **관련** 객주, 여각(거간꾼) : 중개상인으로 포구·진을 중심으로 숙박, 금융 등 종사

화폐
①상평통보
 ㉠ 인조 최초 주조. 개경 중심으로 시범 유통
 ㉡ 효종 대에 널리 유통(김육)
 ㉢ 숙종 법정화폐되어 전국적 유통(허적)
② 각종 신용화폐(환,어음) 등장
③ 전황의 발생 : 화폐부족현상 ⇨ 디플레이션 ⇨ 폐전론(이익) 등장

chapter **수공업과 광업의 발달**

	고려	조선 전기	조선 후기
수공업	**관련** 신라는 관영수공업(장인, 노비) **고려 전기** 관영수공업, 소수공업 중심 **고려 후기** 사원수공업과 민간의 수공업 중심	관영수공업 (공장안 작성)	**관영수공업 쇠퇴** 정조 공장안 폐지 ⇨ 납포장(장인세 납부) 일반화 **민영수공업 활성화** ① 선대제수공업(17세기) : 상인 주도의 민영수공업 : 상인에게 자금과 원료를 미리 받아 제작 ② 독립수공업(18세기 후반) : 수공업이 상인 자본으로부터 독립. '점' 형성
광업		관영광업	**민영광업 활성화** ① 청·일본과 무역으로 은 수요 증가 ② 설점수세제(효종) : 호조별장제 ③ 사채 허용(영조) : 수령수세제(허가는 호조) ④ 잠채 성행 : 불법적 채굴 ⑤ 덕대(CEO)와 물주(주주), 혈주(채굴업자)의 등장

chapter **대외무역 : 고대**

대외무역의 일반적 형태

중국과 교역	거란·여진·일본과 교역
사치품, 선진문물 ⇄ 특산품(인삼), 옷감, 금은	생필품(농기구,식량), 선진문물 ⇄ 특산품, 금은

삼국의 대외무역

① 4세기 이후 공무역 형태로 국제무역 활발히 전개
② 고구려 : 남북조, 북방민족과 무역(사마르칸트 아프로시압 벽화의 조우관)
③ 백제 : 남중국, 왜와 무역
④ 신라 : 고구려·백제를 통한 무역 ⇨ 한강 확보 후 당항성을 통해 직접 교역

남북국시대 대외무역

통일신라

① 당 : 비단, 문방구 ⇄ 인삼, 은, 무명, 세공품
② 울산항 : 이슬람 유리그릇·괘릉 무인상(서역인), 일본과 교역
③ 당항성 : 중국과 주요 교역로
④ 일본과도 교역
⑤ 장보고

정리 산둥반도(덩저우)에 남북국의 활동

① 신라방(신라촌) : 집단거주지구
② 신라소 : 자치기구
③ 신라원 : 사찰(절), 장보고의 법화원
④ 신라관 : 관청
⑤ 발해관

발해

① 대당무역의 발달(조공로, 발해관)
: 비단, 문방구 ⇄ 인삼, 모피, 말, 불상, 자기
② 일본도(동경), 신라도(남경)

관련 발해의 경제

① 밭농사 중심, 목축(솔빈부의 말)과 수렵(모피) 발달
② 금속가공업, 도자기업 발달

정리 발해 5도

① 신라도(동경 ⇨ 남경)
② 일본도(동경)
③ 조공도(서경) : 당으로 가는 해로
④ 영주도(영주) : 당으로 가는 육로
⑤ 거란도

대외무역 : 고려

특징

① 예성강의 벽란도가 국제무역항으로 번성
  북로(덩저우), 남로(밍저우)가 발달
② 아라비아 상인 : 수은, 향료, 산호 수입, 고려가 서방에 알려짐

주요 교역 내용

① 대송무역 : 수입(비단, 문방구, 약재) ⇄ 수출(인삼, 금, 은, 나전칠기, 종이)
② 거란·여진 : 수출(곡식, 농기구, 포목) ⇄ 수입(말, 모피, 은)
③ 왜 : 수출(곡식, 인삼, 서적) ⇄ 수입(수은, 황)

대외무역 : 조선

조선 전기

공무역 중심
① 명 : 조공무역(조공 ⇔ 회사) 중심으로 사행무역 행해짐
② 여진 : 경원·경성의 무역소(태종)
③ 왜 : 동래 왜관(세종)

조선 후기

공무역(조공과 회사)과 함께 사무역 활발
① 개시·후시를 중심으로 한 청·일본 중개무역 발달
② 청 : ㉠ 중강 개시·후시, 책문 후시 발달
        ㉡ 사행무역 : 사행원의 팔포무역
        ㉢ 수입(비단, 문방구) ⇄ 수출(인삼, 은, 무명)
        ㉣ 만상, 유상, 송상의 활약
③ 일본 : ㉠ 왜관 개시·후시
        ㉡ 수출(인삼, 쌀, 무명) ⇄ 수입(은, 구리, 황, 후추)
        ㉢ 동래 내상 활약

chapter **초기 국가의 신분제**

가(加)·대가(大加)	호민(豪民)	하호(下戶)	천민(賤民)
① 부족장(전쟁 주도) ② 이후 중앙집권화를 통해 귀족화	부족의 중간 지배층(전쟁 참여)	① 평민 ② 요역과 수취의 대상 ③ 군역 X ⇨ 낮은 사회적 지위	① 대부분 노비 ② 주인에 예속된 신분

O X 초기국가 시기의 하호는 상속·매매의 대상이다. (O / X)

chapter **삼국시대의 신분제**

귀족	평민	천민
① 부족장 세력이 중앙귀족으로 편입 ② 신라의 골품제와 같이 귀족 내부의 세분화된 신분제 운영	① 대부분 농민 ② 역과 수취의 대상	① 대부분 노비(주인에 예속된 신분) ② 종류 : 부채노비, 형벌노비, 전쟁노비 ③ 삼국시대에는 전쟁노비가 다수

O X 통일신라 시대의 대부분의 노비는 전쟁노비였다. (O / X)

chapter **신라의 골품제도**

등급	관등명	골품				복색
		진골	6두품	5두품	4두품	
1	이벌찬					자색
2	이 찬					
3	잡 찬					
4	파진찬					
5	대아찬					
6	아 찬					비색
7	일길찬					
8	사 찬					
9	급벌찬					
10	대나마					청색
11	나 마					
12	대 사					황색
13	사 지					
14	길 사					
15	대 오					
16	소 오					
17	조 위					

골품제
① 고대국가 형성과정에서 성립 (법흥왕)
② 구성 : 골족(성골,진골) + 두품(1~6두품)
③ 기능 : 골품별로 한품제 적용
　　　　골품별로 가옥, 수레 등 생활양식 규제
④ 귀족과 왕경인·소경인을 대상

진골
① 왕위 계승권, 왕과 경쟁관계
② 중국적인 제도 도입에 부정적 태도
⇨ 독자성 강조(전통적 진골 귀족 특권 강조)

6두품 = 득난(得難)
① 중대에 전제왕권 하에서 활약(중앙·지방장관 X)
　: 설총(이두, 화왕계), 강수(청방인문표)
② 하대 반신라적 경향 : 최치원, 최승우, 최언위
③ 중위제 : 골품제로 인한 불만을 무마하기 위한 특진 제도

심화 6두품의 한계
① 중앙의 중시·령과 지방 장관인 도독·사신도 진골이 독점
② 중앙의 시랑·경이나 지방의 태수, 현령 등으로 활약

기타
통일 후 1~3두품은 평민화

chapter **고대 문화사 개괄**

삼국 문화·사회의 기본 성격	① 고구려는 북방 민족의 영향을 받았으며, 호전적이고 진취적인 성격의 문화가 발달 ② 백제는 활발한 해상 활동을 통해 중국 남조의 영향을 받아 세련된 귀족 문화가 발달 ③ 신라 초기의 소박한 전통 문화는 고구려와 백제 그리고 당의 영향을 받아 발달 ④ 삼국시대에는 불교 문화가 융성하였으며, 유교가 도입되고, 귀족 중심의 문화가 발달
남북국 문화·사회의 기본 성격	① 통일 신라는 삼국의 혈연적 동질성과 문화적 공통성을 바탕으로 민족 문화의 토대를 확립 ② 발해는 고구려와 말갈의 전통 문화를 바탕으로 당의 문화를 수용

chapter **고구려의 사회상**

고구려의 지배층

① 5부족 연맹체 : 계루부(고씨), 절노부(연씨, 연나부), 소노부(해씨, 연노부), 관노부, 순노부
② 초기 소노부 왕위 계승
③ 계루부(왕위 계승) + 절노부(왕비 계승)
④ 상위 귀족인 대가, 고추가
⑤ 중천왕(3세기) 관나부의 장발미인 설화

상무적 기풍과 엄격한 형벌

① 절을 할 때에도 한쪽 다리를 꿇고 다른 다리를 펴서 몸을 일으키기 쉬운 자세를 취하였다.
② 걸을 때도 뛰는 듯이 행동을 빨리하였다.
③ 반란을 음모하는 자가 있으면 횃불로 온 몸이 짓무르게 하고 목을 벤다.
④ 항복하는 자, 전쟁에 패한 자, 사람을 죽이거나 겁탈한 자는 목을 벤다.
⑤ 소나 말을 죽인 자는 노비로 삼는다.
⑥ 법을 엄격하게 적용하므로 죄를 범하는 자가 적으며, 길에 떨어진 물건도 줍지 않는다.
⑦ 감옥이 없었다.

chapter **백제의 사회상**

백제의 지배층

① 고구려의 온조가 남하하여 한강 유역의 토착 세력과 결합
② 부여씨(왕족) + 8성 귀족(진, 해, 사, 연, 협, 국, 백, 목)

사회상

고구려와 유사성

① 풍속과 의복이 고구려와 유사
② 상무적 기풍 : 말타기와 활쏘기를 좋아하였다.
③ 엄격한 형벌, 고구려 처럼 바둑, 장기, 투호 즐겼다.
④ 반란한 자나 전쟁에서 퇴각한 군인 및 살인자는 목을 베고, 그 가족의 재산을 몰수한다.

백제 특유의 사회상

① 도둑질 한 자는 2배를 물게 하고, 귀양을 보낸다.
② 관리가 뇌물을 받거나 횡령한 경우 3배를 배상하도록 하고 평생을 가둔다.
③ 간음한 여자는 남편의 노비로 삼는다.
④ 중국의 고전과 역사책을 즐겨 읽고 한문에 능숙하였다.

chapter 신라의 사회상

신라의 지배층	① 박·석·김 왕위 계승

① 박·석·김 왕위 계승
② 내물왕 김씨 독점 세습
③ 중대 : 진골이 계승
④ 하대 : 내물왕 방계 계승
⑤ 갈문왕

씨족 사회의 전통

화백회의	① 씨족사회의 남당 ⇨ 만장일치제의 화백회의(상대등) **관련** 고구려의 제가회의(대대로,막리지), 백제의 정사암(상좌평) ② 기능 : 국가중대사 결정, 왕권 견제 **관련** 신라와 백제의 귀족회의를 남당이라고도 하였다.
화랑도 (풍류도, 국선도)	① 성격 : 씨족사회 전통인 원화에서 비롯됨(평등사상 기반) **관련** 화랑도 ≒ 고구려의 '선비', 백제의 '수사' ② 기능 : 계층 간 대립 갈등 완화 (골품제의 모순 완화) **관련** 죽지랑가에서 보여주는 계급간 대립 완화 ③ 구성 : 화랑(진골) + 낭도 ④ 화랑도의 정립 : 진흥왕의 화랑도 국가조직으로 정비, 원광의 세속오계(진평왕) ⑤ 삼교회통 사상 : 풍류도가 유·불·선 모두가 연결됨(최치원)

통일신라의 생활상

귀족

① 국가에서 지급받은 녹읍 · 식읍과 개인 토지 · 노비를 바탕으로 호화로운 생활
② 금입택이라는 호화로운 저택에서 사치
③ 많은 수의 노비를 거느리고, 섬에다 사냥감을 풀어놓고 사냥
④ 당이나 아라비아의 양탄자나 유리그릇 등 사치품 즐김
⑤ 흥덕왕의 사치금지령(834)

농민

① 철제농기구의 일반화와 우경의 시작으로 생산력이 비약적으로 증가하지만, 농민의 삶은 궁핍
② 효녀 지은 설화(신라 하대) : 평민의 노비화, 화랑의 도움

chapter 발해의 사회상

① 지배층 : 대씨(왕족)+ 고씨(귀족)
② 피지배층 : 대부분이 말갈족, 하지만 일부 말갈인이 지배층으로 편입되기도 하였다.
③ 고구려와 말갈의 문화를 바탕으로 당의 제도와 문화 수용

■■■ 고려와 조선의 신분제의 변화

고려	조선 초기	조선 중기	조선 후기
귀족사회	양천제(경국대전)	반상제	반상제의 붕괴

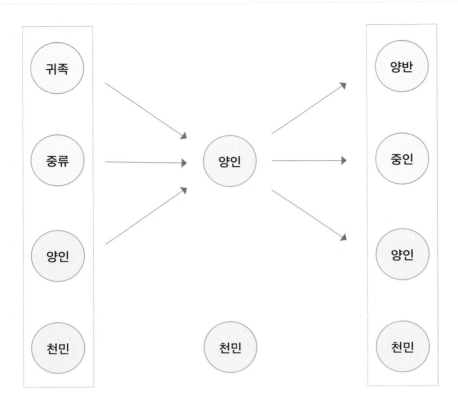

관련 반상제
반상제는 사족(양반) 계층을 특권계층화하는
과정에서 등장한 조선의 실질적 신분제

chapter **지배 계층**

고려의 귀족	조선의 양반
귀족의 의미	**양반의 의미**
왕족과 5품 이상 고위 관료	① 고려와 선초 :원래 관리인 문무(동서)양반에서 의미가 확대됨
	② 16세기 이후 : 문무양반과 그 가족과 가문까지 포괄하는 사족의 의미
귀족의 지위　　　제도적 특권	**양반의 지위**　　　암묵적 특권
① 정치적 : 과거·음서·천거 등을 통하여 고위 관직을 독점	① 정치적 : 과거·음서·천거 등을 통하여 고위 관직을 독점
② 경제적 : 토지와 노비를 소유한 지주층. 공음전	② 경제적 : 토지와 노비를 소유한 지주층
③ 사회적 : 제도적으로 귀족의 특권 보장	③ 사회적 : 각종 법률과 관습으로 특권 보장(군역 등 각종 국역을 면제)
폐쇄적 통혼권	
귀향(귀족에 대한 형벌. 본관으로 돌려보내는 벌)	**양반의 특권 유지책**
	① 향리를 비롯한 기술관·서리·군교·역리 등 하급관리를 중인으로 차별화
	② 서얼, 재가녀 자손 문과 응시 제한
	③ 사조 중 양반이 없는 경우에는 관리들의 추천을 받아 과거 응시 가능
	④ 관리로 등용되더라도 한품제를 적용하여 견제

chapter **중간 계층**

고려의 중류	조선의 중인
중류의 범주	**중인의 범주**
① 기술관	① 기술관
② 서리 : 잡류, 중앙관청 말단 행정실무, 업무보조	② 서리(경아전, 잡류) : 중앙부서의 말단 행정실무, 업무보조
③ 남반 : 궁중의 실무	③ 군교(하급장교), 역리
④ 군반, 역리	④ 토관(상피제 예외)
⑤ 향리 :　㉠ 상층 향리는 호장과 부호장 등 지방의 실질적 지배층	⑤ 향리(외아전) :　㉠ 지방에서 수령의 보좌(6방)
㉡ 외역전 지급	㉡ 외역전 X
㉢ 과거·혼인으로 통해 귀족화 가능	㉢ 원악향리처벌법
	⑥ 서얼(중서) :　㉠ 서얼차대법(태종), 경국대전(성종)
	㉡ 문과 X
	㉢ 무과·잡과 가능(단, 한품제)
중류의 특징　　　[참고] **향리의 등급**	**중인의 일반적 특징(서얼 제외)**
하급 관리, 직역을 세습　　①후단사(後壇史)	① 전문직이나 하급 행정실무에 종사, 직역 세습
②병사(兵史)·창사(倉史)	② 같은 신분 내에서 혼인
③주부군현의 사(史)	③ 관청과 가까운 곳에 거주
④부병정(副兵正)·부창정(副倉正)	④ 한품제의 적용
⑤부호정(副戶正)	[참고] **한품제**
⑥호정(戶正)	① 기술관, 서얼 : 정3품　② 향리 : 정5품　③ 서리 : 정7품
⑦병정(兵正)·창정(倉正)	
⑧부호장(副戶長)	
⑨호장(戶長)	

협의의 중인	기술관
광의의 중인	서리, 향리 등
광의의 중인	서얼

고려의 양인	조선의 양인

고려의 양인
① 농민, 상인·수공업자(차별)
② 백정(白丁) : 고려에서는 직역이 없이 농업에 종사하는 평민
③ 과거응시(권리) ⇄ 조세·공납·역 납부(의무)
관련 ▶ 농본국가 ⇨ 고려와 조선의 상공업자는 농민에 비해 천시
 	
차별받는 양인
차별 : 국자감(국학) 입학 금지, 과거 응시 제한, 승려 출가 금지
① 향·부곡·소의 거주자 : 이주 제한, 세금 중과
    ⑦ 향·부곡 : 농업 종사, 신라 때 등장
    ⓛ 소 : 수공업·광업 종사. 고려 때 등장
       철소, 은소, 금소, 동소, 염소, 자기소 등
② 신량역천(身良役賤, 尺干) : 천한 역에 종사하는 양인
  역척(육로 교통), 진척(수로 교통), 어간, 염간, 철간, 봉화간
  수참간(뱃사공), 처간(왕실 소속 부역), 직간(건물 관리)
③ 신량역천 중 주거가 일정하지 않은 부류 : 관적과 부역이 없음
  화척·양수척(사냥, 도살업), 재인
	조선의 양인
	① 농민, 상인·수공업자(농민에 비해 차별, 유외잡직 진출 가능)
	② 과거응시(권리) ⇄ 조세·공납·역 납부(의무)
	
	차별받는 양인
	① 칠반천역(천한 역에 종사하는 양인, 신량역천)
	  : 조례(관청)·나장(형사)·일수(지방)·조졸(조운)·수군·봉군·역졸(역)
	② 조선 중기 이후 천민화 된 평민
	  : 백정, 광대, 무당, 사당 (창기, 악공, 의녀는 천민)
	
	정리 ▶ 백정의 의미 변화
	① 고려 시대에는 직역이 없는 양인 농민의 의미
	② 조선 세종 때 도살업자(화척, 양수척)을 양인화하기 위해 그들도 백정으로 부름
	③ 이후 백정은 사냥·도살업자·가죽·유기와 관련된 일을 하는 천민의 명칭으로 정착

chapter **천민**

천민의 대다수는 노비였고, 고려시대 양인이었던 백정, 광대, 무당, 사당도 조선시대에 점차 천민화 되었다.

고려와 조선의 노비

공노비	입역노비(공역노비)	관청에 복무. 10~60세까지 복무 후 면천
	외거노비(납공노비)	신공 납부, 양인과 비슷한 생활, 10~60세까지 납공 후 면천
사노비	솔거노비	주인과 함께 거주
	외거노비(납공노비)	신공 납부, 양인과 비슷한 생활

노비의 지위

① 성격 : 매매 · 상속 · 증여의 대상
② 소유권결정 : 천자수모법(모의 주인이 소유권 가짐)
③ 신분결정 : 일천즉천법(부모 중 한명이라도 노비이면 노비)

① 양난 이후 납속책과 공명첩과 족보위조, 매향, 청금록 등
② 상품화폐 경제의 발달

→ 양반과 상민의 계층내 분화

① 양반의 분화 : 양반의 내부적 분화. 소수의 권반을 제외하고는 권력에서 소외됨
② 상민의 분화 : 양반 못지 않은 경제적 지위를 가진 상인·부농계층의 성장

▼ 공명첩

chapter 조선 후기 신분제의 동요

양반	**양반의 수적 증가와 분화** ① 양반 수의 급증 ② 양반의 분화 (권반, 향반, 잔반)	
중인	**서얼허통과 통청운동** ① 임진왜란 이후 납속책·공명첩으로 진출 ② 영조 통청윤음 : 청요직 진출 일부 허용 ③ 정조 정유절목(1781) : 허통 범위 확정. 한품서용 완화 ④ 정조 유득공, 이덕무, 박제가, 서이수 등 규장각 4검서관 등용 ⑤ 순조 계미절목(1823) : 허통 폭 확대 ⑥ 철종 신해허통(1851) : 서얼에 대한 차별 철폐 ⑦ 고종 1882년 서얼과 중인의 관직 진출 완전 허용 **기술관의 신분상승 운동** ① 서얼의 신분상승운동의 영향 ② 소청운동 : 철종. 실패하지만 기술관 역할 부각 ③ 위항문학 : 시사 조직	**정리** 중인 관련 서적 ① 이진흥의 연조귀감(향리 관련 행적) ② 이진택의 규사(서얼 관련 행적) ③ 유재건의 이향견문록(중인 및 하층민 관련 행적) ④ 홍세태의 해동유주와 소대풍요(위항 시집) ⑤ 조희룡의 호산외기(중인 등 특이한 행적) ⑥ 이경민의 희조일사(중인 등 행적) ⑦ 장지연의 일사유사(중인 및 하층민의 전기) ⑧ 상원과방(역관) **심화** 중인의 시조집 ① 김천택의 '청구영언' ② 김수장은 '해동가요'
상민	**상민층의 격감** ① 합법적 방법 : 납속책과 공명첩 ② 불법적 방법 : 족보 위조와 매입, 매향, 향안·청금록 조작	
천민	**노비의 감소** ① 납속책, 군공, 도망 노비 ② 일천즉천법(부모 중 한명이라도 노비면 노비) ⇨ 노비종모법(영조, 모(母)를 따라 신분 결정) ③ 공노비 해방 : 납공노비로 전환 ⇨ 공노비 해방(순조 1801) ④ 신분제 철폐 : 노비세습제 폐지(1886), 갑오 1차 개혁(1894)	

chapter 가족제도

	고려와 조선 전기	조선 후기(17C후반)
원리	종래의 전통적 가족 질서 : 남녀평등	성리학적 종법적 질서 : 장자 중심
제사와 상속	① 불교식 : 제사의 균등한 분담, 윤회봉사 ② 재산의 균등한 상속	① 유교식 : 장자 중심의 제사 ② 장자 중심의 상속
결혼 남녀차별	① 남귀여가혼 : 장가 ≒ 데릴사위제, 예서제, 서류부가혼, 서옥제 ② 여자도 호주 可 ③ 조선 전기 특징 : 재가녀 자손 차별(문과 제한, 족보 기록) 　　비교　고려는 여성의 재가가 비교적 자유로움	① 친영제도 : 시집 ② 여자는 호주 不可 ③ 재가녀 자손 차별(문과응시 제한)
족보(보학)	① 족보에 연령순으로 기입 ② 외손도 족보에 기입 ③ 양자입양 X : 딸이나 외손자가 제사	① 족보에 남여 순으로 기입 ② 외손 X ③ 양자입양 O
적서차별	조선 전기 특징 : 적서차별 O 　　비교　고려는 적서차별 X	적서차별 O

관련 고려 : 성씨의 일반화
① 고려시대 성씨의 일반화(신라때는 일부 귀족들만 성씨를 가짐)
② 고려시대 성과 본관을 갖는 친족 공동체 형성 (단, 족보일반화는 조선 중후기)

심화 호적
호적은 호구(가구)에 대한 기록으로 세금수취와 백성을 관리하기 위한 목적으로 작성
① 호주에 대한 기록 : 거주지, 성과 본관, 직역
② 사조 : 부모, 조부, 증조부, 외조부의 직역과 이름
③ 동거가족과 노비

정리 족보와 분재기
① 족보 : 종족 관계에 대한 기록
② 분재기 : 재산의 분배와 상속에 관한 문서

chapter 향촌사회

	고려	조선
향촌공동체	**향도** ① 화랑도에서 유래(용화향도) ② 미륵의 도래를 기원하는 불교신앙조직 　: 바닷가 매향비 설치, 사찰 등 건립 ③ 고려 후기 농민 공동체 조직으로 성격 변화 　: 마을의 관혼상제 주도(상두꾼의 유래) ④ 주로 호족이 주도	향도　　고려 향도 계승(세력 약화) 향약(군현 단위)　조선 중기 사림 중심의 향촌자치규약 동계(마을 단위)　마을에서 상호부조 위한 자치조직 동약(마을 단위)　조선 후기 동 단위의 향촌자치규약 **관련** 두레와 품앗이 : 원시적 노동 공동체
국가의 향촌통제	호적제도	① 호패법(태종, 세조 때 강화) ② 면리제 강화(세조) ③ 오가작통법(세조) ⇨ 숙종 오가작통제 21조 ⇨ 영조 강화

PART 02

chapter 조선 초기

국가 중심의 유교질서 정립

① 삼강행실도(세종) : 군신, 부자, 부부의 그림과 설명
② 효행록(세종)
③ 국조오례의(성종) : 국가의 주요 행사에 관한 예법
④ 이륜행실도(중종) : 장유, 붕우

참고 삼강오륜과 오례

① 삼강오륜 : 유교의 기본적 덕목
삼강은 군위신강(君爲臣綱), 부위자강(父爲子綱), 부위부강(夫爲婦綱)
오륜은 부자유친(父子有親), 군신유의(君臣有義), 장유유서(長幼有序)
부부유별(夫婦有別), 붕우유신(朋友有信)
② 오례 : 국가에서 중시하던 다섯가지 의례
길례(吉禮)·가례(嘉禮)·빈례(賓禮)·군례(軍禮)·흉례(凶禮)

chapter 조선 중기 이후

예학

사림을 중심으로 예학이 발달

① 유교적 예를 연구하고 실현코자 하는 학문
② 소학 보급, 가묘(사당, 4대조까지 제사)
③ 16세기에 주자가례에 대한 연구에서 시작
④ 17세기 성리학적 질서 회복을 강조 '예학의 시대'

심화 성리학 아동 수신서

① 소학(주자), 동몽수지(주자)
② 입학도설(권근) : 성리학 입문서
③ 동몽선습(중종 박세무)
④ 격몽요결(선조 이이)

예학의 체계화

① 가례집람(김장생) : 선조. 예학의 이론화
② 오선생예설분류(정구) : 인조

보학의 발달

① 종족 관계에 대한 기록(족보)
② 양반 문벌제도 강화, 혼인이나 붕당을 구별하는 기준
③ 성종 대의 안동 권씨 성화보(현존 최고 족보)

▼ 안동 권씨 성화보

chapter **사회제도**

농민 보호

고대 이래 고려와 조선은 농본사회로 생활을 안정시키기 위해 농번기에 잡역을 면제하여
농업에 전념할 수 있도록 하고, 재해가 있는 경우 세금을 면제해 주기도 하였다.

환곡

고구려	고려		조선			
고국천왕 을파소의 진대법	태조 흑창	성종 의창	세종 의창	문종 사창	중종 상평창 환곡담당	고종 흥선대원군 사창

> **참고** 사창제
> ① 사창제는 민간에서 환곡을 담당하는 제도로 세종 때 시험적으로 실시
> ② 문종 때 실시되었다가 성종 때 폐지
> ③ 선조, 숙종, 정조 때도 시행되었으나 정착되지 못함

물가조정

① 고려 성종 상평창 : 개경, 서경, 12목
② 조선 세조 상평창
③ 중종 이후 진휼청을 설치하여 환곡 업무를 병행
④ 상평창은 조선 후기 환곡의 폐단 야기

의료·빈민구제

	고려	조선
궁궐 (지배층)	태의감 : 왕실과 고관	① 내의원 : 왕실과 고관 치료 ② 전의감 : 의료 정책·교육
사회제도 (서민층)	① 동서대비원(문종) : 개경에 동·서 두 곳에 설치 　　　　　　　　　유랑자와 환자진료·수용 ② 혜민국(예종) : 개경. 질병진료 · 시약 ③ 제위보(광종) : 기금의 이자로 빈민구제. 질병진료 ④ 구제도감, 구급도감 : 임시기구. 재해 구제	① 동서대비원 ⇨ 동서활인원(태종) ⇨ 동서활인서(세조) 　: 한양. 유랑자와 환자진료·수용 ② 혜민국 ⇨ 혜민서(세조) : 한양. 질병진료 · 시약 ③ 제생원 : 지방. 제위보 계승 ⇨ 세조 때 혜민서에 통합

chapter 고려의 법제

① 형법 : 당률, 당률을 참고한 71개 조의 법률이 있었으나, 대부분 관습법을 따랐다.
② 민법 : 대체로 관습법을 따랐다.
③ 귀향형 : 귀족이나 승려같은 특권층이 범죄를 저지른 경우 본관으로 돌려보내는 형벌
④ 부모가 상을 당하거나, 노모를 봉양하는 경우 형의 집행을 보류하기도 하였다.
⑤ 삼복제(문종) : 사형 삼심제(초복, 재복, 삼복)

정리 고려·조선 법률체제의 공통점
① 반역, 불효 등 강상죄(연좌제)는 고려·조선에서 엄하게 다스려졌다.
② 민법에 있어서는 대체로 관습법을 따랐다.
③ 태·장·도·유·사의 5가지 체형

chapter 조선의 법제

조선 전기

정도전의 법제 정비
① 조선경국전 : 조선 최초 법전
② 경제문감

↓

육전체제 정비
① 경제육전 : 태조 대 조준 등, 최초 공식적 성문 통일 법전
② 원육전·속육전 : 태종 대 하륜이 경제육전 보완
③ 육전등록 : 세종 대 집현전에서 법전 정리

↓

세조~성종 경국대전 1485
① 세조~성종 시대에 육전상정소를 설치하여 제작
② 기존의 법과 명의 법을 참고하여 최항·노사신 등이 주도
③ 6전 체제로 유교적 통치질서 완비
④ 내용 : ㉠조선의 정치체제 ㉡형률, 노비, 민사에 대한 기본 내용 간략하게 기술

조선의 법제 특징
① 형법 : 경국대전 소략. 형률에 관한 세부 내용은 대명률 적용
② 민법 : 민사와 관련된 부분은 주로 관습법이나 종법 등이 적용
　　　　 조선 전기 노비소송, 조선 후기는 산송 유행(장례원)
③ 상속 : 조선 후기에는 상속에 관한 내용은 주로 종법 (분재기 : 상속과 분배에 관한 문서)
④ 사법기관 : 사헌부, 의금부, 형조, 한성부, 장례원
　　　　　　 지방의 경우 관찰사나 수령이 사법권 행사
⑤ 중죄의 경우 연좌제가 시행되어 가족이나 마을, 수령이 함께 처벌 받기도 하였다.
⑥ 세종 : 노비사형금지법, 금부삼복법(사형시 의금부에서 삼심), 태배금지법(가혹 형벌 금지)
⑦ 영조 : 사형 삼심제, 가혹한 형벌 개선

조선 후기

속대전(1746)
① 영조 대 경국대전 보완
② 가혹한 형벌 폐지, 사형삼심제

대전통편(1785)
정조 대 경국대전과 속대전 통합

대전회통(1865)
① 흥선대원군(고종), 대전통편 보완
② 육전조례를 통해 대전회통의 누락 부분 보완

PART 03

chapter 　삼국의 불교

불교의 수용과 발전

	수용	발전
고구려	전진(소수림왕, 순도와 아도)	① 승랑 : 중국 삼론종의 발전에 기여 ② 혜량 : 신라로 건너가 국통 임명(진흥왕 때 국통) ③ 혜관 : 일본 삼론종의 시조 ④ 혜자 : 쇼토크 태자의 스승 ⑤ 보덕 : 연개소문 도교 장려에 반발하여 백제에서 열반종 전파 ⑥ 도현 : 연개소문 도교 장려에 반발하여 일본에서 불교 전파(일본세기 편찬 참여)
백제	동진(침류왕, 마라난타)	① 겸익 : 성왕(전륜성왕). 백제 계율종 시조(계율강조) ② 노리사치계 : 성왕. 일본에 불교 전파
신라	수용 : 고구려(눌지왕, 묵호자, 아도) 공인 : 이차돈 순교(법흥왕)	① 불교왕명시대(법흥왕~진덕여왕) : 삼국유사의 중고 시대 　　관련　삼국유사의 시대 구별 : 상고(고유 왕명) - 중고(불교식 왕명) - 하고(중국식 시호) ② 진흥왕 : 전륜성왕, 혜량을 국통으로 삼아 교단 정비 ③ 진평왕 : 원광(세속오계,걸사표) ④ 선덕여왕 : 자장(분황사,황룡사9층목탑, 대국통)

삼국시대 불교의 성격

중앙집권화에 기여	① 왕실불교(왕즉불사상)　② 귀족불교(윤회설, 업설) 　　관련　삼국시대의 불교는 왕실불교, 귀족불교로 불교의 대중화와는 관련이 없다
미륵신앙 유행	① 미륵보살반가사유상　② 화랑도에 영향
호국불교적 성격	① 백좌강회(인왕경), 팔관회 ② 원광의 세속오계(임전무퇴와 살생유택)·걸사표 ③ 자장의 황룡사9층목탑 ④ 백제 승려 도침의 백제부흥운동
현세구복적 성격	토착신앙과 융합하여 현세구복적 기능을 불교가 대신 수행　　관련　밀교 성행

chapter **신라 중대 불교 : 불교의 대중화**

불교 대중화

원효
6두품

의상
진골

불교 대중화

① 소성거사, 무애가
② 정토종(아미타신앙) 전파 '나무아미타불'

① 관음사상(현세 중시) + 아미타신앙(내세 중시)
② '나무아미타불 관세음보살'

분열 통합 시도

① 중관사상과 유식사상을 모두 비판하며 화쟁을 주장
② 일심사상, 화쟁사상(원융회통사상) ⇨ ③ 십문화쟁론

화엄사상

① 일즉다다즉일(왕즉불, 원융사상)
 : '모든 만물은 서로 의존하고 조화를 이루고 있다'
② 화엄일승법계도
③ 문무왕의 자문 역할

불교 이해 기준 제시

① 금강삼매경론 : 불교 이론 정리
② 대승기신론소 : 대승 불교 해설
③ 화엄경소 : 화엄경 해설

종파

① 법성종(해동종) 형성
② 분황사

종파

① 해동 화엄종 형성
② 사찰 건립 : 영주 부석사, 안동 봉정사, 양양의 낙산사 등
③ 제자 육성

기타

① 혜초의 왕오천축국전 : 둔황에서 발견(프랑스 보관)된 서역 기행문
② 원측 : ㉠유식불교(유식론소) ㉡현장의 제자 규기와 논쟁
③ 김교각 : ㉠성덕왕의 아들 ㉡당에서 지장보살의 화신으로 추앙 받음

chapter 신라 하대 불교 : 선종의 유행

선종의 특징

① 중국에서 도교에 영향을 받아 등장
② 수련 방식 : 사색, 참선 자기 안에 진리를 깨닫는 방식 중시(개인의 정신세계 중시)
③ 관련 용어 : 불립문자, 직지인심, 견성오도, 염화미소, 교외별전, 즉심즉불 즉시성불
④ 수용 : 상대 선덕여왕 때 법랑에 의해 수용되어 신라 하대 가지산파(도의)로 유행
⑤ 정치적 성향 : 선종과 6두품은 호족세력에 사상적 기반을 제공

[관련] 교종은 불교를 학문적으로 접근하여 경전 해석을 중시 (문신들이 선호) / 선종은 무신들이 선호

[참고] 교종 5교
화엄종 : 의상, 부석사
법상종 : 진표, 금산사
계율종 : 자장, 통도사
법성종 : 원효, 분황사
열반종 : 보덕, 경복사

[참고] 선종 9산
가지산파 : 도의, 보림사
수미산파 : 이엄, 광조사
사굴산파 : 범일, 굴산사
성주산파 : 무염, 성주사
실상산파 : 홍척, 실상사
사자산파 : 도윤, 흥녕사
희양산파 : 도헌, 봉암사
동리산파 : 혜철, 태안사
봉림산파 : 현욱, 봉림사

교종(敎宗)과 선종(禪宗) 비교

	교종	선종
성향	왕권강화 중앙집권	지방분권
세력	중앙세력(진골, 왕)	호족
유행	중대 유행	하대 유행
승려	의상, 원효	도의, 이엄, 도선
종파	5교	9산
유산	불탑과 불상(조형미술 발달)	승탑(부도)와 탑비

▼ 승탑(부도)

▼ 탑비

발해 불교

① 문왕 '전륜성왕' ② 상경성에 10여 개의 절터 유적 ③ 발해 석등 ④ 이불병좌상

chapter 고려의 불교

호족 주도기

태조 숭불정책

① 팔관회·연등회 장려(훈요10조)
② 비보사찰 : 개태사 등 비보사찰 건립
③ 승록사 : 승적을 관리하는 기구

[정리] 연등회·팔관회
① 신라 진흥왕 때 시작
② 고려 태조가 중시
③ 성종 때 폐지(최승로의 시무28조)
④ 현종 때 부활

	연등회	팔관회
일시	정월대보름	10월 15일(서경), 11월 15일(개경)
관련 사상	불교	불교 + 도교 + 토속신앙
유래	신라 진흥왕 때 불교행사로 시작	신라 진흥왕 때 위령제로 시작
특징	-	대규모의 국제적 행사

광종 불교 정책

① 불교 정비 : 국사·왕사제도, 승과 실시
② 균여 : ㉠ 화엄종의 북악을 중심으로 남악을 통합
   ㉡ 화엄종을 중심으로 법상종 통합 시도 (귀법사, 성상융회)
   ㉢ 보현십원가(향가집, 불교의 대중화, 성속무애), 보살행을 실천
③ 혜거 : 중국 법안종을 중심으로 선종 통합 시도
④ 중국에 천태학 전파 : 제관(천태사교의 저술), 의통(중국 천태종 교조)

[정리] 법상종
① 신라 하대 : 진표. 백제 유민에게 유행한 미륵신앙 중심의 종파
② 고려 : 고려 전기 화엄종과 주도권을 다툰 주요 종파. 현화사

문벌귀족기

문종~숙종

의천

대각국사

왕실과 귀족의 지원으로 교종이 성행
문종의 네째 아들이자 선종와 숙종의 동생인 의천은 종파 통합
① 화엄종(흥왕사) 중심으로 교종의 통합
② 천태종(국청사) 중심으로 교선통합 : 교관겸수, 내외겸전, 성상겸학
③ 저서 : 원종문류, 석원사림

평가

① 일시적 교단 통합(교리 통합 X)
② 불교의 폐단 개혁에 미흡

정리 의천의 그밖의 업적

① 송나라 유학
② 교장(속장경) : 흥왕사에 교장도감 설치. 신편제종교장총록
② 화폐사용 건의, 주전도감(숙종)

무신집권기

최충헌

지눌

보조국사

혜심
① 혜심의 유불일치설 : 유교와 불교의 근원 동일
② 성리학 수용의 기반 마련

① 통합운동 : 교리 중심의 통합 선종 중심의 교종 통합
    (조계종 창시, 무신정권의 지원)
    돈오점수, 정혜쌍수
② 수선사 결사(지눌) : 순천 송광사(대구 수선사에서 시작) 불교계 타락
    ⇨ 불교계 정화 운동(승려 본연의 자세)

요세
① 백련결사 : 강진 만덕사(백련사)
② 천태선(법화신앙) : 수준이 낮은 백성을 위한 참회 중시
    천태종 중심의 불교계 정화운동
③ 정토신앙과도 관련

권문세족기

① 불교 타락 정점 : 고리대, 대농장, 노비, 수공업
② 보우의 개혁시도
: 충목왕 때 중국의 임제종 수입) → 공민왕 때 9산선문 통합 시도

신진사대부

억불정책

조선의 억불정책

억불정책	명맥 유지
태조 : 도첩제(출가 제한), 정도전 불씨잡변	
태종 : 사원전 몰수	
세종 : 교단 정비 (선교 양종 36개 사찰로 통합)	세종 : 내불당, 월인천강지곡, 석보상절, 대장경
	세조 : 간경도감(경전 간행, 월인석보) 원각사지10층석탑
성종 : 간경도감 폐지, 도첩제 폐지 ⇨ 산간 불교화	
중종 : 승과 폐지	
	명종 : 문정왕후의 지원 승과 일시적 부활, 보우 활약

▲ 정도전의 불씨잡변

chapter **삼국시대 불탑**

신라

▲ 분황사 모전석탑

① 현존 신라 최고의 탑(선덕여왕)
② 전탑(벽돌탑)양식 석탑
③ 분황사(자장, 원효)
④ 당태종의 모란자병화설

▲ 황룡사 9층목탑

① 신라 3보중 하나(선덕여왕)
② 호국불교(자장)
③ 몽고3차 침입으로 소실

백제

▲ 미륵사지 석탑

① 백제 익산(무왕)
② 현존 최고 석탑
③ 목탑양식 석탑
④ 금제사리봉안기 발견

▲ 정림사지 5층석탑

① 백제 사비(부여)
② 기하학적 안정감, 우아미
③ 당나라 소정방이 세긴 '평제탑'
④ 목탑의 기법 사용

chapter **신라 중대 불탑**

① 이중 기단 ② 4각3층석탑 유행

전형적 형태

▲ 감은사지 3층석탑

① 문무왕 기리며 신문왕 건립
② 삼국통일의 기상 반영
③ 상륜부의 쇠기둥. 대형탑

▲ 불국사 3층석탑

① 경덕왕(김대성)
② 신라 석탑의 전형
③ 기하학적 균형미
④ 무구정광대다라니경 발견
⑤ 무영탑(아사달과 아사녀)

변형된 형태

▲ 화엄사 4사자3층석탑

① 귀족예술의 성격
② 탑신의 4마리 사자

▲ 불국사 다보탑

① 경덕왕(김대성)
② 귀족예술의 성격
③ 유영탑

chapter **신라 하대 불탑**

▶ 진전사지3층석탑

① 기단과 탑신에 부조로 조각
② 원원사지3층석탑도 동일 양식

▶ 충주 탑평리 칠층석탑

① 원성왕
② 신라탑 중 드물게 7층 석탑
③ 신라의 중앙에 위치한 석탑

▶ 영광탑
① 현존 유일한 발해탑(전탑)
② 중국 양식
③ 지하 구조물과 연결

chapter **신라 하대 부도와 탑비**

호족의 지원으로 선종 유행 ⇨ 승탑(팔각원당형)과 탑비 유행

승탑(부도)	탑비

▲ 진전사지 도의선사탑   ▲ 쌍봉사 철감선사탑   ▲ 흥법사지 염거화상탑   ▲ 쌍계사 진감선사탑비

부도의 효시   팔각원당형   팔각원당형   최치원의 사산비명 중 하나
참고. 쌍계사 대웅전

chapter **기타 고대 불교 유산**

통일신라	발해

▲ 상원사 동종   ▲ 봉덕사 성덕대왕 신종   ▲ 법주사 쌍사자 석등   ▲ 발해 석등

① 성덕왕   ① 에밀레종(경덕왕~혜공왕)   참고. 법주사 팔상전   연꽃 문양(고구려 계승)
② 현존 최고의 동종   ② 종 위에 음통(독자성)
　　　　　　　　　　③ 비천상

관련   고려의 용주사 범종(신라 양식 계승)

고려의 불탑

고려 불탑의 성향 : ① 다각다층 석탑양식
② 초기 : 삼국 양식 계승, 송의 영향 ③ 후기 : 원의 영향

삼국 계승

▲ 개성 불일사5층석탑

고구려 양식 계승

▲ 부여 무량사5층석탑

백제 양식 계승

▲ 개성 현화사7층석탑

① 신라 양식 계승
② 독자적 조형 가미

중국의 영향

▲ 평창 월정사8각9층석탑

송 영향(평창)

▲ 경천사10층석탑

① 원의 영향(짝수탑, 대리석)
② 일본 반출과 반환
③ 국립중앙박물관

고려의 승탑

고려 전기 신라의 팔각원당형 승탑 계승 ⇨ 고려 말 석종형 유행

▲ 고달사지 원종대사 승탑

▲ 정토사 홍법국사 실상탑

▲ 법천사 지광국사 현묘탑

▲ 보제존자 승탑(고려 말)

조선의 불탑

▲ 원각사지10층석탑

① 조선 초기(세조)
② 경천사10층석탑의 영향

▲ 법주사 팔상전

① 현존 유일의 목탑
② 조선중기 양반 지주의 지원

chapter **삼국시대 불상**

삼국 공통

삼국시대 미륵신앙이 유행하면서
금동미륵보살반가 사유상 유행

▲ 미륵보살반가사유상(78호,83호)

▲ 일본 고류사 목조미륵보살

고구려

▲ 연가7년명 금동여래입상

① '연가7년명' 중국 연호
② 넓은 광배

백제

▲ 서산 마애삼존불

온화한 미소

신라

경주 배리 석불입상 ▲

은은한 미소

chapter **남북국시대의 불상**

통일신라

▶ 석굴암 본존불

① 사실적 균형잡힌 몸매
② 기하학적 지식 반영

발해

▶ 발해 이불병좌상

① 고구려 양식 계승
② 흙을 구워서 만든 불상

고려 초기

통일 신라 말 고려 초 호족들의 성향이 반영 ⇨ ① 향토적 ② 대형 불상 유행

▲ 논산 관촉사 미륵보살입상

▲ 파주 용미리 이불입상

▲ 안동 이촌동 석불

▲ 광주 춘궁리(하사창동) 철불

고려 중기

▶ 부석사 소조아미타여래좌상

① 부석사 무량수전
② 신라 양식 계승
③ 경북 영주

chapter **도교**

도교의 성격

신선사상 ──────▶ 산천숭배, 불로장생, 다신교, 현세구복적

+

노장사상 ──────▶ 도덕경의 무위자연, 안분지족, 은둔사상

고대의 도교

고구려	① 강서고분의 사신도 ② 을지문덕 우중문시 '지족' ③ 연개소문 귀족 견제 위해 도교 장려
백제	① 무령왕릉 지석의 토지신 ② 사택지적비 ③ 산수문전 ④ 금동대향로(불교 + 도교) ⑤ 사신도
신라	① 화랑도(유불선), 팔관회(불교+도교+기타) 　화랑도 ≒ 국선도, 풍류도, 풍월도 ② 김유신묘 호석의 12지신상 ③ 최치원 난랑비 : 은둔적 노장사상, 풍류도(유불선)
발해	정효공주묘 : 불로장생

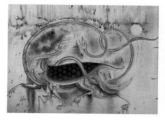

▲ 강서대묘 사신도

▲ 백제 : 금동대향로, 산수문전, 사택지적비

고려와 조선의 도교

고려 도교	조선 도교
① 초제(도교 제사) 성행 ② 예종 때 복원궁 건립 : 도관 존재 그러나 교단이 형성된건 아님 ③ 팔관회 : 불교 + 도교 + 민간신앙 ④ 고려 성종 원구제(환제제)를 제도화 ──────▶	① 초제 : 강화도 마니산 참성단에서 단군에 대한 초제 ② 소격서 : 도교 관청, 조광조가 폐지 ③ 조선 세조 때 폐지　⇨ 대한제국 고종 때 원구단(환구단) 설치

chapter **풍수지리설**

통일신라	① 지리학 + 도참사상 ② 나말 도선(선종) 집대성 ③ 6두품, 선종과 함께 호족의 기반 : 송악 길지설
고려	① 고려3경 　㉠ 초기 : 개경(송악길지설), 서경(서경길지설,평양), 동경(경주) 　㉡ 중기 : 개경, 서경, 남경(한양길지설, 문종) ② 묘청의 서경천도운동 : 서경길지설을 근거로 천도 주장　참고　묘청의 서경천도운동 실패 후 서경 폐지
조선	① 한양 천도 : 태조 ② 조선 중기 이후의 산송 문제 대두(장례원, 오페르트 도굴 사건)

chapter **고대 유학**

삼국시대 유학

	유학의 발달	역사서
고구려	① 태학(소수림왕) : 중앙 관학, 유학, 귀족 ② 경당 : 평양 천도 이후(장수왕으로 추정) 　　　　　지방 사학, 한학과 무예, 지방 귀족과 평민 ③ 유교경전, 역사서, 사전류, 문선 ④ 광개토대왕비, 모두루 묘지문, 중원고구려비, 을지문덕의 시	유기 100권 요약한 신집5권(영양왕 이문진)
백제	① 오경박사, 역박사, 의박사 ② 개로왕의 북위에 보낸 국서, 무령왕릉 지석, 사택지적비문	서기(근초고왕 고흥)
신라	① 위두의 국서 : 내물왕 때 전진(부견)에 보낸 국서 ② 화랑도에서 경학과 무술 교육 ③ 마운령비, 황초령비, 임신서기석(화랑들의 경전 학습)	국사(진흥왕 거칠부)

남북국시대 유학

신라 중대

6두품 유학자의 활동
① 강수 : ㉠ 외교에서 활발히 활약 ㉡ 청방인문표, 답설인귀서(추정)
② 설총 : ㉠ 신문왕에게 화왕계 ㉡ 이두 정리

> **정리** 　신라3문장 : 강수, 설총, 최치원
> **정리** 　한자의 토착화 : 향찰과 이두를 사용하여 우리말을 표현

> **심화** 　신라 중대 김대문
> ① 진골 출신으로 신라 문화의 주체성 강조
> ② 화랑세기
> ③ 고승전
> ④ 한산기(한산주)
> ⑤ 계림잡전(설화)

신라 하대

6두품 출신의 도당 유학생(숙위 학생)의 활발한 활동
① 최치원(진성여왕)
② 최언위(왕건) : 낭원대사탑비명
③ 최승우(견훤) : 대견훤기고려왕서

발해

① 당의 빈공과에 급제 ⇨ 등제서열사건
② 정혜공주, 정효공주의 묘에서 보여주듯이 한학 발달
③ 독자적 문자(압자와)가 있었으나 공식적인 문자는 외교문서는 한문을 사용

교육

중대 신문왕	중대 경덕왕	하대 원성왕
① 국학을 설립하여 유교를 보급 ⇨ 왕권을 강화하고자 함 ② 귀족 자제만 입학 가능 ③ 관등이 없는 사람부터 대사(12관등) 대상 ④ 9년간 공부하여 졸업한 후 대나마 · 나마	① 국학을 태학감으로 개칭(일시적) ② 박사와 조교를 두어 논어, 효경 등을 가르침	독서삼품과(상품, 중품, 하품) 실시 : 논어, 효경 등을 시험보아 관리 채용

> **관련** 　발해의 교육기관인 주자감과 문한기구인 문적원, 발해 문자 '압자와'

호족주도기 유학의 입지 확보	광종	쌍기의 건의로 과거제 실시
	성종	① 최승로의 시무28조(유교 정치, 불교 수신) ② 교육 :국자감 정비, 지방에 경학박사 · 의학박사 파견, 문신월과법 ③ 유교 경적 담당 기구 : 비서성(개경), 수서원(서경)
문벌귀족기 유학의 보수화	사학 융성	① 해동공자 최충의 9재학당(문헌공도, 9경과 3사 중시) 위시한 사학12도 융성 ② 최충 : 훈고학적 유학의 한계를 뛰어넘어 철학적 해석 시도 ③ 좌주(지공거)와 문생 관계
	관학 진흥책	① 숙종 : 서적포(출판) ② 예종 : 양현고(장학재단), 7재(전문강좌, 강예재 포함), 청연각·보문각(학문연구) ③ 인종 : 경사6학(강예재X)
	김부식(인종)	문벌귀족 출신 유학자. 인종의 명으로 삼국사기 편찬
무신집권기 유학의 쇠퇴	최충헌	① 이규보(명종) : 동국이상국집의 동명왕편 ② 각훈(고종) : 해동고승전
	최우(고종)	서방 : 실무 관리 선발. 이규보, 이인로 등 활약
권문세족기 성리학 도입	안향(충렬왕)	① 안향의 성리학 전래　`관련`　신라 성덕왕 때 김수충이 공자와 제자들의 화상을 가져야 국학에 모심 ② 안향은 국학(국자감)을 성균감(성균관)으로 개칭하고 성균감에 문묘(공자 사당) 건립 ③ 안향은 양현고를 보충하기 위해 섬학전 설치 ④ 경사교수도감 설치(경전 강조)　`정리`　충렬왕 때 일연의 '삼국유사', 이승휴의 '제왕운기'
	충선왕	① 이제현, 이암, 백이정 등은 만권당에서 조맹부(송설체)등과 교류 ② 이제현의 사략, 역옹패설 ③ 사림원　`정리`　충숙왕 때 민지의 '본조편년강목'
신진사대부 성리학 발달	공민왕	① 성균관을 순수한 유교교육기관으로 재편성(기술교육X) ② 신진사대부 육성
	성리학의 발달	① 이색 : 정몽주, 정도전 등에 성리학 전수 ② 형이상학적 측면 보다 일상에서 실천적 기능 강조 ③ 소학, 주자가례 중시. 가묘 설립 ④ 권문세족과 불교 비판

`정리`　해동공자 최충, 동방이학의 조 정몽주, 동방의 주자 이황

유학의 역사

유학 흐름		유학의 등장 공자·맹자	분서갱유 (유학의 시련)	훈고학 (경전 복원)	성리학 (본성 중시)	양명학 (실천 중시)	고증학 (실증 중시)
중국	하은주	춘추전국	진	한 ~ 수당	남송	명	청
한반도		고조선		고대	고려	조선 전기	조선 후기

유학과 성리학

유학(儒學)

① 공맹의 가르침
② 윤리와 명분을 통해 질서를 회복하고 유지하고자 하는 사상

성리학(性理學)

① 성리학은 이(理)·기(氣)를 통해 우주와 인간에 대해 설명하고자 하는 유학의 일파
② 이원적 질서체제 : 성/정 이(불변의 진리)/기(가변의 현상)
③ 근원적 이상주의 : 성과 이를 중시. 기(정)는 본성인 이(성)를 따라야 한다

성즉리(性卽理)	화(중화)	군(임금)	부(부모)	부(남편)	4단(도덕적 감성)
정즉기(情卽氣)	이(오랑캐)	신(신하)	자(자식)	부(아내)	7정(자연적 감정)

참고 4단7정

① 4단은 인(仁)·의(義)·예(禮)·지(智)의 단서(端緒)가 되는 네 가지 마음.
측은지심(惻隱之心), 수오지심(羞惡之心), 사양지심(辭讓之心), 시비지심(是非之心)
② 7정은 인간에게 기본적인 일곱가지 정. 희노애락애오욕(喜怒哀樂愛惡欲)

■■□□ 성리학의 계보

[고려] 안향 ⇨ 백이정 ⇨ 이제현 ⇨ 이색 ⇨ 정몽주 ⇨ [조선] 길재 ⇨ 김종직 ⇨ 김일손
김굉필
정여창 ⇨ 김안국 ⇨ 이이

이언적 ⇨ 이황, 조식

조광조 ⇨ 성혼

chapter **조선 붕당의 계보 Ⅰ**

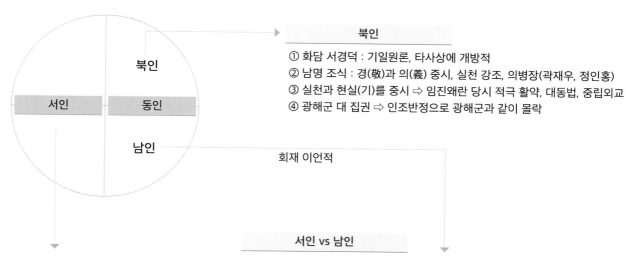

북인

① 화담 서경덕 : 기일원론, 타사상에 개방적
② 남명 조식 : 경(敬)과 의(義) 중시, 실천 강조, 의병장(곽재우, 정인홍)
③ 실천과 현실(기)를 중시 ⇨ 임진왜란 당시 적극 활약, 대동법, 중립외교
④ 광해군 대 집권 ⇨ 인조반정으로 광해군과 같이 몰락

회재 이언적

서인 vs 남인

서인(율곡 이이)	남인(퇴계 이황)
기호학파(경기, 충청)	영남학파(경상도)
일원적 이기이원론 기발리승 일도설 이통기국(理通氣局)	이기이원론 이기호발 이존기비
현실적·개혁적 (제도개혁 중시 = 형이하 중시)	유교적 이상주의 (인간심성 중시 = 형이상 중시)
성학집요 : ㉠신하 중심 ㉡통설, 수기 등으로 구성 　　　　㉢대학연의 비판하며 보완 동호문답(수미법), 만언봉사(상소문), 격몽요결(아동교육)	성학십도(10개의 도식) : 왕 중심 주자서절요 전습록논변(양명학 비판)
서원향약　해주향약 자운서원　문회서원	파주향약　예안향약 도산서원

	서인	남인
국내	신권 강화	왕권 강화
대외	친명배금	친명배금

① 신권 중심(기)의 정치(김집, 송시열)
② 인조~효종 때 북인 몰락 후 남인과 공존
③ 현종~숙종 때 예송논쟁~환국정치에 걸쳐 남인과 본격적 대립
④ 서인의 승리 후 노론과 소론의 내부적 경쟁

① 왕권중심(리)의 정치(허목, 허적, 윤휴)
② 인조~효종 때 북인 몰락 후 서인과 공존
③ 현종~숙종 때 예송논쟁~환국정치에 걸쳐 서인과 본격적 대립
④ 서인과의 경쟁에서 밀려 향촌에서 학문적 연구
⑤ 일부 남인은 서학(천주교)을 자생적 수용

정리 성학군주론

이언적의 일강십목소(중종)는 성학군주론의 시작
　⇨ 이황의 성학십도, 이이의 성학집요

심화 이기론의 전개

① 이황의 초기 학설 : 이기호발설(이기를 전혀 다른 존재로 인식)
② 이황과 기대승(기발리승)의 4단7정 논쟁 ⇨ 이황의 학설 변화
　: 이발기수 기발리승(이와 기의 어느 정도 관계를 인정)
③ 이이의 학설 : 이발기수 X 기발리승 일도설(좀 더 기 중심으로 관계 정리)

노론 vs 소론

관련 노론과 소론이 형성된 것은 회니시비(경신환국 직후)이지만, 본격적으로 대립하는 것은 갑술환국 이후

노론 (이이)	소론 (성혼)
① 남인 강경 처벌 ② 정책 : 대의명분 중시 ⇨ 민생안정 ③ 성리학의 교조화(송시열)를 통해 소론과 남인 탄압 ④ 일당 독재	① 남인 온건 처벌 ② 정책 : 실리 중시 ⇨ 북방개척 주장 ③ 성리학 탄력적 이해(윤증) ④ 노론과의 경쟁에 밀려 향촌에서 양명학 연구

노론의 일당독재와 성리학의 보수화

정리 사문난적

① 윤휴 : 남인. 도학원류속, 중용주해 등
② 박세당 : 소론. 사변록

호락논쟁(제2의 이기론)

호론 (보수적)	낙론 (진보적)
충청 노론(한원진)	경기 노론(이간)
① 인물성이론(人物性異論) ② 화이론(존화양이)	① 인물성동론(人物性同論) ② 화이론적 세계관 부정
위정척사 사상으로 계승	북학·개화파로 계승

성리학의 보수화에 대한 반발

성리학을 상대화하고 6경과 제자백가 등에서 현실의 모순을 해결하기 위한 시도

양명학 연구

조선 전기 이미 도입되었으나 18세기에 이르러 학파 형성
① 육상산과 왕양명의 유학에 대한 해석
② 특징 : 심즉리, 치양지, 지행합일(성리학은 선지후행)
　　　⇨ 실천 중시, 신분제 폐지 주장
③ 18C 하곡 정제두(존언, 만물일체설, 하곡집)에 의해 강화학파 형성
④ 정계에서 밀려난 소론과 불우한 종친 등의 가학
⑤ 북학파와 교류
⑥ 주요 인물 : 이광사의 동국진체, 이긍익의 연려실기술

정리 양명학에 영향을 받은 근대 사상가

① 박은식 : 유교구신론, 대동교
② 정인보 : 양명학연론

관련 이황의 전습록논변(양명학 비판)

chapter **실학의 등장**

성리학 vs 실학 　**관련** 　실사구시 : 사실에 의거하여 진리를 탐구하는 태도

17, 18세기 사회·경제적 변동에 따른 사회 모순의 해결책으로 실사구시(實事求是)에 입각한 실학이라는 개혁론이 등장하였다.

성리학	실학
사대적	자주적
보수적	개혁적
주자학의 절대화	객관적·실증적(고증적)

실학의 두 가지 흐름

실사구시(實事求是)

경세치용(經世致用)　　　　　　　　　　　이용후생(利用厚生)
제도개혁 중시　　　　　　　　　　　　　　기술개발·활용 중시

	중농학파(경세치용학파)	중상학파(이용후생학파, 북학파)
시기	주로 18세기 전반	주로 18세기 후반
출신	경기 남인	경기 노론 중 일부
경향	농업 중시	상공업 중시

실학의 한계

① 정책에 반영되지 못함
② 성리학의 한계를 벗어나지 못함

chapter **초기 실학자**

실학의 선구자

① 이수광의 지봉유설(광해군) : 연경에서 서양 선교사와 교류 ⇨ 백과사전식. 유럽 여러 나라에 관한 소개. 마테오 리치의 천주실의 소개
② 한백겸의 동국지리지(광해군) : 철저한 고증(고구려 발상지가 만주임으로 고증), 최초의 역사지리지
③ 김육(효종) : ㉠시헌력 도입 ㉡대동법 확대 실시 ㉢화폐유통 주장

중농학파의 시작 : 미수 허목

① 중농정책의 중시(상공업 억제, 조세 완화)
② 붕당정치와 북벌론 비판(왕권과 6조 기능 강화 주장)
③ 보수적 성향 : 호포제와 서얼허통 반대
④ 저서 : 기언(개인 문집, 숙종, 도교와 관련된 청사열전 수록), 동사(기전체)

중상학파의 효시 : 어우당 유몽인

① 중상정책의 중시 : 화폐의 유통, 선박과 수레의 사용
　은광의 개발, 벽돌의 사용 등을 주장. 북학론의 효시
② 어우야담(광해군) : 최초의 야담집. 자유로운 문체

| | 토지개혁론 | 균전론 | ① 신분에 따른 차등 두어 토지분배 ② 농병일치, 사농합일 |

북인
반계 유형원
17c

토지개혁론	균전론	① 신분에 따른 차등 두어 토지분배
		② 농병일치, 사농합일
기존 질서 비판		① 신분제 비판
		② 과거제 비판
저서		① 반계수록(현종) : 제도 개혁 주장
		② 동국여지지 : 삼한 위치 고증

남인
성호 이익
18C 전반

토지개혁론	한전론 : 생존을 위한 토지인 영업전은 매매를 제한 [관련] 박지원의 한전론(토지 상한)
기존 질서 비판	① 정치 : 붕당폐해 지적 ⇨ 양반들의 권력 다툼. 과거제 축소, 신분제 비판. 사농합일 주장
	② 경제 : 폐전론 ← 전황
	③ 사회 : 6좀(양반, 노비, 과거, 승려, 사치와 미신, 게으름) 상인 X
	④ 역사 : 실증적, 중국 중심 사관 비판, 도덕 중심 사관 비판(시세·행불행·시비 중시)
	⇨ 안정복 동사강목으로 계승
	⑤ 서학을 연구하였으나, 부정적 인식
저서	① 성호사설 : 천지, 만물, 경사 등 5개 부문 중국·우리 문화 정리한 백과사전, 과학기술 소개
	② 곽우록 : 제도 개혁 주장, 콩 먹는 사람의 걱정

남인
다산 정약용
18C 후반

과학기술과 상공업
발달에도 관심

토지개혁론	토지 공동소유를 바탕으로 경자유전과 농병일치를 실현하기 위해
	① 여전론(전론) : 이상적. 여(공동농장, 여장) 편성 ⇨ 공동경작, 노동량에 따른 분배
	농사를 짓지 않는 사·공·상의 토지 소유 반대. 사(士)는 기술 연구 종사
	② 정전론(경세유표) : 정전을 편성 ⇨ 농사 짓는 농민에게 분배하고 1/9은 공전화
	농업의 전문화와 부농에 의한 개별 경영
기존 질서 비판	① 원목 : '백성을 위해 목이 존재하는가? 백성이 목을 위해 존재하는가?'
	② 탕론 : 역성혁명론(탕왕의 고사 인용), 시민혁명사상
	[정리] 정약용의 3론 : 원목, 전론, 탕론
	③ 9직의 신분제 개혁 주장
저서	① 3대 저서 : 경세유표(중앙정치개혁, 이용감), 목민심서(지방행정개혁), 흠흠신서(형옥제도)
	② 기술 기예론(기기도설에 영향을 받음) ⇨ 거중기, 배다리, 수원화성, 북학파 지지
	③ 마과회통 : 홍역 연구, 부록에 제너의 종두법(천연두) 최초 소개
	④ 기타 : 아방강역고(역사지리서), 아언각비(속어연구), 오학론(성리학 등 비판)

[심화] 정약용의 기존 토지개혁론 비판

조선 후기에 확산된 지주전호제를 바로 잡고, 경자유전을 실현하기에는 기존의 개혁론들이 한계가 있음을 지적

① 중국의 정전제 : 한전과 평전이 많은 중국에 부합. 조선은 수전과 산전이 많아서 부적합

② 유형원의 균전제 : 조선은 호구가 수로 변동되고, 토지 비옥도가 일정치 않아 부적합

③ 이익의 한전제 : 타인의 명의를 빌어 한도를 늘리는 경우가 예상되어 부적합

④ 위의 개혁안들의 공동된 근본적 한계는 균산에 초점을 맞추다보니 경자유전을 달성할 수 없다

| 소론
농암 유수원
18C 전반 | 상공업 육성 | ① 사농공상의 평등과 전문화 주장
② 상공업 중시 [관련] 단, 국가의 통제 안에서 상업 발달 주장
③ 상인의 역할 강조(선대제수공업) |
| | 저서 | 우서(개혁안) |

| 노론
담헌 홍대용
18C 후반 | 문벌과 성리학의 극복하고 기술을 혁신할 것을 주장 홍대용의 4대 저서(담헌서에 포함) | |
| | 저서 | ① 임하경륜 : 신분제·과거제 비판. 놀고 먹는 양반 비판 ⇨ 균전제(성인 남자 당 2결) 병농일치
② 의산문답 : 실옹과 허자의 문답형식
  중심의 부정(화이론 부정, 인간 중심 부정, 무한우주설, 지전설)
③ 주해수용(수학), 혼천의 제작 [관련] 최초의 지전설은 조선 후기 김석문의 역학도해(숙종)
④ 연기(청나라 기행문) |

| 노론
연암 박지원
18C 후반 | 상공업 육성 | 수레·선박 활성화, 청과의 교역 강조, 화폐 중요성(용전론) |
| | 저서 | ① 과농소초 : 상업작물, 기술 발전을 통한 생산력 증대
② 한민명전의(과농소초의 부록) 한전론 : 토지상한선 제안
③ 방경각 외전의 비판적 한문소설(양반 제도 비판) : 허생전, 호질, 양반전, 민옹전 등
④ 열하일기 : 청나라 기행문, 자유로운 문체(패관소품체) ⇨ 정조의 문체반정 |

[심화] 서유구 한전제 ⇨ 둔전론

| 노론
초정 박제가
18C 후반 | 상공업 육성 | ① 수레 · 선박 강조, 소비의 중요성 강조(우물 비유)
② 청과의 해상 무역 강조 |
| | 저서 | ① 북학의 : 청의 문물 소개
② 정약용과 종두법 연구 |

[관련] 박제가는 서얼 출신 규장각 4검서관 중 한명(정조 때 이덕무, 유득공, 서이수)

chapter 세도정치기 실학의 후예들

추사 김정희	① 박제가의 제자이자, 흥선대원군의 그림 스승 ② 금석학의 대가 : 금석과안록(진흥왕의 북한산비와 황초령비 고증, 철종) ③ 서예 : 추사체 창안 ④ 그림 : 세한도(문인화)
이규경	오주연문장전산고 ㉠19세기(헌종). 조선과 중국의 문화를 1,400여개 항목으로 정리 ㉡변증설이란 형식으로 고증학적으로 설명
최한기	① 개화사상의 선구자, 경험주의(기 중시) ② 주요 저서 ㉠명남루총서(헌종) : 뉴턴의 만유인력설을 비롯한 서양 과학기술 소개 ㉡기측체의(헌종) : 인간신체 ㉢지구전요(철종) : 코페르니쿠스의 자전과 공전 소개

chapter 고려의 교육

향교(향학)

①지방의 국립 교육기관(중등 교육)
②고려 성종 향학(향교)에 경학박사, 의학박사 파견

정리 시대별 비교

① 통일신라 경덕왕 태학감에 박사와 조교
② 고려 성종 향학(향교)에 경학박사, 의학박사 파견
③ 조선 향교에 교수와 훈도 파견

국자감

① 중앙의 국립 최고 교육기관
② 성종 때 정비

관련 고려 사학

① 최충의 문헌공도(9재학당)을 중심으로 사학 12도
② 9재학당에서는 9경과 3사를 중심으로 교육

■■□□ **국자감의 경사 6학**

구분	경사6학	입학 자격	교육 내용
유학부(경학부) 9년제	국자학	3품 이상 관리 후손	유교 경전
	태학	5품 이상 관리 후손	정치와 역사
	사문학	7품 이상 관리 후손	문학
기술학부(잡학부) 6년제	율학	8품 이하 관리 후손 혹은 양인	법률
	서학		서예
	산학		수학

관련 그 외 기술 교육은 해당 관청

chapter 고려의 관리 등용 과정

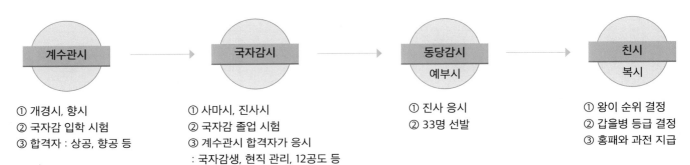

계수관시

① 개경시, 향시
② 국자감 입학 시험
③ 합격자 : 상공, 향공 등

국자감시

① 사마시, 진사시
② 국자감 졸업 시험
③ 계수관시 합격자가 응시
  : 국자감생, 현직 관리, 12공도 등
④ 합격자 : 진사

동당감시
예부시

① 진사 응시
② 33명 선발

친시
복시

① 왕이 순위 결정
② 갑을병 등급 결정
③ 홍패와 과전 지급

chapter 고려의 관리 등용 제도

과거 제도 일반

정리 음서(문음)

① 5품 이상 관리 등의 자손(외가, 사위 가능) 중 한 명이
  과거를 거치지 않고 관직에 진출하는 제도
② 과거보다도 더 큰 영향력 행사 ⇨ 고려의 귀족적 성격 반영

O X 고려의 음서는 직계자손에게만 적용되었다. (O / X)

성립	① 과거제 실시 : 광종 때 후주에서 귀화한 쌍기의 건의로 실시 ② 성종 때 정비
응시 자격	① 원칙 : 양인 이상 응시 가능 ② 실제 : 제술과와 명경과는 귀족이 독점. 일반 백성은 잡과
실시 시기	① 식년시(3년) ② 격년시(2년) : 유행

과거의 종류

심화 지공거(좌주)와 문생

좌주와 문생의 결속은 고려 귀족사회를 형성하는 학문적 결속으로 작용

문과	제술과	사장(문학과 작문), 고려는 사장 중시
	명경과	경학(유교 경전), 조선은 경학 중시
잡과		율학, 서학, 산학, 의학, 천문, 음양지리 등
승과		교종선 : 왕륜사, 대덕이라는 법계 수여
		선종선 : 광명사, 대선이라는 법계 수여
무과		실시되지 않음(단, 공양왕 때 1회 실시)

chapter **조선의 교육**

조선 교육제도의 특징

① 유학 중심 교육
② 교육 기회의 확대

조선의 교육 과정(문과 기준)

초등교육	중등교육		고등교육	
서당	① 4학(한양 국립) ② 향교(지방 국립) ③ 서원(지방 사립)	소과(사마시, 생원진사시)	① 성균관(한양 국립) ② 서원(지방 사립)	대과

주요 교육 기관

서당	① 사설 초등 교육기관 ② 8~16세 교육 ③ 천자문, 동몽선습(박세무) 등 학습
4학	① 한양 국립 중등 교육기관 ② 중학, 동학, 서학, 남학의 4학
향교	① 지방 국립 중등 교육기관 + 성현제향 ② 정원 100명 이하(도시 규모에 따라 결정) ③ 문묘 제향
서원	① 지방 사립 교육기관 + 선현제향 ② 백운동서원(주세붕, 안향, 이황, 소수서원)
성균관	① 한양 국립 고등교육기관 + 성현제향 ② 정원 200명 99칸 규모 ③ 문묘 제향 : 대성전(공자), 동무·서무(중국과 우리 명현) ④ 구성 : 상재생(생원·진사), 하재생(승보, 음서 등) ⑤ 성종 때 존경각(도서관) 설치

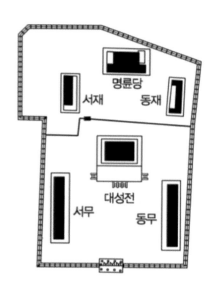

▲ 향교 평면도

■■■ **문묘**

① 통일신라 성덕왕 때 김수충이 공자와 제자를 국학에 모심
② 고려 충렬왕 때 성균관으로 개칭하고 문묘를 설치
③ 조선 성균관에서 공자와 그 제자 그리고 우리 선현을 모심
④ 동국 18현
  ㉠ 신라 : 설총, 최치원
  ㉡ 고려 : 안향(안유), 정몽주
  ㉢ 조선 : ⓐ김굉필, 정여창, 조광조, 이언적, 이황
          ⓑ이이, 성혼, 김장생
          ⓒ송시열, 송준길, 박세채, 조헌, 김집, 김인후

| 응시 자격 | ① 원칙 : 양인 이상 응시 가능
② 실제 : 백성의 과거 응시가 거의 불가능(경제적, 교육적 한계) |

종류		초시	복시	전시
소과	생원시	한성시 200명 향시 500명	100명	-
	진사시	한성시 200명 향시 500명	100명	-
문과		관시 50명 한성시 40명 향시 150명	33명	장원 1명 갑과 2명 을과 7명 병과 23명
무과		원시 70명 향시 120명	28명	갑과 3명 을과 5명 병과 20명
잡과		분야별 정원 상이		-

| 실시 시기 | ① 원칙 : 식년시(3년)
② 별시 성행 : 증광시(특별한 국가 경사), 알성시(왕 문묘참배)
　　　　　　춘당대시(경사, 창덕궁 춘당대), 정시(庭試) |

정리 응시 제한

① 서얼, 재가여성 자녀, 탐관오리 자손 문과 응시 제한
② 중인은 문과 응시 가능하지만 서얼은 법으로 문과 응시 불가
③ 그밖에 중인·향리도 한품제와 실질적 제약

정리 과거 이외의 등용제도

① 천거 : 일반적으로는 현직 관리 대상으로 천거
② 문음(음서) : 2품이상 후손, 취재를 통해 선발, 승진 제한
③ 대가제 : 정3품 당하관 이상이 품계를 친족에게 부여하는 제도
④ 취재 : 하급관리 채용 시험으로 훈민정음이 시험과목에 포함
⑤ 유외잡직 : 상인·공장·공노비 등을 위한 하급 기술직

chapter **과거의 유형**

	소과	대과
문과 예조 주관	① 진사과(사장)와 생원과(경학) ② 각각 초시700 ⇨ 복시100 ③ 소과 합격 후 하급 관리 등용 가능 ④ 백패 : 소과 합격 증서	① 초시(240) ⇨ 복시(33) ⇨ 전시(국왕이 순위 결정) ② 장원(1)과 갑(2)·을(7)·병과(23) ⇨ 종6품~정9품 ③ 홍패 : 대과 합격 증서
	문과와 차이	무과
무과 병조 주관	① 소과 X ② 별도의 교육기관 X ③ 무과와 잡과는 서얼도 응시 가능 ④ 장원 X	① 주로 서얼과 중인층이 응시 ② 무예와 병서·경서를 시험 ③ 초시(190) ⇨ 복시(28) ⇨ 전시를 시행 ④ 홍패
	문과와 차이	잡과
잡과 초 : 해당 관청 복 : 해당 + 예조	① 소과 X ② 별도의 교육기관 X : 해당 관청에서 교육 ③ 무과와 잡과는 서얼도 응시 가능 ④ 전시 X ⑤ 초시에서 인구 비례 X, 분야별 정원이 다름	① 역과, 율과, 의과, 음양과에 대해 잡과 실시 ② 백패 : 잡과 합격 증서(문무과는 홍패) ③ 취재 : 산학(호조), 회화(도화서), 악학(장악원) 등

관련 현직 관리가 급제하는 경우 4~1품계를 올려줌

관련 원칙 소과와 대과 모두 초시에서 각 도의 인구 고려

관련 승과는 중종 때 폐지

정리 중인의 한품서용제

① 기술관, 서얼 : 정3품　② 토관, 향리 : 정5품　③ 서리 : 정7품

정리 잡과 시행 관청

	시행 관청
역과	사역원
율과	형조
의과	전의감
음양과	관상감

PART 03

chapter 역사 서술 방식

	서술 상 특징	주요 사서
기전체 (분류사) 사마천의 '사기' 모델	① 본기(황제) ② 세가(왕·제후) ③ 지(사회·경제사 등) ④ 열전(위인) ⑤ 연표	고려 : 삼국사기(김부식) 조선 전기 : 고려사 (정인지 등) 조선 후기 : 동사찬요(오운) 　　　　　 동사(허목) 　　　　　 동사(이종휘) 　　　　　 해동역사(한치윤)
편년체 (시대사) '자치통감' 모델	일기식으로 시간 순으로 기록	왕조실록 고려사절요(김종서) 동국통감(서거정) 승정원일기
강목체 '자치통감강목' 모델	편년체 기반에 신문 형식 ① 강(綱) : 줄거리 큰 글씨 ② 목(目) : 세부내용 작은 글씨	동사강목(안정복, 고종)
기사본말체	① 사건 중심 서술 ② 사건의 전개 과정과 결과를 객관적으로 서술	삼국유사 연려실기술(이긍익, 객관적)

chapter 고려 역사서

호족 주도기	① 고려왕조실록 : 거란침입으로 소실
문벌귀족기	① 7대실록 : 태조~목종까지 실록. 고려왕조실록이 불타자 현종~덕종 때 편찬. 이후 계속 실록이 편찬되었으나 현존 X ② 편년통재 : 삼한~고려 초. 현존 X ⇨ 속편년통재 : 현존 X 　[참고] 의종 때 김관의 왕건의 가계를 서술한 편년통록 편찬 ③ 고금록 : 문종 때 박인량. 현존 X 　[참고] 충렬왕 때 원부의 고금록 　　　　삼국사기(현존 최고) ① 인종의 명으로 쓰여진 문벌귀족 유학자 김부식 저서(서경천도운동 토벌 직후) ⇨ 합리적 유교사관, 신라 계승 의식 ② 기전체(정사체) : 본기·열전·지·연표 ③ 삼국 ~ 통일신라(고려 초 구삼국사를 바탕) ④ 신라본기, 고구려본기, 백제본기, 연표, 지, 열전으로 구성
무신 집권기	동국이상국집의 동명왕편　　　　　　해동고승전 ① 이규보(명종)　　　　　　　　　　① 각훈(고종) ② 서사시　　　　　　　　　　　　　② 삼국시대~고려의 고승으로 추정 ③ 고구려 계승의식(자주의식)　　　　 (현재 35명의 삼국시대 고승만 기록) 　　　　　　　　　　　　　　　　　③ 자주의식
권문세족기	삼국유사　　　　　　　　　　　　　제왕운기 ① 일연(충렬왕)　　　　　　　　　　① 이승휴(충렬왕) ② 야사체(민간설화, 야화), 기사본말체　② 서사시 형식. 고조선~충렬왕 ③ 단군조선 ~ 고려 초(단군신화 최초 기록)　③ 상권(중국역사), 하권(단군신화~고려) ④ 불교사 중심, 향가 14수　　　　　④ 우리 역사를 중국과 대등하게 서술 ⑤ 5권 : 왕력, 기이, 흥법, 탑상 등 9개 주제로 정리　⑤ 발해에 대한 기록 : 대조영은 고구려 장수 　　　　　　　　　　　　　　　　　⑥ 사상적으로 유·불·선 관련 본조편년강목 : ㉠ 충숙왕 대 민지가 쓴 최초의 강목체 사서 ㉡ 고려왕조에 관한 기록 ㉢ 성리학적 역사 서술. 현존 X
신진사대부	사략 : ㉠ 이제현(공민왕) ㉡ 정통과 대의명분 중시 ㉢현존 X. 사론만이 전함

조선 전기 역사서 성격 : ① 자주적 ② 성리학적 사관 ③ 조선 건국의 정당화

고려국사

① 정도전
② 편년체
③ 성리학적 질서, 재상 중심 정치 지향
④ 현존X

↓

고려사

① 세종~문종 대 정인지 등 고려국사 계승
② 기전체(세가·열전·지)
③ 왕실 중심 서술
④ 우왕과 창왕을 신우, 신창으로 열전에 기록
⑤ 자주적 : 조·종 등 칭호 사용

고려사절요

① 문종 대 김종서 등 고려사 보완
② 편년체
③ 신하 중심 서술(재상 역할 강조)

동국사략

① 태종 대 권근, 하륜 등이 주도
② 편년체, 강목체의 효시
③ 삼조선 - 삼한(마한이 기자 계승) - 삼국(신라 중심)
④ 성리학적 사관
  ㉠ 불교 비판 ㉡ 신라 왕호 등을 성리학적으로 바꿈

↓

삼국사절요

① 성종 대 서거정, 노사신 등 삼국사기, 삼국유사 바탕
② 편년체
③ 삼조선 ~ 삼국(삼국 균등)

↓

동국통감(1485)

① 성종 대 서거정 등
② 편년체
③ 우리 역사 통사체제의 최초 확립
  외기(단군조선~삼한) ⇨ 삼국기(삼국 균등) ⇨ 신라기 ⇨ 고려기
④ 훈구의 역사 인식 + 사림의 사론 추가
⑤ 중국의 자치통감 모델

[관련] 표제음주동국사략
중종 때 유희령이 동국통감 요약

사림의 사관 정리		붕당정치 관련 사서	
동국사략 (16c 초)	① 박상 ② 편년체 ③ 삼조선 ~ 고려 ④ 정도전과 동국통감 비판하며 사림의 역사의식 반영	**동사** (1667)	①허목(현종) ②기전체 : 세가(世家)·열전(列傳) 등 ③북벌·붕당정치 비판 ④말갈 역사를 우리 역사로 해석
기자실기 (1580)	① 율곡 이이(선조) ② 사림의 역사의식 반영 ③ 사대주의 ⇨ 기자조선 중시	**여사제강** (1667)	① 유계(현종)가 전 시대의 사서를 비판 ② 고려 ③ 서인 입장(서문은 송시열) ⇨ 북벌론 정당화
동사찬요 (1606)	① 오운(선조) ② 기전체 : 군왕기, 열전 ③ 기자를 높임, 신라~고려	**동국통감제강** (1672)	① 홍여하(현종) ② 정통론 : 기자-마한-신라-통일신라 정통 ③ 남인 입장 ⇨ 왕권강화 주장 ④ 강목체, 정통론 ⇨ 동사강목 등에 영향

성리학의 보수화에 대한 반발과 청을 통한 고증학의 유입으로 자주적이고, 고증학적 성격의 역사관 발전

영조

이익의 실증적·비판적 역사관

기존의 중국 중심, 왕조 중심, 도덕 중심 사관 비판
① 고증 중시 : 실증적 역사관 제시
② 시세, 행불행, 시비를 중시
③ 우리의 정통 강조

■□□ 정통론 정리

① 정통론 1기 : 삼조선설과 삼한(마한) 수용. 삼국의 정통성에 대한 논의
　권근 등의 동국사략(태종) : 삼조선 - 삼한(마한이 기자 계승) - 삼국(신라 중심)
　서거정 등의 삼국사절요(성종) : 삼조선 - 삼한 - 삼국(삼국 무통)
② 정통론 2기 : 사림들의 역사관 반영 ⇨ 기자 중시(마한), 위만 배제
　홍여하 동국통감제강(현종) : 기자 ⇨ 삼한(마한) ⇨ 삼국(신라) ⇨ 통일신라
　홍만종 동국역대총목(숙종) : 단군 ⇨ 기자 ⇨ 삼한(마한) ⇨ 통일신라
　임사덕 동사회강(숙종) : 통일신라 ⇨ 고려 (통일신라 이후를 정통으로 인식)
　안정복 동사강목(정조) : 단군 ⇨ 기자 ⇨ 삼한(마한) ⇨ (삼국무통) ⇨ 통일신라
③ 정통론 3기 : 북방 중시 역사관 등장
　이종휘 동사(순조) : 단군 ⇨ 부여 ⇨ 고구려. 신채호의 조선상고사로 계승

심화 숙종 대 정통론 관련 사서
　① 홍만종 동국역대총목(숙종) : 편년체. 단군 ⇨ 기자 ⇨ 삼한(마한) ⇨ 통일신라
　② 임사덕 동사회강(숙종) : 강목체. 여사제강의 영향 받음. 통일신라 ⇨ 고려

정조

동사강목(1778)	발해고(1784)
① 안정복 ② 강목체 ③ 삼한정통론 체계화 　단군 - 기자 - 삼한(마한) - (삼국무통) - 통일신라 - 고려 **관련** 신라 중심의 삼국사기 비판 고구려의 강성을 언급. 그러나 삼국무통으로 봄 ④ 고증사학의 토대 ⑤ 발해를 말갈국가로 인식 ⑥ 자치통감강목의 범례를 기준으로 서술	① 유득공 ② 기전체 : 군고, 신고, 지리고 등 ② 발해역사 연구 　⇨ '남북국시대' 처음 사용 **정리** 안정복 주요 저서 　① 열조통기 : 조선 초부터 영조까지의 역사를 편년체로 서술한 사서 　② 천학문답 : 천주교 비판

순조

OX 조선 후기 발해고와 동사는 협소한 반도적 사관을 극복하는데 기여하였다. (O / X)

연려실기술(영조/순조)	해동역사(연대 미상)	동사(1803)
① 이긍익 ② 기사본말체, 백과사전식 서술 ③ 조선의 역사와 문화 ④ 실증적이고 객관적 서술(사건 중심)	① 한치윤 ② 기전체 : 세기(世紀)·지(志)·고(考), 열전X ③ 500여권의 중국과 일본 자료 참고 　⇨ 민족사 인식의 폭 확대 ④ 고조선~고려 ⑤ 발해를 우리 역사로 기록	① 이종휘 ② 기전체 : 본기, 세가, 열전, 지 ③ 고조선~고려 ④ 고조선 ⇨ 부여 ⇨ 고구려 ⇨ 발해 중시 ⑤ 만주 수복 주장 ⑥ 미신도 기록 : 신사지(神事志)

■□□ 기전체 역사서 정리

고려	김부식의 삼국사기(인종) : 본기·열전·지·연표
조선 초기	정인지·김종서 등의 고려사(문종) : 세가·열전·지
조선 중기	오운의 동사찬요(선조) : 군왕기, 열전
조선 후기	허목의 동사(현종) : 세가(世家)·열전(列傳)·지승(地乘)·외기(外記) 유득공의 발해고(정조, 기전체 변형 기전체) : 군고, 신고, 지리고 등 한치윤의 해동역사(순조) : 기전체 : 세기(世紀)·지(志)·고(考), 열전X 이종휘의 동사 : 본기(단군·기자·위만 본기), 세가(부여·발해세가), 열전, 지

조선왕조실록

특징

① 편년체
② 조선왕조에 관한 공적 기록 : 태조 ~ 철종 25대에 관한 기록. 고종X, 순종X
③ 후대 왕 열람 불가
④ 유네스코 기록유산
⑤ 선조(인조), 현종, 숙종, 경종 실록 수정(단, 원본은 남겨둔 채 수정 실록 제작)

편찬 과정

시정기

① 각종 등록(공적 기록)을 모아 춘추관에서 작성
② 3년 마다 작성

관련 공적 자료 : 승정원일기, 일성록, 조보(일종의 관보), 각종 등록

사초

① 입시사초 : 사관이 왕과 신하가 정사를 논의한 행동을 기록한 사초
② 가장사초 : 사관이 퇴궐한 후 작성한 사초. 인물에 대한 사적인 평가

실록 제작

왕의 사후에 춘추관에 실록청을 설치하여 실록 제작

① 초초 - 중초 - 정초의 과정
② 기초 자료는 세초(비밀 보장)
③ 정초본을 인쇄하여 사고에 보관

보관

임진왜란 이전	춘추관	충주	성주	전주	-
광해군	춘추관	오대산	태백산	마니산	묘향산
이괄의 난 이후	춘추관	오대산	태백산	정족산	적상산
현재	소실	일부 규장각	부산	규장각	북한

chapter **조선시대 주요 국가 기록물**

승정원 일기	① 편년체 ② 왕의 업무와 관련된 업무내용일지 ⇨ 국왕과 신료가 열람 가능 ③ 인조 때부터 현존, 세계 최대의 연대기록물 ⇨ 유네스코 기록유산
일성록	① 국정 전반을 기록한 왕의 일기 ② 정조가 왕세손 시절부터 쓴 것이 조선 후기 이어짐 ③ 유네스코 기록유산
조선왕조의궤	① 국가 의례를 비롯한 중요한 국가행사 정리한 기록물 ② 조선 후기 이후 의궤가 현존 ③ 유네스코 기록유산 ④ 2011년 병인양요 때 프랑스가 외규장각에서 약탈해간 의궤가 임대 형식으로 반환됨
국조보감	① 국왕의 치적에 관한 실록 내용을 정리 ② 세종 때 처음 제작 - 세조 때 편찬 - 순종 때 완성

▲ 조선왕조의궤

chapter **목판인쇄술의 발달**

통일신라

무구정광대다라니경　　① 불국사3층석탑에서 발견
　　　　　　　　　　　② 현존 최고 목판 인쇄물

관련　신라 · 고려 제지술의 발달
① 통일신라에서는 품질이 우수한 닥나무 종이가 만들어짐(무구정광대다라니경)
② 고려에서는 종이 중국에 수출

고려

대장경은 경·율·논 삼장을 정리한 불교교리의 결정체(교장은 대장경 X)

초조대장경	교장(속장경)	재조대장경(팔만)
① 거란 2차 직후 70년간 제작(현종~문종) ② 몽고 2차 침입 때 대구 부인사에서 소실 ③ 현재 인쇄본 일부만 전함	① 의천이 교장도감을 만들어 제작(선종~숙종) ② 송·요(거란)·일본의 자료를 수집하여 만든 주석서 ③ 신편제종교장총론을 작성하고 4,700여권의 책을 참고하여 10년에 걸쳐 제작 ④ 인쇄본의 일부와 일본에 신편제종교장총론이 전함	① 최우(고종) 때 강화도에 대장도감 설치 ② 남해(진주) 분사 설치. 16년 만에 완성 ③ 강화도 선원사 보관 　⇨ 합천 해인사 장경판전에 보관 ④ 현존 최고의 대장경으로 세계기록유산

관련　신편제종교장총록은 교장을 만들기 위해 수집한 불서의 목록

chapter **활판인쇄술의 발달**

고려

참고　활판인쇄술은 목판인쇄술에 비해 다양한 내용을 소량으로 인쇄할 수 있다는 강점

고종
상정고금예문
1234

참고　남명천화상송증도가(1239)

우왕
직지심체요절
1377

① 인종 최윤의 의례서를 최우(고종)가 활판 인쇄(고종 1234)
② 서양 금속활자보다 200년 앞섬. 현존 X
③ 이규보의 동국이상국집에 기록

① 우왕, 백운화상, 청주 흥덕사에서 인쇄(1377)
② 서양 금속활자보다 70년 앞섬(현존 최고 금속활자)
③ 프랑스 국립박물관 보관

조선

태종　　① 주자소 설치(인쇄, 세조 때 교서관)
　　　　② 조지소(종이, 세조 때 조지서) 설치
　　　　③ 계미자

세종　　① 경자자·갑인자
　　　　② 밀랍식을 대신하는 식자판식 개발

chapter **조선 전기 지도**

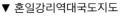
▼ 혼일강리역대국도지도

세계 지도　　　　혼일강리역대국도지도

① 태종 대 김사형, 이회 등
② 아랍의 영향으로 원의 세계지도에 한반도(태종 이회 팔도도)와 일본을 덧붙인 지도
③ 조선 크기 과장. 아메리카X
④ 현존하는 동양 최고 세계지도(일본)

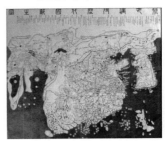

조선 지도　　중앙집권화를 위해 국가가 주도 하에 활발한 지도 편찬

팔도도	① 태종 대 이회 등 ② 최초의 조선 전국 지도
팔도도	세종 대 정척 등
동국지도	① 세조 대 정척, 양성지 등 ② 최초의 실측 지도(북방에 지역 상세히 기록 , 인지의·규형) ③ 정상기의 동국지도로 계승
조선방역지도	① 명종 대 이이 등 ② 현존하는 최고의 원본지도 ③ 당시 영토의식 반영 : 만주와 대마도 포함
팔도총도	① 중종 대 신증동국여지승람에 수록된 지도 ② 울릉도·독도 구별하여 기록

chapter **조선 후기 지도**

▼ 곤여만국전도

세계 지도　　　　곤여만국전도

① 선교사 마테오 리치의 지도를 필사
② 지리학 지식과 세계관 확대 ⇨ 실학에 영향

조선 지도　　　　동국지도

① 영조 대 정상기(조선 전기 정척의 동국지도 계승)
② 100리척 최초 사용한 과학적 지도

정리　영조 대 3대 지도 : 신경준의 동국여지도, 정상기의 동국지도, 읍지를 보완한 해동지도

　　　　대동여지도

① 철종 대 김정호
② 산맥, 하천, 도로망이 정밀
③ 10리 마다 눈금
④ 22첩 분첩 형식, 목판 인쇄

참고　김정호 그밖의 지도

① 김정호의 청구도 : 김정호 초기 지도
② 김정호의 동여도 : 청구도 채색

▶ 대동여지도

chapter 조선 전기 지리지

중앙집권화를 위해 국가가 주도 하에 활발한 지리지 편찬

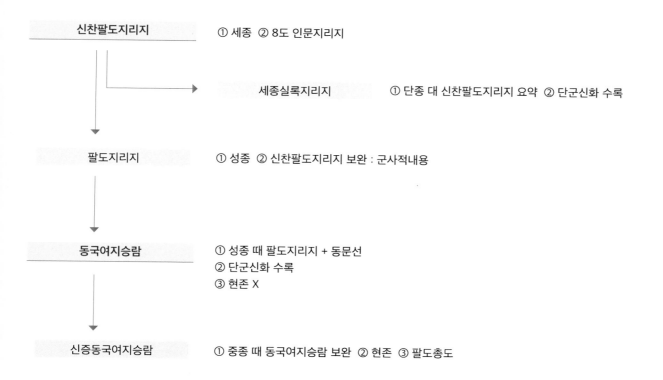

신찬팔도지리지　① 세종　② 8도 인문지리지

세종실록지리지　　① 단종 대 신찬팔도지리지 요약　② 단군신화 수록

팔도지리지　① 성종　② 신찬팔도지리지 보완 : 군사적내용

동국여지승람
① 성종 때 팔도지리지 + 동문선
② 단군신화 수록
③ 현존 X

신증동국여지승람　① 중종 때 동국여지승람 보완　② 현존　③ 팔도총도

chapter 조선 후기 지리지

영조 이전	동국지리지	① 광해군 ② 한백겸이 쓴 최초의 역사지리지 ③ 고구려 발상지인 만주 최초 고증
	동국여지	① 효종 대 유형원의 역사지리지 ② 최초 개인 지리지 ③ 삼한의 위치를 고증
영조 4대 지리지 조선 중기부터 읍지 제작 활기	택리지	① 이중환의 인문지리지 : 사민총론, 팔도총론, 복거총론으로 구성 ② 인심·물산·풍속 등을 중심으로 살기 좋은 곳을 논함
	여지도서	읍지 종합
	해동지도	읍지 보완, 중국·일본, 유구 포함
	강계고	① 신경준 ② 역사지리지, 고증　참고 신경준의 동국문헌비고의 여지고
세도정치기	아방강역고	① 순조 대 정약용의 역사지리지 ② 백제 도읍지가 한성, 비정되어 온 고대 지명이 만주임을 고증
	대동지지	① 철종 대 김정호의 역사지리지 ② 단군, 발해 기록

정리 신경준
동국여지도, 강계고, 동국문헌비고의 여지고, 훈민정음운해

chapter **역법·천문학·수학**

고려 이전

고구려	신라	고려
① 덕흥리 고분, 덕화리 고분 등에서 천문도와 북두칠성 ② 고구려 제철기술 발달	① 당의 선명력 ② 해시계와 물시계 제작 ③ 선덕여왕 첨성대(동양 최고 천문대) ④ 김암의 천문학 ⑤ 불국사, 석굴암의 수학적 지식 ⑥ 백제 세공 기술 ⇨ 신라 세공 기술 발달	① 초기 당의 선명력 ② 원의 수시력 : 충선왕, 이슬람 영향, 365일 ③ 명의 대통력 : 공민왕, 반원개혁 ④ 고려 첨성대 ⑤ 사천대(현종) ⇨ 서운관(충렬왕)

조선

조선 전기	조선 후기
① 태조 천상열차분야도 : 고구려 천문도 바탕으로 제작된 천문도 ② 세종 : 칠정산(내편은 수시력 참고, 외편은 회회력 참고) 　　　혼천의, 간의, 자격루, 앙구일부, 측우기 등 ③ 세조 : 관상감 설치, 인지의·규형	① 시헌력 도입 　㉠ 김육(효종)이 도입 　㉡ 선교사 아담샬이 제작한 청의 서양식 역법 　㉢ 태음력에 태양력 가미 ② 마테오 리치의 기하원본 도입 ③ 김석문의 역학도해 : 지전설 최초 주장 ④ 홍대용의 혼천의 제작, 지전설 주장, 주해수용(수학) ⑤ 최한기 지구전요(지전설 소개), 명남루총서(만유인력), 기측체의

정리 천문 관련 기구

① 신라 첨성대(선덕여왕)

② 고려 첨성대, 사천대 ⇨ 서운관(충렬왕)

③ 조선 관상감(세조)

관련 을미개혁 : 최초의 태양력(건양 연호 사용)

인물 김육

① 대동법 확대 실시(효종, 충청·전라)

② 상평통보 확대 실시

③ 시헌력 도입

chapter **의학과 무기기술**

	의학
고려	향약구급방(고종) ① 13세기 대장도감(팔만대장경)에서 편찬 ② 현존 최고의 의서
조선 전기	① 향약집성방(세종) 　: 조선에 맞는 약재 치료방법을 정리 　　고려 말 삼화자향약방을 기본 의약학의 독자적 체계 정립 ② 의방유취(세종) : 의학백과사전 ③ 신주무원록(세종) : 법의학서
조선 후기	① 동의보감(허준) : 17세기(선조~광해군). 내경과 외경 구성 　전통의학을 체계적으로 정리한 공중의료 보건서. 한글표기 ② 침구경험방(허임) : 인조. 침술 ③ 증수무원록 : 영조 대의 법의학서 ④ 마과회통(정약용) : 홍역 연구 　부록에서 제너의 종두법 소개(박제가와 공동 연구) ⑤ 동의수세보원(이제마) : 사상의학

정리 중앙 의료 기구

고려 태의감 ⇨ 조선 내의원, 전의감

조선 무기기술

관련 고려 화통도감(우왕 1377) : 최무선. 화약무기 제조

태조	정도전 진법(요동정벌 준비)
태종	거북선, 비거도선 제작
세종	① 총통등록 : 화약무기 제작과 사용법. 최해산 ② 신기전 : 다연발 화살차. 세종~문종
문종	동국병감 : 전쟁 역사서
성종	진법(영조 때 '병장도설'로 재간행)
선조	임진왜란 비격진천뢰, 조총
영조	병장도설, 속병장도설
정조	무예도보통지

chapter 고분 양식

청동기 고분 양식	① 돌무지무덤(적석묘) ② 돌널무덤(석관묘) ③ 고인돌(지석묘)
초기 철기 고분 양식	① 독무덤(옹관묘) ② 널무덤(목관묘)

▲ 굴식돌방무덤

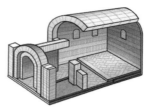

▲ 벽돌무덤

고대 고분 양식

	삼국 초기	삼국 후기	통일신라
고구려	돌무지무덤 (적석묘)	굴식돌방무덤 (횡혈식 석실분)	-
백제	돌무지무덤	굴식돌방무덤 벽돌무덤	-
신라	돌무지덧널무덤	굴식돌방무덤	화장 유행

정리 굴식돌방무덤과 돌무지덧널무덤의 특징
① 굴식돌방무덤 : 도굴 쉬운 구조 ⇨ 껴묻거리 X, 벽화 O
② 돌무지덧널무덤 : 도굴 어려운 구조 ⇨ 껴묻거리 O, 벽화 X

참고 가야 고분 양식 :돌널무덤, 널무덤 ⇨ 돌덧널무덤(자연석, 석곽묘) ⇨ 돌방무덤(석실분)

chapter 고구려 고분

돌무지무덤	**장군총** ① 집안현(국내성) ② 장수왕릉으로 추정 ③ 계단식 돌무지무덤 ④ 주변에 소나무와 잣나무

굴식돌방무덤	**관련** 모줄임천장구조 : 굴식돌방무덤의 특징 ⇨ 발해로 계승 (정혜공주묘)

1기 : 집안현, 생활 모습	2기 : 한반도 북부, 생활 모습	3기 : 한반도 북부, 사신도
① 무용총 : 무용, 사냥, 행렬, 사신도 ② 각저총 : 씨름 **예외** 오회분 : 해와 달의 신, 사신도	① 안악3호분(황해) : 주인의 생활 모습 ② 수산리고분(평남) : 수산리 고분 벽화 ③ 덕흥리(평남) : 견우직녀도 ④ 쌍영총(평남) : 팔각기둥(서역), 기마도	후기 : 추상화, 도교적 사신도 유행 ① 강서대묘(평남) : 사신도 ② 덕화리고분(평남) : 사신도, 해·달·은하수

▼ 무용총 무용도   ▼ 각저총   ▼ 무용총 수렵도   ▼ 안학3호분   ▼ 수산리 고분   ▼ 사신도 현무

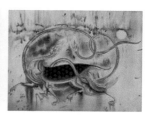

발해 고분

정혜공주묘 : ① 길림성 육정산 고분군 ② 굴식돌방무덤(고구려식의 모줄임천장), 돌사자상 ③ 4·6변려체 ④ 황상, 대흥, 보력
정효공주묘 : ① 길림성 용두산 고분군 ② 벽돌식무덤(고구려식의 평행고임구조) ③ 4·6변려체, 12인 벽화, 불로장생(도교)

	한성시대	웅진시대	사비시대
돌무지무덤	**석촌동 고분** ① 계단식 돌무지무덤 ② 건국 세력의 고구려와 관련성 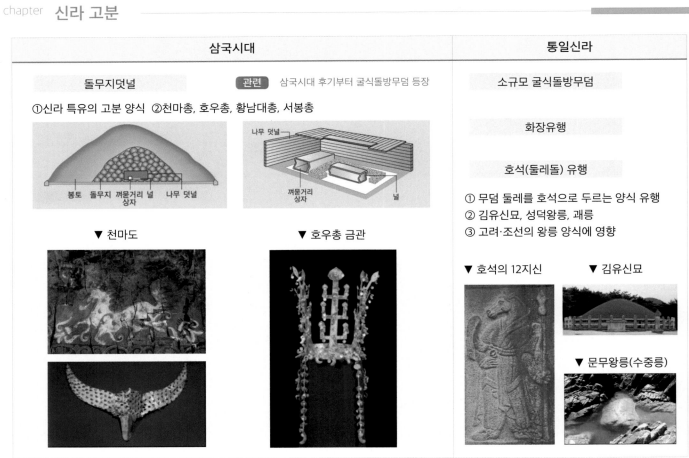		
굴식돌방무덤		공주 송산리 고분	부여 능산리 고분(사신도)
벽돌무덤		① 송산리 6호분 : 벽돌무덤, 벽화(사신도 등) ② 송산리 7호분(무령왕릉) 　㉠ 벽돌무덤, 지석, 진묘수 　㉡ 양나라 벽돌, 일본 금송 목관 　㉢ 1970년대 발굴 　㉣ 귀족적이고 세련된 백제 예술 　㉤ 금제 관식 및 양나라 화폐	관련 능산리 고분군 절터 금동대향로와 백제 창왕명 석조사리감 출토
수도별 주요 유산	풍납토성, 몽촌토성	공산성, 웅진성, 송산리 고분군	사비성, 부소산성, 정림사지, 능산리고분군 관련 기타 사비 유적 : 금동대향로, 사택지적비 정리 익산 지구 무왕과 관련된 미륵사지, 왕궁리 유적

chapter 신라 고분

삼국시대	통일신라
돌무지덧널　　관련 삼국시대 후기부터 굴식돌방무덤 등장 ①신라 특유의 고분 양식 ②천마총, 호우총, 황남대총, 서봉총	소규모 굴식돌방무덤

▼ 천마도　　▼ 호우총 금관

소규모 굴식돌방무덤

화장유행

호석(둘레돌) 유행

① 무덤 둘레를 호석으로 두르는 양식 유행
② 김유신묘, 성덕왕릉, 괘릉
③ 고려·조선의 왕릉 양식에 영향

▼ 호석의 12지신　　▼ 김유신묘

▼ 문무왕릉(수중릉)

chapter 고구려 금석문

광개토대왕비	① 집안현 위치, 장수왕 건립 ② 내용 　㉠건국신화와 역대 왕 　㉡요동 차지, 백제공격과 한강 이북 점령, 신라 왜군 격퇴 　㉢수묘인 관련 사항 ③ 용비어천가에서 처음 광개토대왕비 존재 소개 ④ 정인보의 광개토대왕비 재해석
중원고구려비	① 충주에 위치, 장수왕으로 추정(문자왕이라는 설도 존재) ② 한반도 유일한 고구려비 ③ 내용 : 신라 주둔과 한강 이남 점령 　신라 왕에게 의복하사, 동이매금 → 고구려 중심의 천하관

▼ 광개토대왕비

▼ 중원고구려비

chapter 백제 금석문

무령왕릉 지석	① 무령왕릉에 대한 설명 ② 도교적 내용 : 매지권(지신에게 땅을 삼) ③ 남조풍의 서체
창왕명 석조사리감	① 성왕의 아들 창왕(위덕왕), 능산리고분군에서 절터 발굴 ② 중국의 예서체
사택지적비	① 의자왕 때 사택지적 ② 불당을 세운 내력에 도교적 내용 ③ 중국 4·6변려체

▲ 창왕명석조사리감　　　　▲ 사택지적비

chapter 신라 금석문

진흥왕 이전 금석문

① 포항 중성리비(501) : ㉠신라 최고로 추정　㉡재산소송 판결
② 포항 영일 냉수리비(503) : ㉠지증왕　㉡갈문왕, 사로　㉢절거리의 재산 상속
③ 울진 봉평비(524) : ㉠법흥왕　㉡울진으로 영토 확장
　　　　　　　　　　㉢율령반포 : 17관등, 화재 책임자 처벌　㉣왕이 탁부에 소속, 갈문왕
④ 영천 청제비(536) : ㉠법흥왕　㉡저수지 건설 위해 역동원

진흥왕 금석문

① 마운령(568) : 함경도 진출 순수비. 유교 관련
② 황초령(568) : 함경도 진출 순수비. 유교 관련.
③ 북한산(555) : 한강 하류 진출 순수비(관산성 전투 승리 후 건립)
④ 단양적성비(550) : 순수비X. 한강 상류 진출. 야이차 포상(주민 회유)
⑤ 창녕비(561) : 가야 병합 과정에 건립된 순수비(대가야 멸망 562)
⑥ 명활산성비 : 명활산성 건축과 관련. 역동원 기록

관련 건립 순서 : ④ ⇨ ③ ⇨ ⑤ ⇨ ①②

관련 김정희가 금석과안록에서 북한산비, 황초령비 고증

▼ 북한산비

기타

임신서기석 : ① 법흥왕/진평왕 추정　② 유교 관련
최치원 : ① 사산비명 : 낭혜화상탑비명, 진감선사탑비명, 증대사적조탑비명, 대숭복사비명
　　　　② 난랑비문 : 화랑 난랑을 위해 만든 비석, 풍류도(유불도)
　　　　③ 해인사묘길상탑비문 : 당의 흉함 ⇨ 동쪽 신라로 옮겨옴

chapter **삼국 문화의 일본 전파**

백제

근초고왕	① 왕인(천자문 논어) ② 아직기(태자에게 한자 교육) ③ 칠지도(기생성음이 왜왕 지에게 하사)
무령왕	5경 박사(단양이, 고안무), 의박사, 역박사 파견
성왕	노리사치계(불교 전파)
위덕왕	① 혜총(쇼토쿠 태자 스승, 계율종) ② 아좌 태자(쇼토쿠 태자 초상화)
무왕	관록(천문, 역법)

> **정리** 백제의 영향을 받은 일본 문화제
> ① 고류사 미륵보살반가사유상
> ② 호류사 백제관음상
> ③ 백제가람양식 유행

> **정리** 쇼토쿠 3인방
> ① 백제 혜총 : 쇼토쿠 스승, 일본 계율종
> ② 백제 아좌태자 : 쇼토쿠 초상화
> ③ 고구려 혜자 : 쇼토쿠 스승

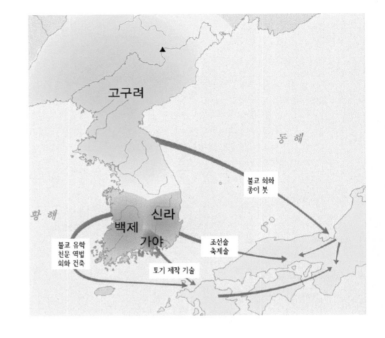

고구려

① 영양왕 ㉠혜자 : 쇼토쿠 태자 스승
　　　　　㉡담징 : 종이, 먹 전파, 호류사 금당벽화
③ 영류왕 : 혜관(일본 삼론종의 개조)
④ 도현 : 일본세기 저술(일본 최초의 정사인 일본서기에 인용)
⑤ 수산리 고분벽화 ⇨ 다카마스 고분벽화

> **구별** 임나일본부설 관련 유물 : ① 칠지도 ② 광개토대왕비 ③ 일본서기

▼ 호류사 금당벽화　　　▼ 타카마스 고분 벽화

신라

① 조선술 ② 축제술(한인의 연못) ③ 삼국 음악의 전파

chapter **일본으로 문화 전파 정리**

신석기	조몬 토기
청동기 ~ 초기 철기	야요이 토기
삼국	아스카 문화(야마토 정권)
가야	스에키 토기
통일 신라	하쿠호 문화 형성에 기여 ① 심상의 화엄 사상 전파되어 일본 화엄종 성립에 기여 ② 설총과 강수는 일본 유학에 영향
조선 전기	조선 전기 미술 ⇨ 무로마치 막부 미술
조선 후기	① 강항 ⇨ 이황의 성리학 전파 ② 이삼평·심당길 ⇨ 아리타 도자기

chapter **고대 건축**

고대

궁궐과 성곽

① 고구려 오녀산성 : 졸본 ⇨ 국내성 : 집안 ⇨ 안학궁 : 평양성(장안성)의 궁, 장수왕
② 백제 부여 궁남지 : 백제의 조경술
③ 신라 월성 : 주작대로
④ 신라 임해전의 안압지(월지) : 문무왕. 인공 연못, 귀족생활, 주사위, 도교의 봉래산
⑤ 발해의 상경성 : 주작대로
⑥ 삼국은 산성과 나성 건축

불교 건축

▲ 불국사

① 신라 황룡사 : 진흥왕 건립. 선덕여왕 황룡사9층목탑. 몽골 3차 침입으로 소실
② 백제 미륵사 : 백제 무왕. 미륵사지석탑
③ 백제 왕흥사 : 부여. 무왕 때 만들어진 사찰
④ 불국사 : ㉠ 경덕왕(김대성) ㉡ 석가탑과 다보탑 ㉢ 청운교·백운교 ㉣ 임진왜란으로 소실·재건
⑤ 석굴암 : ㉠ 경덕왕(김대성) ㉡ 석굴암 본존불

chapter **고려 건축**

고려 초기

① 궁궐과 사원 건축 중심
② 만월대 : 경사면에 계단식 배치 ⇨ 웅장한 시각 효과

공포 양식에 따른 분류

주심포 양식(기둥 위에만 공포 있는 양식) : 간결, 단아	다포 양식(기둥 사이에도 공포가 있는 양식) : 웅장, 화려
고려 전기 주심포 양식이 유행하였으나, 현존하는 건축 X ① 봉정사 극락전(경북 안동) : 현존 최고 목조 건물, 맞배지붕 ② 부석사 무량수전(경북 영주) : 배흘림기둥, 팔작지붕 ③ 수덕사 대웅전(충남 예산) : 백제 계열, 맞배지붕	① 석왕사 응진전 ② 성불사 응진전 ③ 조선시대 건축에 영향

▲ 주심포 양식

▲ 부석사 무량수전

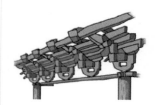

▲ 다포 양식

참고 그밖에 고려의 주심포 건축 : 강릉 객사문, 부석사 조사당

정리 부석사 관련 : 무량수전, 부석과 선묘, 소조아미타여래좌상, 조사당과 조사당 벽화

공공건축	① 조선 초 공공건물 건립 활발 ② 고려 건축 계승 : 개성 남대문, 평양 보통문 ③ 조선 독창적 건축 : 숭례문(남대문, 다포)
불교건축	① 해인사 장경판전 ② 무위사 극락전(세종) ③ 원각사지10층석탑(세조)
익공양식	① 조선 초 등장한 독자적 공포양식 ② 새날개 모양의 간결한 공포 양식 ③ 강릉 오죽헌, 경복궁 경회루, 문묘 명륜당
서원	① 사림의 등장으로 지방의 서원이 중심 ② 가람(절)양식 + 주택양식 ③ 영주 백운동 서원(중종, 주세붕, 안향) ⇨ 소수서원(명종, 이황, 사액서원)

▲ 숭례문

▲ 해인사 장경판전

chapter 조선 후기 건축

17세기 불교건축	양반지주층의 성장 ⇨ 다층의 대규모 불교건축 등장 ① 보은 법주사 팔상전(현존 최고 목탑, 선조) ② 김제 금산사(견훤) 미륵전(인조) ③ 구례 화엄사 각황전(숙종)
18세기 불교건축	부농과 상인의 성장 ⇨ 단층의 장식적 성격이 강한 불교건축 ① 하동 쌍계사 대웅전 ② 부안 개암사 대웅전 ③ 울주 석남사 대웅전
공공건축	수원성 : 정조, 체재공, 정약용의 거중기

▼ 법주사 팔상전(현존 최고 목탑)

▼ 화엄사 각황전

▼ 쌍계사 대웅전

▼ 수원 화성

chapter **고대와 고려 회화**

고대

① 신라 : 솔거의 노송도
② 통일신라 : 김충의
　　　　　경덕왕 때 만불산(당나라에 보낸 모형산)

고려

① 고려 전기 이령의 예성강도 : 송나라 휘종이 감탄. 현존 X
② 고려 후기 왕실과 권문세족의 구복적 성향 ⇨ 불화 유행
　: 혜허 양류관음도(일본), 수월관음도 등
③ 부석사 조사당 벽화의 사천왕상
④ 공민왕의 천산대렵도 : 원의 북화의 영향 받음

▲ 양류관음도(일본)　　▲ 수월관음도　　▲ 천산대렵도(공민왕)

chapter **조선 전기 회화**

15세기

① 송·원의 화풍을 받아들여 독자적인 화풍을 형성
② 일본 무로마치 시대의 화풍에 영향

▲ 고사관수도(강희안)　　　　▲ 몽유도원도(안견)
선비의 내면세계 표현　　　　안평대군의 꿈을 그린 그림, 일본

16세기

문인화 유행(사림의 성향)
① 문인화 : 송하보월도(이상좌), 묵죽도(이정), 월매도(어몽룡)
② 정물화 : 초충도(신사임당), 모견도(이암)

▲ 이상좌 송하보월도　　▲ 이정 묵죽도　　▲ 어몽룡 월매도　　▲ 이암 모견도　　▲ 신사임당 초충도

자주적 화풍	 
진경산수화 ① 중국 남종화와 북종화법을 수용 ② 고유의 화풍 개발 ③ 우리의 산천을 소재 ④ 바위산은 선으로, 흙산은 묵으로 묘사	▲ 겸재 정선의 인왕제색도　　　▲ 정선의 금강전도

서민적 화풍	 
① 풍속화 : 단원 김홍도, 혜원 신윤복, 긍재 김득신 ② 민화·문자도 유행	▲ 김홍도 서당　　▲ 김득신 반상도　　▲ 김득신 파적도
단원 김홍도 ① 서민들의 생활을 소탈하고 익살스럽게 묘사 ② 도화서 화원으로 영·정조 어진, 화성행차도	
혜원 신윤복 남녀 간의 연애, 기생 등을 섬세한 필법으로 묘사	▲ 신윤복 춘색만원　　▲ 민화　　▲ 문자도

서구적 화풍	▶ 강세황의 영통골 입구도(영조) ① 원근법, 서양수채화 기법 ② 김홍도의 스승　　　　　　

복고적 화풍	 
	▲ 김정희 세한도(문인화, 19c)　　▲ 김정희 불이선란도

기타	  
	▲ 윤두서　　　　▲ 고람　　　　▲ 동궐도(19c) 　자화상(18c)　매화초옥도(19c)

PART 02

chapter 서예

통일신라	왕희지체 : 김인문, 김생(해동 필가의 조종)
고려	① 탄연의 왕희지체, 고려 전기 유신의 구양순체 ② 고려 후기 송설체(조맹부체) : 이암(농상집요) 【정리】 신품4현 신라의 김생과 고려의 유신, 탄연, 최우 4명의 명필
조선 전기	① 왕희지체 : 양사언 ② 송설체 : 안평대군 ③ 석봉체 : 한호가 왕희지체를 바탕으로 독창적인 글자체 완성
조선 후기	① 동국진체 : 이광사가 독자적이 글씨체인 동국진체를 완성 ② 추사체 : 김정희가 금석문에 대한 연구를 바탕으로 추사체를 창안

chapter 백과사전

조선 전기		① 의방유취(세종) : 의학백과사전 ② 악학궤범(성종) : 음악백과사전 ③ 대동운부군옥(선조) : 권문해. 백과사전
조선 후기	정조 이전	① 지봉유설(이수광) : ㉠최초 백과사전 ㉡마테오리치의 천주실의 소개 ② 성호사설(이익) : 5개 부문(천지,만물,인사,경사,시문)을 나누어 조선과 중국의 문화 소개 ③ 동국문헌비고(영조) : ㉠국가 간행 : 영조의 명으로 홍봉한 등이 100권 편찬 ㉡'울릉과 우산(독도)는 모두 우산국의 땅이며, 우산은 일본이 말하는 송도' 【정리】 동국문헌비고(영조) ⇨ 증보동국문헌비고(정조) ⇨ 증보문헌비고(고종) ④ 청장관전서(이덕무) : ㉠서얼 출신 정조 때 4검서관 ㉡청 문물 도입 주장 【정리】 규장각 4검서관 : 박제가(북학의), 이덕무(청장관전서), 유득공(발해고), 서이수 ⑤ 고금도서집성 : ①정조 ②청나라의 백과사전
	세도정치기	⑥ 임원경제지(서유구) : 19세기(순조/헌종). 농업백과사전(농업과 농촌생활) ← 홍만선의 산림경제(숙종) ⑦ 만기요람(순조) : ㉠정부 재정과 군정에 관한 내역 ㉡독도 증거 ⑧ 자산어보(정약전) : 신유박해로 흑산도 유배. 최초의 어류 백과사전 ⑨ 오주연문장전산고(이규경) : ㉠19세기(헌종). 조선과 중국의 문화를 1,400여개 항목으로 정리 ㉡변증설이란 형식으로 고증학적으로 설명

chapter 한글

【정리】 조선 전기 한글
① 세종 : 용비어천가, 월인천강지곡, 석보상절, 동국정운, 삼강행실도 언해본 등
　　　 서리 채용시 훈민정음 시험
② 세조 : 월인석보

【정리】 외국어 학습서
① 동국정운 : 세종. 신숙주 등이 간행한 음운서
② 훈몽자회 : 중종. 최세진. 한자 학습서
③ 박통사언해 : 숙종. 중국어 학습서
④ 첩해신어 : 숙종. 일본어 학습서

음운 연구	① 신경준의 훈민정음운해(영조) : 훈민정음 이전에 우리의 고대문자 존재 언급, 한글의 우수성 ② 유희의 언문지(순조) : 훈민정음은 모든 음 표현 가능
어휘 연구	① 이의봉의 고금석림(정조) : 우리말 방언과 외국의 언어를 연구 ② 정약용의 아언각비(순조) : 한자·한글을 비롯한 일상 용어들의 어원 연구

chapter 고려 공예

정리 고려 이전 공예

① 토우 : 신석기 시대 이래 신라까지 지속적으로 토우 제작

② 발해 : 자기 기술 발달·수출, 발해 연꽃무늬 기와

▲ 신석기 토우   ▲ 신라 토우   ▲ 신라 토우

고려 청자

① 신라와 발해의 전통을 계승하고 송의 자기 기술을 받아들여 발전

② 1300도 이상의 가마에 회백색 고령토로 제작

③ 문벌귀족기 귀족적인 순청자가 독자적 경지를 개척 ⇨ 서긍의 고려도경

④ 문벌귀족 후기 ~ 무신정권

ㄱ청자에 은입사, 나전 기술 적용 ⇨ 상감청자 유행

ㄴ전라도 강진, 부안이 유명

④ 원의 영향으로 청자 쇠퇴하고 분청사기 유행

▲ 순청자 고려청자투각칠보무늬향로   ▲ 순청자 청자참외모양병   ▲ 상감청자 청자상감운학문매병

■■□ 서긍의 고려도경(인종)의 순청자 묘사

'도기의 빛깔이 푸른 것을 고려인은 비색(緋色)이라고 한다. 근년에 들어와 제작이 공교해지고 광택이 더욱 아름다워졌다. 술그릇의 형상은 참외 같은데, 위에 작은 뚜껑이 있고 그 위에 연꽃에 엎드린 오리 모양이 있다.'

관련 상감청자 제작 방법

'태토로 그릇 모양을 만든 다음에 표면에 문양을 음각하고, 음각한 부분에 자토나 백토를 메운다'

▲ 나전염주함 (나전칠기 기술)   ▲ 청동은입사정병 (은입사 기술)

chapter 조선 공예

조선의 공예 도구는 생활도구나 문방구 등 실용적인 성격을 가지고 발달

| 조선 초기 | 분청사기 유행 |

① 고려 원간섭기에 시작되어 조선 초기 유행

② 회색 태토 위에 백토를 바른 자기. 주로 긁어내어 무늬를 새김

③ 안정된 형태(고려청자와 차이)

④ 소박하고 천진스러운 무늬(물고기, 연꽃)

| 조선 중기 | 백자 유행 |

① 16세기부터 백자가 본격적으로 생산

② 순백의 고상함(사림의 성향 반영)

③ 사옹원 광주 분원, 이천, 여주 등이 유명

관련 임진왜란 때 끌려간 심당길·이삼평에 의해 일본 도자기 기술 발달 ⇨ 아리타 도자기

| 조선 후기 | 백자 발달 |

① 백자의 이용층이 민간으로 확대

② 보편화(달항아리)

③ 안료의 다양화

ㄱ청화 : 안료 회회청(코발트). 청색. 유행

ㄴ철화 : 안료 산화철. 다갈색

ㄷ진사 : 안료 산화구리. 붉은색

chapter **고대의 문학과 음악**

고구려	① 유리왕의 황조가 ② 을지문덕의 우중문시(영양왕) ③ 왕산악과 거문고(영양왕) : 진의 칠현금을 개량하여 거문고를 제작하고 100여 곡을 작곡
백제	정읍사
신라	① 백결의 방아타령 ② 향가 : ① 고대에 불린 우리 노래 ② 화랑과 승려가 주로 창작 ③ 서동요, 혜성가, 풍요 ④ 주로 향찰과 이두로 표기
가야	① 구지가 ② 가야금 : 가야왕인 가실왕이 가야금을 만들고 우륵에게 12곡을 만들게 함 ⇨ 우륵은 진흥왕에게 투항하여 충주 탄금대에서 활동
통일신라	① 향가 : 월명사의 도솔가와 제망매가, 찬기파랑가, 처용가 등 11수 ② 삼대목 : 진성여왕 때 위홍과 대구화상이 엮은 최초의 향가집(현존 X)
발해	① 정혜·정효공주 묘에 4·6변려체 ② 양태사의 '다듬이 소리', 왕효렴

참고
① 당악 : 당(중국)의 음악
② 아악 : 송의 대성악이 우리의 궁중 음악으로 발전
③ 속악(향악) : 중국 음악의 영향을 받아 형성된 우리의 음악

◼◼◻◻ 향가 : 향찰이나 이두로 표기된 고대의 우리 정형시가

삼국시대	삼국유사의 14수	서동요, 혜성가, 풍요
통일신라		원왕생가, 모죽지랑가, 헌화가, 원가, 도솔가, 제망매가 찬기파랑가, 안민가, 도천수관음가, 우적가, 처용가
고려	균여전의 11수	보현십원가 11수

chapter **고려의 문학과 음악**

한문학	① 고려 전기부터 당의 시와 송의 산문을 숭상(사장 중시) ② 고려 후기 이제현, 정몽주 등 유학자들을 중심으로 한시 꾸준히 발전
설화문학 (패관문학)	① 성향 : 자유로운 문체. 무신집권 이후 문신들의 현실도피적 경향 반영 ② 수이전 : 최초의 설화 문학. 박인량의 저서로 추정 ③ 고종 : 이인로의 파한집, 최자의 보한집, 이규보의 동국이상국집(동명왕편, 상정고금예문 기록), 이규보의 백운소설 ④ 공민왕 : 이제현의 역옹패설
가전체문학	① 사물을 의인화하여 풍자 ② 임춘 국순전(술)·공방전(돈), 이규보 국선생전(술), 이곡 죽부인전(대나무), 이첨 저생전(종이)
경기체가	① 신진사대부들이 향가의 형식을 계승하여 송의 문학에 영향을 받아 만든 새로운 시가 ② 한림별곡, 관동별곡, 죽계별곡
백성들의 음악	① 향가 : 균여의 보현십원가(향가 11수) ② 고려 속요(고려가요, 향악, 속악) : 대중가요. 자유분방. 청산별곡, 서경별곡, 가시리, 대동강, 동동, 쌍화점, 오산관 　　**참고** 한림별곡을 일부 학자들은 고려속요(향악)으로 구별하기도 함

	조선 전기	조선 후기
한문학	① 김종서의 시조(패기)와 길재의 시조(충절) ② 동문선 : 삼국 ~조선 초. 우리의 작품을 자주적으로 정리	윤선도의 오우가(인조) / 어부사시사(효종) : 유유자적한 삶 **비판적 한문학** ① 박지원의 양반전·허생전·호질(양반제도의 모순) ② 정약용의 애절양(군역의 폐단)
조선 후기 민중 문화	-	**서민 문화의 발달** : 서민의 사회적·경제적 지위 향상 ① 한글문학 : 광해군 때 허균의 홍길동전(최초의 한글소설) 　　　　　　　숙종 때 김만중의 구운몽, 사씨남정기 ② 사설시조 : 정형화 된 틀에서 벗어난 백성들의 자유로운 감성 표현 ③ 민요 : 민간에 유행. 아리랑 ④ 판소리 : 신재효(고종)의 판소리 여섯마당 　　　　　현재 춘향가, 심청가, 흥보가, 적벽가, 수궁가 다섯 마당 전함 ⑤ 탈춤과 산대놀이 : 고성 오광대, 봉산탈춤 ⑥ 위항문학 : 중인들의 문학. 시사를 조직 ⑦ 풍자시 : 김삿갓
설화 문학	김시습의 금오신화(최초의 한문 소설, 세조) 서거정의 필원잡기(성종) 성현의 용재총화(중종) 어숙권의 패관잡기(문벌·적서차별 비판)	유몽인의 어우야담(광해군) : 최초의 야담집 야담, 잡기류 유행
조선 전기 특수 장르	① 악장문학 : 종묘 제례 때 부르던 노래 가사. 용비어천가, 월인천강지곡 ② 가사문학 : 운문과 산문의 중간 형태. 다양한 향유 계층. 우리말 사용 　정철의 사미인곡, 속미인곡, 관동별곡 ③ 아악의 정리 : 세종 정간보, 성종 악학궤범 ④ 여류문학 : 황진이, 신사임당(이이), 허난설헌(허균)	-

PART 03
근현대사

2° korean history

■■□■ 개항기 국제 정세

독점 자본주의와 침략적 민족주의를 앞세운 제국주의 시대

러시아
① 청으로부터 연해주(1861) 획득
② 부동항 필요

조선
① 세도정치
② 임술농민봉기(1862)
③ 동학과 천주교의 확산
④ 이양선 출몰과 위기감 고조

청
① 세도정치기 - 아편전쟁(1842) 폐배 ⇨ 문호개방
② 세도정치기 - 양무운동(1861) : 온건한 중체서용(中體西用)
③ 4기 - 청일전쟁 패배 후 : 급진적 변법자강 운동(1898)
④ 4기 - 의화단 운동(1900)

일본
① 세도정치기 - 미에 의해 문호개방(1854)
② 흥선 - 메이지유신(1868) : 후쿠자와 유키치, 급진적 문명개화(文明開化)
③ 흥선 - 서계 사건(1868) ⇨ 정한론

흥 선 대 원 군

chapter **흥선대원군의 국내 개혁정치(1863~1873)**

세도가문
비변사
호조, 훈련도감

→ **왕권 강화**

① 세도정치 타파 : 비변사 혁파 ⇨ 의정부 + 삼군부(수군 강화)
② 인사 : 종친 중용, 능력에 따른 인재 등용
③ 사림 견제 : 서원 철폐(47개 제외), 만동묘 폐지
④ 법전 정비 : 대전회통 + 육전조례
⑤ 경복궁 중건 : 원납전, 당백전(인플레이션), 묘지림 훼손

▲ 당백전

세도정치　　　**흥선대원군 개혁**

삼정 문란

→ **삼정 개혁**

① 전정(토지세) : 양전사업(재정 확보), 토지 겸병 금지
② 군정(군포) : 호포제(동포제, 양반도 동일하게 군포 부담)
③ 환곡(춘대추납) : 상평창에서 환곡의 폐단 ⇨ 사창제(社倉制) 실시

▲ 흥선대원군

〔O X〕 호포제 실시로 양반관료와 노비도 군포를 부담하게 되었다. (O / X)

평가

① 의의 : 세도정치로 인한 폐단을 시정하고 왕권을 강화
② 한계 : 근대를 향한 개혁이 아닌 과거로의 회귀를 위한 개혁

관련 영국 암허스트 호 최초 통상 요구(순조, 황해도)

① 프와 교섭 실패
⇨ 최대의 천주교 박해
② 프 신부 순교(베르뇌)

① 원인 : 병인박해
② 프 로즈 제독 강화도 침략
③ 한성근(문수산성), 양헌수(정족산성) 활약
④ 외규장각 문화재 약탈
 : 최근 임대형식으로 조선왕조의궤 반환

① 미프의 지원 ⇨ 남연군묘 도굴 시도
② 충청도 덕산

**프랑스
병인박해**

**프랑스
병인양요(1866)**

**독 일
오페르트 도굴(1868)**

(1866)

(1866)

(1871)

(1866)

(1866)

(1868)

**미 국
제너럴셔먼호**

**미 국
신미양요(1871)**

① 미 상선의 약탈
② 평안도 대동강
③ 박규수를 중심으로 평양 군민이 격퇴

① 원인 : 제너럴셔먼호 사건
② 로저스 제독의 미해군이 강화도 침략
③ 초지진, 덕진진, 어재연 광성보에서 분전
④ 미 퇴각
⑤ 전국에 척화비 건립, 포량미 징수(국방강화)

■■□ 척화비 비문

洋夷侵犯(양이침범)	서양 오랑캐가 침입하는데
非戰則和(비전즉화)	싸우지 않으면 화친하자는 것이니
主和賣國(주화매국)	화친을 주장함은 나라를 파는 것이다
戒我萬年子孫(계아만년자손)	우리들의 만대자손에게 경계하노라.
丙寅作 辛未立(병인작 신미립)	병인년에 짓고 신미년에 세우다

▼ 척화비

▼ 어재연 장군기(수자기)

정리 척화비 제작은 병인양요 후, 전국에 건립은 신미양요 후, 철거는 임오군란으로 흥선대원군 납치 후

관련 어재연 장군의 수(帥)자 깃발 반환

■■□ 최익현

① 흥선대원군의 서원·만동묘 철폐와 경복궁 중건 등을 비판하여, 흥선대원군의 하야를 촉구(1873)
② 일과의 조일수호조규 체결에 반대하는 5불가소(지부복궐상소) (1876)
③ 을사조약에 저항하여 전북 태인에서 의병을 일으켰으나, 왕의 군대와 싸울 수 없다하여 투항(1905)
④ 쓰시마에서 단식으로 저항 중 사망(1906)

▲ 쓰시마 섬 최익현 순국비

chapter **개항기 주요 국내 세력**

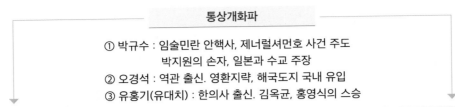

호락논쟁의 낙론 ⇨ 실학의 북학파 ⇨ 이규경, 최한기

통상개화파

① 박규수 : 임술민란 안핵사, 제너럴셔먼호 사건 주도
　　　　　박지원의 손자, 일본과 수교 주장
② 오경석 : 역관 출신. 영환지략, 해국도지 국내 유입
③ 유홍기(유대치) : 한의사 출신. 김옥균, 홍영식의 스승

온건개화파(사대당)

① 청의 양무운동(중체서용) ⇨ 동도서기
② 김홍집, 김윤식, 어윤중 등
③ 민씨 정권과 결합

급진개화파(개화당)

① 일의 메이지유신 ⇨ 문명개화론
② 김옥균, 홍영식, 박영효, 서재필, 서광범
③ 갑신정변 주도

⇨ 1890년대 이후 독립협회, 애국계몽운동으로 계승

호락논쟁의 호론 계승

위정척사파

척화주전론(통상수교 반대)

1860년대
① 이항로 : 화서아언
② 기정진 : 외양내수 (外攘內修)

개항 반대(강화도조약 반대)

1870년대
① 유인석
② 최익현 : 5불가소(지부복궐상소, 왜양일체)

개화 반대(조선책략 반대)

1880년대
① 이만손 : 영남만인소, 이황의 후손
② 홍재학 : 만언척사소

⇨ 1890년대 이후 의병활동을 계승

chapter **개항기 마디 · 마디**

1기 일 주도기	2기 청 주도기	3기 일 주도기	4기 러 주도기	5기 일 독주기
① 강화도조약(1876)	③ 임오군란(1882)	⑤ 동학농민운동(1894)	⑦ 독립협회(1896)	⑨ 한일의협약
② 2차 수신사(1880)	④ 갑신정변(1884)	⑥ 갑오을미개혁(1894)	⑧ 광무개혁(1899)	⑩ 의병활동·애국계몽

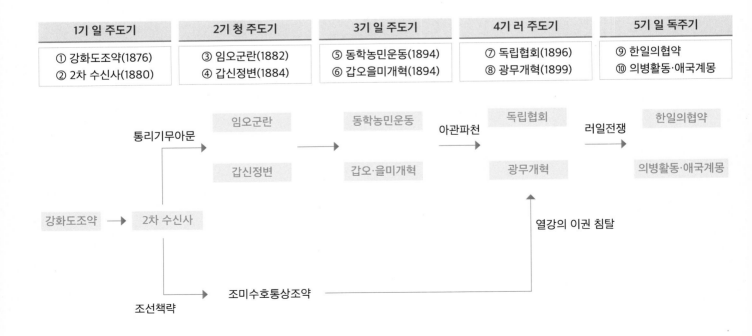

chapter 강화도 조약(조일수호조규)

배경
① 국내 : 흥선대원군 하야와 민비의 집권, 통상개화파의 개화론
② 국외 : 운요호 사건(일군함 운요호가 초지진과 영종도에서 무력 시위)

최초 근대 조약
조일수호조규
1876

① 최초의 근대적 조약. 강화도 연무당에서 구로다-신헌
② 조선은 자주국으로 일본과 동등한 권리 : 청 견제
③ 부산(경제)외 2개 항 개항 ⇨ 원산(1880, 군사) 인천 제물포(1883, 정치)
④ 불평등 조약 : 해안측량권, 영사재판권(치외법권)
⑤ 개항장에서 일 상인의 자유로운 활동 보장
⑥ 개정 불가

부록(1876)
① 개항장에서 일본화폐 사용 가능
② 거류지 무역 : 간행이정 10리, 조계지 설정(단, 외교관은 여행 가능)

→ **속약(1882)**
간행이정 50~100리(내지무역)
관련 청의 조청상민수륙무역장정(1882)

무역규칙(1876)
① 무관세
② 무제한 곡물 유출
③ 무항세

조미수호통상조약(1882) →

통상장정(1883)
관세부과, 방곡령(사전통보) ⇄ 최혜국 대우

심화 무역규칙을 '조일통상장정', 조일통상장정을 '개정 조일통상장정'으로 칭하기도 함(연도를 보고 구별)

chapter 2차 수신사와 초기 개화

통리기무아문과 12사(1880)

① 5군영 ⇨ 2영으로 축소 + 신식군대 별기군 설치(일본 교관)
② 조사시찰단(일 1881) : 비공식 사절단. 승려 이동인 주도. 박정양, 어윤중, 홍영식, 김옥균, 유길준, 윤치호
③ 영선사(청 1881) : 김윤식, 텐진의 무기공장, 지식·예산 부족으로 1년 만에 귀국
⇨ 최초 근대적 무기공장 기기창(1883)
참고 12사 : 사대사, 교린사 등

▲ 별기군

일본
김홍집의 2차 수신사
1880

정리 수신사 정리
① 김기수의 1차 수신사(1876) : 강화도 조약 직후. 일동기유
② 박영효의 3차 수신사(1882) : 임오군란 직후, 최초 태극기 사용(공식)

▲ 보빙사 일행

조선책략
① 일 주제 청 외교관 황쭌셴
② 러를 견제하기 위해 친청 결일 연미

→ **조미수호통상조약(1882)**
① 청의 알선으로 서구 열강과 최초의 수교
② 신헌 - 슈펠트
관세조항 ——— 최혜국대우
거중조정 ◄—— 치외법권, 조차지
참고 역관 이응준이 태극기 최초 사용(비공식)

정리 조미수호통상조약의 영향
① 보빙사(1883) : 민영익, 홍영식, 유길준 등
② 조일통상장정(1883)
③ 영-독-신-이-러-프

chapter **임오군란**

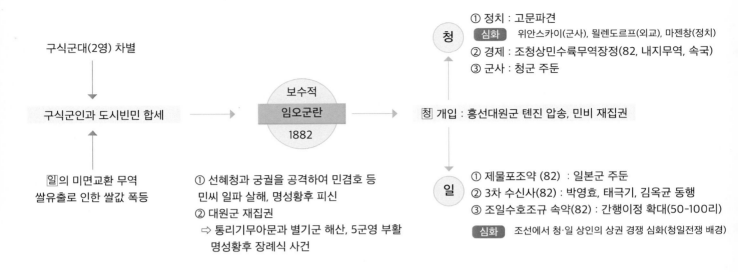

구식군대(2영) 차별

↓

구식군인과 도시빈민 합세 → 보수적 **임오군란** 1882 → 청 개입 : 흥선대원군 텐진 압송, 민비 재집권

↑

일의 미면교환 무역
쌀유출로 인한 쌀값 폭등

① 선혜청과 궁궐을 공격하여 민겸호 등
   민씨 일파 살해, 명성황후 피신
② 대원군 재집권
   ⇨ 통리기무아문과 별기군 해산, 5군영 부활
   명성황후 장례식 사건

청
① 정치 : 고문파견
   심화 위안스카이(군사), 묄렌도르프(외교), 마젠창(정치)
② 경제 : 조청상민수륙무역장정(82, 내지무역, 속국)
③ 군사 : 청군 주둔

일
① 제물포조약 (82) : 일본군 주둔
② 3차 수신사(82) : 박영효, 태극기, 김옥균 동행
③ 조일수호조규 속약(82) : 간행이정 확대(50-100리)
   심화 조선에서 청·일 상인의 상권 경쟁 심화(청일전쟁 배경)

■■□ **조청상민수륙무역장정**

제1조 청의 상무위원을 서울에 파견하고 조선대관을 텐진에 파견한다. 청의 북양대신 이홍장과 조선 국왕은 대등한 지위를 가진다.
제2조 조선에서 청의 상무위원의 영사재판권을 인정한다.
제4조 북경과 한성의 양화진에서의 객잔무역을 허락하되 양국 상민의 내지 판매를 금하고, 다만 필요한 경우 지방관의 허가서를 받아야 한다.

심화 임오군란 후속 조약 순서 잡기

임오군란(82) ⇨ [조독] ⇨ 조일수호조규 속약(82) = 제물포조약(82) ⇨ 조청상민수륙무역장정(82) ⇨ 조일 통상장정(83)

↓

정리 열강과 조약 순서 잡기 조미(82) ⇨ 조영(82) ⇨ 조독(82) ⇨ 신조영=신조독(83) ⇨ 조이(84) ⇨ 조러(84) ⇨ 조불(86)
(단, 조독은 임오군란과 조일수호조규속약 사이에 맺어짐)

chapter **갑신정변**

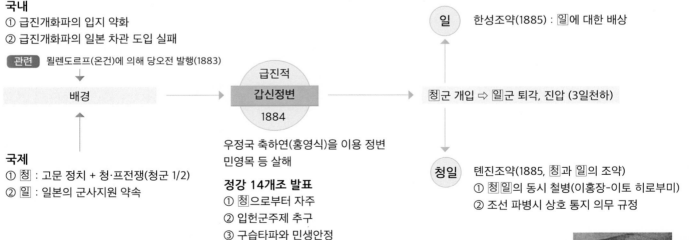

국내
① 급진개화파의 입지 약화
② 급진개화파의 일본 차관 도입 실패

관련 묄렌도르프(온건)에 의해 당오전 발행(1883)

↓

배경 → 급진적 **갑신정변** 1884 → 청군 개입 ⇨ 일군 퇴각, 진압 (3일천하)

↑

국제
① 청 : 고문 정치 + 청·프전쟁(청군 1/2)
② 일 : 일본의 군사지원 약속

우정국 축하연(홍영식)을 이용 정변
민영목 등 살해

정강 14개조 발표
① 청으로부터 자주
② 입헌군주제 추구
③ 구습타파와 민생안정

일 한성조약(1885) : 일에 대한 배상

청일 텐진조약(1885, 청과 일의 조약)
① 청·일의 동시 철병(이홍장-이토 히로부미)
② 조선 파병시 상호 통지 의무 규정

평 가

① 의의 : 최초의 근대화 운동(입헌군주제 지향)
② 한계 : 민심 획득 실패(위로부터의 개혁)
         외세 의존(일에 의존)

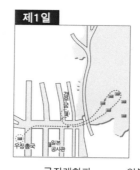 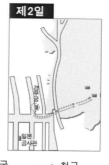 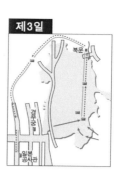

┈┈┈▶ 급진개화파　━━▶ 일본군　━━▶ 청군

개혁 정강 14개조

청으로부터 자주		흥선대원군을 귀국시키며, 淸에 대한 조공을 폐지한다.
입헌군주제	왕권 견제	내시부를 폐지한다. 혜상공국을 혁파한다.
	내각중심정치	대신과 참찬은 매일 의정부에 모여 정령을 의결하고 반포한다. 의정부 6조 외에 불필요한 관청을 폐지한다. 모든 재정은 호조에서 관리한다. 1영으로 하며 근위대를 설치한다. 유배, 금고형에 처해진 관리를 선별해서 석방한다.
민생안정		지조법 개혁(토지제도개혁X) 환상미를 영원히 받지 않는다. 탐관오리 처벌 순사를 두어 도둑을 방지한다.
구습타파		문벌을 폐지하고 인민 평등의 권리를 세워 능력에 따라 관리 등용한다. 규장각을 폐지한다.

정리 동학농민운동의 폐정개혁안
① 토지 평균 분작
② 무명잡세 모두 폐지
③ 공사채 모두 무효

---

chapter **갑신정변 이후 10년(2기 후반부)**

淸의 내정간섭이 심화되는 상황에서 묄렌도르프의 건의로 러와 관계 강화

조러수호통상조약(1884) ──러와 비밀협약 추진──▶ 거문도 사건(1885-87) ──▶ **중립론**
1885

거문도 사건(1885-87)
① 英의 거문도 점령(해밀턴항)
② 러 남하 견제
③ 淸의 이홍장의 중재로 철수

중립론 1885
① 獨 부들러의 중립론
② 유길준의 중립론
관련 고종의 중립선언(1904)

참고 조러육로통상장전(1888)

정리 방곡령
① 조일통상장정(1883)으로 방곡령 획득
② 1889년 함경도 방곡령을 시작으로
　1894년까지 함경도(조병식)·황해도(조병철)에서 발령
③ '1개월 전 사전 통보' 조건 이유로 日에 배상. 실효 X
④ 갑오1차 때 폐지

■□□ 유길준
① 급진개화파의 계열
② 조사시찰단(1881)에 참여
③ 보빙사(1883)로 미국을 방문하여 최초로 美으로 국비 유학
④ 유럽의 여러 나라를 거쳐 귀국
⑤ 귀국 직후 구금 ⇨ 유럽 견문기인 '서유견문'과 거문도 사건을 계기로 '중립화론' 제시
⑥ 갑오개혁 참여, 을미개혁 주도
⑦ 아관파천으로 정치적 위기에 직면하자 일본으로 망명
⑧ 조선문전, 대한문전 등 국어 문법서 제작
⑨ 한일 합방 이후 일본의 남작 작위 거절

chapter 배경

① 청의 내정간섭
② 일과 미면교환 ⇨ 곡물가격폭등, 수공업몰락
③ 수탈 강화(신문물 도입, 배상금 지급에 필요한 자금)

관련 함경·황해도에 방곡령 반포(1889)

농민층의 불만 →

동학의 성장과 변화

① 최제우 참형(1864) ⇨ 2대 교주 최시형의 교단 정비
  ㉠ 동경대전과 용담유사 편찬 사업
  ㉡ 포접제 조직 정비

② 동학의 성격 변화
  ㉠ 삼례집회(1892, 전북) : 종교적 성격, 동학의 합법화 주장
  ㉡ 교조신원복합상소(1893, 서울) : 왕에게 직접 상소 ⇨ 실패
  ㉢ 보은집회와 금구집회(1893) : 정치적 성격으로 변화
                보국안민·척왜양창의 주장

chapter 서막 : 고부 봉기

PART 03

▼ 사발통문
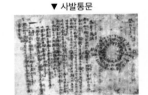

고부군수 조병갑이 만석보, 공덕비
등을 축조하며 백성들을 수탈

고부 봉기

① 전봉준이 사발통문을 돌려 1,000여 명의 농민들을 규합하여 봉기
② 박원명을 새로이 고부군수로 임명하여 일시적 진정

chapter 1차 봉기 : 백산 봉기

안핵사 이용태의 일방적 농민 탄압 ──────→

백산 봉기

① 전봉준, 손화중, 김개남 중심
② 호남창의문, 4대 강령을 내걸고 농민들의 규합
③ 황토현 승리(전라 감영군 격퇴)
④ 황룡촌 승리(홍계훈의 경군 격퇴)
⑤ 전주성 점령

■□□ 동학농민군 4대 강령

1. 사람을 죽이지 말고 가축을 잡아먹지 말라.
2. 충효를 다하여 세상을 구하고 백성을 편안하게 하라.
3. 일본 오랑캐를 몰아내고 나라의 정치를 깨끗이 하라.
4. 군대를 몰고 서울로 들어가 권세가와 귀족을 모두 없애라.

O X 동학농민운동은 동학교도만 참여하였다. (O / X)

청일양군의 국내 진주
↓

전주화약

① 지방 : 전라도(나주 제외)에 집강소 설치 ⇨ 폐정개혁안
② 중앙 : 교정청 설치

폐정개혁안 12개조

반봉건	지배층 개혁	탐관오리를 엄징 횡포한 부호 엄징 불량한 양반 유림 엄징
	문벌과 신분제 타파	관리채용에 지벌 타파 노비문서 소각 천인 대우 개선(백정 패랭이를 없앨것) 청상과부의 개가 허용
	경제적 개혁	토지 평균 분작 무명잡세 모두 폐지 공사채 모두 무효
반외세	왜와 내통하는 자는 엄징할 것	

chapter **2차 봉기**

① 철수를 거부하던 일군이 경복궁을 무단 점령
② 흥선대원군을 앞세워 친일적 정권을 수립
③ 풍도 앞바다의 청군을 공격하여 청일전쟁 시작

전국적 봉기

① 전국적 봉기 : 남접과 북접의 연합(1차 봉기는 남접 중심). 논산 집결
② 서울진공을 위해 북상하였으나 일본군과 관군, 민보군 연합세력에 의해 좌절
③ 공주 우금치 전투와 보은 전투에서 패배

참고 민보군 : 동학농민운동을 진압하기 위해 양반 유생들이 조직한 자위 조직

chapter **동학농민운동에 대한 평가**

의의

① 반봉건·반외세의 농민운동
② 일부 개혁안이 갑오개혁에 반영
③ 영학당, 남학당, 활빈당, 의병활동으로 계승

심화 영학당

① 동학 잔여 세력 ⇨ 반봉건, 반외세의 성격 계승
② 독립협회 해산 이후 활동(1898~1899)
③ 전라도 지역에서 두 차례 봉기
④ 영국의 종교인 것처럼 위장(영학)하여 정부의 탄압을 피함

심화 활빈당

① 동학 잔여 세력 ⇨ 반봉건, 반외세의 성격 계승
② 독립협회 해산 이후(1900~1904)
③ 충남지역을 중심으로 삼남지방과 경기도, 강원도에서 활동
④ 사민논설 13조목 : 토지균분, 방곡령 실시, 이권 수호 등 요구
⑤ 을사조약 이후 의병에 흡수
⑥ 한계 : 유교적 왕도 사상에서 벗어나지 못함

■□□ **대한사민논설13조목**

1. 요순 공맹의 효제안민(孝悌安民)의 대법을 행할 것을 간언할 것
2. 어지럽지도 사치하지도 않은 선왕의 의제(衣制)를 사용할 것
3. 정법(正法) 시행을 간언할 것
4. 백성이 바라는 문권(文卷)을 폐하께 받들어 올려 일국의 흥인(興仁)을 꾀할 것
5. 시급히 방곡령을 실시하고 구민법을 채용할 것
6. 시장에 외국 상인의 출입을 엄금할 것
7. 행상인에게는 징세하는 폐단을 금할 것
8. 금광의 채굴을 금지하고 인민의 방책을 꾀할 것
9. 사전을 혁파하고 균전으로 하는 구민법을 채택할 것
10. 곡가의 앙등을 막기 위해 곡가를 저렴하게 안정시킬 법을 세울 것
11. 만민의 바람을 받아들여 악형의 여러 법을 혁파할 것
12. 도우(屠牛)를 엄금하여 농사를 못 짓게 하는 폐해를 제거할 것
13. 다른 나라에 철도 부설권을 허용하지 말 것

한계

① 근대로의 길을 제시 못함(아래로부터의 개혁)
② 분열 : 개화파와 양반(민보군)을 적대

동학농민운동과 갑오개혁 순서잡기

고부봉기 (1894.1) / 1차 봉기 : 백산봉기 / 전주성 점령 / 청과 일본군의 진주

갑오1차 개혁 / 청일전쟁 / 일본의 경복궁 점령 / 전주화약

2차 봉기 / 우금치 전투 / 갑오2차 개혁 / 보은 전투(1894.12)

chapter 갑오 1차 개혁(1894)

경복궁을 점령한 일이 조선의 개혁을 강요하면서 갑오개혁이 시작된다.

흥선대원군 김홍집 내각 박정양, 김윤식	개혁 기구	군국기무처 설치(총재 김홍집, 부총재 박정양)
	청의 종주권 부정	개국기년 사용
	정치적 근대화	① 입헌군주제 지향 : 왕권 약화, 내각권한 강화 ② 왕실사무와 정무를 분리 : 의정부와 (일본식)궁내부 분리 ③ 6조 ⇨ 8아문으로 개편하고 의정부와 8아문의 권한 강화
	경제적 근대화	① 탁지아문(재정일원화) ② 조세금납화(조세를 화폐로 납부) ③ 은본위제(신식화폐발행장정) ④ 도량형통일
	사회적 근대화	① 신분제 폐지(문벌과 계급 타파, 노비제 폐지, 인신매매 금지) ② 과거제 폐지 ③ 과부 재가, 조혼 금지 ④ 연좌제 금지, 고문 금지, 경무청 설치

■■□ 3대 개혁의 신분제 관련 규정 비교 정리

① 갑신정변 : 문벌을 폐지하고 인민 평등의 권리를 세워 능력에 따라 관리 등용한다.
② 동학농민운동 : 관리채용에 지벌 타파, 노비문서 소각, 천인 대우 개선(백정 패랭이를 없앨것), 청상과부의 개가 허용
③ 갑오1차 : 신분제 폐지(문벌과 계급 타파, 노비제 폐지, 인신매매 금지), 과거제 폐지

chapter 갑오 2차 개혁(1894)

일은 청일전쟁에서 승기를 잡고 2차 봉기를 진압(우금치 전투)
일이 주도(이노우에)하여 친일내각 재편 : 군국기무처 폐지, 흥선대원군 축출 ⇨ 고종을 앞세우고 박영효가 갑오2차 개혁 주도

친일내각 형성 김홍집·박영효 서광범	친일내각 형성	고종이 칙령을 발표하여 박영효(내무대신) 중심의 친일내각 구성
	홍범14조 반포	① 독립서고문 반포 ② 홍범14조 반포(최초의 근대적 헌법)
	조직개편	① 중앙 : 의정부 ⇨ 내각, 8아문 ⇨ 7부 ② 지방 : 8도 ⇨ 23부, 지방에 근대적 재판소 설치(지방관 권한 약화)
	군제개편	① 훈련대(친일적)와 시위대 설치 ② 군사제도 개혁에 소극적
	교육개편	① 교육입국조서 반포(1895) ② 사범학교 설립, 외국어학교 설립, 소학교령 반포

	8아문 (갑오1차)	7부 (갑오2차)
내무	내무아문	내부
외무	외무아문	외부
재정	탁지아문	탁지부
군사	군무아문	군부
법률	법무아문	법부
교육	학무아문	학부
공업	공무아문	농공상부
농업	농상아문	

▲ 중앙 관제 변화

■■□ 홍범 14조

1. 청에 의존하는 생각을 끊고 자주독립의 기초를 세운다.
2. 왕위 계승의 법칙과 종친과 외척의 구별을 명확히 한다.
3. 임금은 대신과 정사를 행하고, 종실·외척의 간섭을 금한다.
4. 왕실사무와 국정사무를 나누어 서로 혼동하지 않는다.
5. 의정부와 각 아문(衙門)의 직무·권한을 명백히 규정한다.
6. 납세는 모두 법으로 정하고 함부로 세금을 거두지 못한다.
7. 조세의 징수와 경비지출은 모두 탁지아문에서 관장한다

8. 왕실은 솔선하여 절약하여 각 아문과 지방관의 모범이 되게 한다.
9. 왕실과 관부는 1년 회계를 예정하여 재정의 기초를 확립한다.
10. 지방관제를 개정하여 지방관리의 직권을 제한한다.
11. 우수한 젊은이를 외국에 보내 학술·기예를 익히도록 한다.
12. 장교를 교육하고 징병제를 실시하여 군제를 확립한다.
13. 민법·형법을 제정하여 인민의 생명과 재산을 보호한다.
14. 문벌을 가리지 않고 널리 인재를 뽑아 쓴다.

갑오 2차 개혁(1894)

시모노세키 조약(1895)   청일전쟁을 종결 짓는 조약 ⇨ 러프독 삼국간섭(1895) ⇨ 일은 청에 요동반도 반환

친러내각 성립과 을미사변   친러내각 : 김홍집과 친미계인 민영환, 친러계의 이범진, 이완용의 연립 내각
⇨ 을미사변 : 명성왕후 시해(미우라, 일본 낭인, 여우사냥, 경복궁)

을미개혁(1895)

아관파천(1896)으로 중단

친일내각 형성 **김홍집, 유길준 박정양, 김윤식**	근대화	단발령, 태양력(연호 건양 사용), 종두법, 우편업무재개(우체사), 소학교
	군제 개편	친위대(중앙)와 진위대(지방)

`관련` 을미사변 + 을미개혁의 단발령 ⇨ 을미의병 : 유인석 등 유생 주도

평가

의의 : 갑신정변과 동학농민운동의 요구가 일부 반영된 근대적 개혁 실현
한계 : ① 일 주도의 개혁으로 민중의 지지 얻지 못함
② 근본적 개혁(토지, 국방)이 이루어지지 못함

chapter 아관파천(1896)

경복궁 침입과 을미사변, 단발령 시행으로 반일 감정이 고조되는 가운데 러는 조선에서의 자신들의 입지를 강화시킬 기회를 모색

심화 춘생문 사건(1895)

을미사변 직후 이범진 등 정동구락부로 불리는 친러·친미파가 주도하여 고종을 미국공사관으로 피신시키려한 시도

러 · 일 세력 균형

① 베베르·고무라 각서(1896) : 상호 이익을 보장받고자 맺은 협약
② 로바노프-야마가타 협정(1896)
③ 로젠-니시 협정(1898)

아관파천(1896)

① 춘생문 사건 이후 이범진이 러시아 공사 베베르와 공모하여 고종을 러 공사관으로 파천시킨 사건
② 을미개혁의 무효화 : ㉠단발령 철회
　　　　　　　　　　　　㉡재정일원화 철회
　　　　　　　　　　　　㉢의정부와 13도 복귀
③ 러시아에 이권 보장 ⇨ 최혜국 대우 발동 ⇨ 열강의 이권 침탈 본격화
④ 1년 후 환궁하여 대한제국 선포(1897)

chapter 독립협회(1896~1898)

아관파천 이후 독립국으로 위신이 추락하고, 열강들의 이권침탈이 심화

독립협회 설립(1896)

① 미으로 망명해 있던 서재필이 중추원 고문으로 귀국하여 독립신문을 창간(1896)
② 서재필, 윤치호, 이상재, 남궁억 등 개화 지식인이 중심이 되어 독립협회를 설립(1896)
③ 학생, 노동자, 부녀자, 천민 등 광범위한 사회계층이 동참
④ 자유민권, 자강개혁, 자주국권 추구

▲ 독립문

주요 활동

초기 활동

① 독립문(1897, 영은문 자리)
② 독립관(1897, 모화관을 개수)을 건립
③ 강연회·토론회를 통해서 민중 계몽

만민공동회(1898)

① 이권수호운동 : 황국중앙총상회(시전상인)와
　　　　　　　　　연대하여 러·프·독을 견제
㉠러시아의 절영도 조차 요구 반대, 한러은행 폐쇄
㉡러시아 군사·재정고문단 철수
㉢프랑스·독일 광산 반대
② 자유민권 : ㉠신체의 자유와 재산권 보호
　　　　　　　㉡언론·출판 등의 자유
　　　　　　　㉢노륙법·연좌제 부활 반대 운동
③ 전국적으로 지회 설치. 서울과 평양에서 개최

관민공동회(1898)

① 서재필이 추방되고 온건파인 윤치호가 주도
　박정양 내각과 함께 관민공동회 개최
② 헌의6조 결의
③ 고종 승락 ⇨ 중추원 관제 반포

정리 중추원 개편(입헌군주제)
① 기존의 자문기구였던 중추원을 의회로 개편
② 관선(25, 정부)+민선(25, 독립협회)

④ 백정 박성춘의 연설

공화제 음모론
(익명서 사건)

해산

황국협회와 군대로 강제해산(1898)

헌의6조
1. 외국인에게 의지하지 말고 관민이 한마음으로 힘을 합하여 전제 황권을 견고하게 할 것
2. 외국과의 이권에 관한 조약은 각 대신과 중추원 의장이 합동 날인하여 시행할 것
3. 국가 재정을 탁지부에서 전관하고 예산과 결산을 국민에게 공포할 것
4. 중대 범죄를 공판하되 피고의 인권을 존중할 것
5. 칙임관을 임명할 때는 정부의 자문을 받아 다수의 의견에 따를 것

평가

의의 : ①민중에 기반을 둔 개혁운동(전국적 지회) ②러프독의 이권침탈 견제
한계 : 미영일에 대한 견제 미흡

4기 러 주도기 순서 잡기

아관파천(1896) ── 독립협회(1896) ── 대한제국 (1897) ── 독립협회 해산(1898) ── 본격적 광무개혁(1899) ── 러일전쟁(1904)

chapter **대한제국과 광무개혁**

대한제국의 성립

① 독립협회 등의 요구로 경운궁(덕수궁) 환궁(1897)
② 대한제국(1897) 선포
 ㉠고종 황제 즉위
 ㉡원구단(환구단 1897~1913)과 황궁우(제사 준비) 설치
 ㉢교전소와 사례소 설치

▲ 원구단과 황궁우

본격적 광무개혁(1899~1904)

구본신참(舊本新參) ≒ 동도서기(東道西器)

구본	정치	①연호 : 광무(1897년부터 사용) ②교정소(← 교전소), 대한국국제(황제 중심) ③민영환, 이용익 등 보수내각이 주도
	군사	①원수부 설치 ②시위대(재설치), 친위대, 진위대 강화 ③무관학교 설립 : 지청천, 이동휘, 김좌진 등
	외교	①간도 · 독도 관리 ②한청통상조약(1899) : 청과 대등한 관계 ③연해주에 해삼위 통상 사무관 파견

■□□ **대한국국제**

1. 대한국은 세계만국이 공인한 자주독립 제국이다.
2. 대한국의 정치는 만세불변의 전제정치이다.
3. 대한국 황제는 무한한 군권을 누린다.
9. 대한국 황제는 … 조약을 체결한다.

신참	양전사업	①양지아문 : 토지 측량 ②지계아문 : 지계·관계 발급 ③근대적 토지 문서인 지계가 일부 발급
	경제	①전환국 관할 : 탁지부 ⇨ 궁내부 내장원 ②식산흥업 : 양잠·금융 등 육성 ③금본위제 시도 ④평식원(도량형 관리) ⑤상무사(보부상) 설치 ⑥목포(1897), 군산(1899) 추가 개항
	사회·문화	①전화, 전차, 경인선 ②파리 만국박람회 참여
	교육	중학교, 실업학교, 기술학교

▲ 최초의 근대적 토지 문서 '지계'

심화 4기 근대적 은행의 등장

① 조선은행(1896)
② 한성은행(1897)
③ 대한은행(1898)
④ 대한천일은행(1899)

정리 보부상 단체

① 임방 : 전근대 조선의 보부상 길드
② 보부청(66) : 고종 때 보부상단
③ 혜상공국(83) : 갑신정변에서 혁파
④ 상리국(85)
⑤ 황국협회(98) : 독립협회 해산과 관련
⑥ 상무사(99) : 광무개혁 때 재설치

평가

① 의의 : 열강의 세력균형을 이용한 자주적·근대적 개혁
② 한계 : 황제 중심의 개혁(복고주의, 민중의 지지 얻지 못함)
 미완의 개혁(러일전쟁으로 중단)

정리 개항기 일본의 청 견제

① 강화도 조약 : '조선국은 자주의 나라이며, 일본과는 평등한 권리를 갖는다.'
② 갑신정변 : '흥선대원군을 귀국시키며, 청에 대한 조공의 허례를 폐지한다.'
③ 갑오 1차 개혁 : '개국기년을 사용한다.'
④ 홍범14조 : '청에 의존하는 생각을 끊고 자주독립의 기초를 세운다.'

chapter **국권 피탈 과정**

러일전쟁(1904)

① 1차 영일동맹(1902)
② 러시아 용암포 강제 점령(1903)
③ 고종의 중립 선언(1904)
④ 일의 뤼순항 공격으로 러일전쟁 발발(1904)

한일의정서(1904.2)

① 러일전쟁 수행 위한 군사용지 사용
② 시정개선에 대한 충고
③ 조약 체결시 일본의 동의(상호 승인) 필요

관련 대한시설강령(1904)
: 러일전쟁 중 일본의 이권 확보

1차 한일협약 (1904)

러일전쟁에서 승기를 잡은 일이 고문을 두어 내정 간섭
① 고문정치 : 스티븐스(외교), 메가타(재정)
② 외교는 일본 정부와 미리 협의

관련 메가타의 화폐 개혁(1905)

일본의 한국에 대한 독점권 공인

① 가쓰라·태프트 밀약(1905) : 미의 필리핀 인정
② 제2차 영일동맹(1905) : 영의 인도 지배 인정
③ 포츠머스 조약(1905) : 러가 일본의 한국 독점 인정

2차 한일협약 (을사5조약, 1905)

① 통감정치 : 한국의 외교권을 통감이 담당
　　　　　　초대 통감 이토 히로부미
② 외교권 박탈 ⇨ 보호국화

을사조약에 대한 저항

① 대한매일신보에 을사조약의 무효를 폭로
② 헐버트 미국 파견(1905)
③ 만국평화회의에 헤이그특사(이준, 이위종, 이상설) 파견(1907)
④ 고종 강제 퇴위(1907) ⇨ 순종 즉위(융희)

관련 ① 고종 : 경운궁 ⇨ 덕수궁으로 개칭
② 순종 : 창덕궁

한일신협약 (정미7조약, 1907)

① 차관정치(내정장악)
② 군대 해산(황실 시위 제외) ⇨ 정미의병

■■□ **정미7조약**

제1조 한국 정부는 시정개선에 관하여 통감의 지도를 받을 것
제2조 한국 정부는 법령 제정 및 중요한 행정상의 처분은 미리 통감의 승인을 거칠 것
제4조 한국 고등 관리의 임면은 통감의 동의로써 이를 행할 것
제5조 한국 정부는 통감이 추천하는 일본인을 한국 관리에 임명할 것

심화 정미7조약 이후 5대 악법

① 보안법(1907)
② 신문지법(1907) ⇨ 신문지법 개정(1908)
③ 사립학교령(1908)
④ 학회령(1908)
⑤ 출판법(1909)

기유각서 (1909)	사법권 박탈, 감옥 사무 장악
경찰권 박탈 (1910)	남한대토벌 작전(1909) 이후 경찰권 박탈
경술국치 (1910)	1910.8.29 통감 데라우치와 이완용이 주도 한일병합조약을 체결(창덕궁 대조전)

chapter 의병항쟁과 의혈투쟁

	을미의병(1895)	을사의병(1905)	정미의병(1907)	호남의병
배경	① 을미사변 ② 을미개혁의 단발령	① 을사조약	① 고종 강제 퇴위 ② 군대 해산 ⇨ 의병전쟁화	
주도	유생 의병장 농민군도 일부 참여	유생 의병장 평민 의병장 등장(신돌석)	다양한 계층의 의병장 : 이동휘, 신돌석, 홍범도	
활동	① 유인석(충주성) ② 기우만(전라도 장성) ③ 이소응(춘천) ④ 허위(경상도 선산)	① 민종식(홍주성 점령) ② 최익현과 임병찬(전북 태인) ③ 신돌석(경상도, 강원도) ④ 전술 변화 : 유격전 양상	① 13도창의군 편성 : 이인영, 허위 등 양주 집결 ② 국제법상 교전단체 주장 ③ 서울진공작전 : 서울 근교	13도창의군 해산 이후 호남에서 소규모 유격전
한계	아관파천 후 고종 해산 권고 ⇨ 자진 해산	유생들의 보수성 : 최익현 항복	유생들의 보수성 : 작전 당일 이인영 불참 평민 의병장과의 갈등	① 일제의 남한대토벌(1909) ② 간도·연해주 이동 : 독립운동기지 건설 국내진공 작전
의혈 투쟁		① 민영환 · 조병세 자결(1905) ② 오적암살단(1906) : 나철, 오기호	시위대 박승환 자결(1907) ⇨ 시위대·진위대 봉기	① 장인환, 전명운 : 스티븐스 암살(1908) ② 안중근 : 이등박문 저격(1909) ③ 이재명 : 이완용 암살 시도(1909) ④ 매천 황현 · 이범진 자결(1910)

○ 의병항쟁 ⇨ 일제강점기 항일무장투쟁으로 계승
○ 의혈투쟁 ⇨ 일제강점기 의열단과 한인애국단으로 계승

chapter 애국계몽운동

교육, 식산흥업, 언론 등 실력의 양성을 통해 국권을 회복 시도

	보안회(1904)	헌정연구회(1905)	대한자강회(1906)	신민회(1907)
특징		입헌군주제	입헌군주제	① 공화정 ◉ 신정신 ⇨ 신단체 ⇨ 신국가(공화정) ② 비밀결사
활동	① 송수만, 심상진 등 ② 일제 황무지 개간 요구 ③ 농광회사와 연대 반대 성공 ④ 관료, 지도층이 주도	① 이준, 윤효정 등 ② 을사조약 반대 ③ 일진회 규탄	① 윤치호, 장지연, 윤효정 등 ② 전국 지회, 월보 간행 ③ 일진회 비판 ④ 국채보상운동 지원(1907) **심화** 대한협회(1907) ① 대한자강회 계승 ② 교육보급, 산업개발, 민권신장 ③ 친일 단체화(장지연)	① 안창호, 이승훈, 이동휘, 이동녕 신채호, 박은식, 양기탁 등 ② 서북지역 기독교 계열이 중심 ③ 교육 : 오산(이승훈), 평양 대성(안창호) 청년학우회(안창호) ④ 식산 : 평양 자기회사 ⑤ 문화 : 태극서관(평양, 대구), 조선광문회 ⑥ 대한매일신보(베델, 양기탁) : 의병활동 지지, 국채보상운동 지원 ⑦ 국외독립운동기지 건설(만주, 연해주) : 서간도(삼원보)에 신흥강습소 설치
해산	일제 탄압으로 협동회로 개칭	일진회와 반목으로 해산	고종퇴위 반대로 해산 (보안법 1907)	안악사건(1911, 안명근사건) ⇨ 105인사건(데라우치 암살미수)으로 해산

○ 일제강점기 실력양성운동으로 계승

심화 보안법(1907)에 대한 저항
① 비밀결사 : 신민회(1907)
② 학회 : 서북학회(1908), 기호흥학회(1908), 호남학회(1907) 등장

평가
① 의의 : 갑신정변과 독립협회를 계승하여 실력의 양성을 통해 국권을 회복하고자 한 시도
② 한계 : 사회진화론(적자생존)에 기반 ⇨ 제국주의 논리 순응, 의병투쟁의 반대 노선

chapter 1기 일 주도기

조일수호조규 부록(1876)

개항장 중심으로 거류지(10리) 무역 ⟶ ① 일의 미면교환 무역
② 지주와 객주, 여각 등 중개상인은 부를 축적
③ 곡가 상승과 가내수공업 몰락

chapter 2기 청 주도기

내지무역 개방

조일수호조규 속약(1882)
조청상민수륙무역장정(1882)
청일상인의 경쟁적 침탈
(일본 우위에서 점차 청의 추격)

국내 상인들 타격 ⟶

저항

① 중개상인 상회사 설립 : 평양 대동상회(83), 서울 장통회사(83)
② 시전 상인들의 시위, 철시
③ 보부상단 혜상공국(1883)
④ 방곡령 선포(1889~1894)
: 함경도(조병식), 황해도(조병철) 방곡령 발령
사전통보를 구실로 배상금만 지불

OX 임오군란 이후 청과의 교역 규모는 일본을 앞지르게 되었다. (O / X)

chapter 4기 러 주도기

열강의 이권 침탈

아관파천을 계기로 러에 여러 이권을
넘기면서 최혜국대우 조항이 발동

■■□□ 열강의 이권침탈

러 : 광산, 삼림채벌권
프 : 경의선(완공은 일본)
독 : 당현금광
미 : 운산금광, 전등, 전차, 경인선(완공은 일본), 수도
영 : 은산금광
일 : 직산금광, 경부선

저항

① 상권수호운동 : 황국중앙총상회(시전상인)를 결성
독립협회와 함께 이권수호운동 전개
㉠러의 절영도(저탄소) 조차 요구 반대
㉡한러은행 폐쇄
㉢프와 독의 광산채굴권 요구 저지
② 근대적 민족자본 형성 : 조선은행(1896), 한성은행(1897)
대한은행(1898), 대한천일은행(1899)
③ 서북철도국을 설치하여 경의선 건설 시도

chapter 5기 일 독주기

메가타의 화폐정리사업(1905)

① 기존 백동화와 상평통보를 제일은행권으로 교체
② 상중하로 등급을 구분하여 갑·을·병으로 차등적 교환
③ 국내은행과 상공업 몰락
④ 전황 발생
⑤ 차관 도입
⑥ 금본위제 실시(광무개혁 때는 시도)

을사조약(1905) ⟶

심화 일본의 은행
① 일본의 일본제일은행(1905)의 화폐가 주화로 통용
② 농공은행(1906) : 지방
③ 한국은행(1909) : 서울
④ 한일은행(1906) : 조선인 계열

국채보상운동(1907~1908)

① 주도 : 양기탁, 서상돈, 김광제
② 서상돈, 김광제가 대구에서 시작(대동광문회)
③ 서울을 중심으로 전국 확산(국채보상기성회)
④ 대한매일신보, 황성신문, 제국신문 등 지원
⑤ 금주·금연, 비녀·가락지(하층민 중심)
⑥ 실패 : 일진회 방해, 통감부 탄압 ⇨ 양기탁 횡령으로 구속

정리 개항기 화폐 정리
① 당백전 : 1866, 경복궁 중건
② 대동폐(대동은전) : 1882, 최초의 근대적 화폐
③ 당오전 : 1883, 전환국, 묄렌도르프 건의
④ 백동화 : 1892~1904, 전환국(1883~1904)
⑤ 제일은행권 화폐 : 1905, 메가타의 화폐정리사업, 법정화폐화

토지 약탈

① 경부선, 경의선 철도 부지 명목으로 토지 약탈
② 한일의정서를 통한 군용지 명목으로 토지 약탈
③ 황무지 개간의 명목으로 토지 약탈 시도
④ 토지가옥증명규칙(1906) : 근대적 등기제도 시작, 외국인의 토지 소유 인정
⑤ 동양척식주식회사 설립(1908)

보안회의 저항

일 황무지 개간 요구(04)
⇨ 보안회가 농광회사와 연대하여 반대 성공

chapter　근대 기술

> **정리**　2기 숨은 마디(1883 초기 근대문물)
> ① 전환국(화폐 주조, 묄렌도르프의 당오전, 백동화)　② 기기창(무기제조, 김윤식)　③ 박문국(인쇄, 한성순보, 박영효 건의)

	2기 청 주도기 (1882)	3기 일 주도기 (1894)	4기 러 주도기 (1896)	5기 일 독주기 (1904)
우편	우정사(1882) : 홍영식 우정국(1884) : 홍영식 갑신정변으로 중단, 을미개혁 때 재개	우편업무 재개(을미개혁)	만국우편연합 가입(1900)	
통신	전신·전보 기술 전보국, 한성전보총국(1885) 청 주도로 서울~ 인천(1885) 국외 : 일본 나가사키 ~ 부산(1884)		전화 기술 전화(1896/1898 경운궁) 시외전화업무(1902)	
의학	광혜원·제중원(1885) : 최초 근대 병원, 국립 미 알렌	종두법(을미개혁) 우두국(1883) : 지석영, 지방	내부병원(1899) : 국립 ⇨ 광제원(1900) : 국립 세브란스병원(1904) : 사립	대한의원(1907) : 국립 중앙 자혜의원(1909) : 국립 지방
건축			독립문(1897) : 프 개선문 모방 명동성당(1898) : 고딕 양식 정동교회(1898) 경운궁 중명전(1901) : 사바틴 최초 궁궐 안의 서양식 건축 손탁호텔(1902) : 최초 서양 호텔	원각사(1908) : 서양 극장 덕수궁 석조전(1910) : 르네상스식 궁정 　최초 서양식 궁정. 하딩
전기	전등(1887 미) : 경복궁		한성전기회사(1898 미+황실) 전차(1899 미) : 서대문~청량리	

> **정리**　궁궐 정리
> ① 강화도조약 : 강화도 연무당
> ② 을미사변 : 경복궁 건청궁 옥호루
> ③ 을사조약 : 경운궁(덕수궁) 중명전
> ④ 고종퇴위 : 경운궁 중화전 ⇨ 덕수궁으로 개칭
> ⑤ 순종은 즉위 후 창덕궁 기거
> ⑥ 한일합방 : 창덕궁 대조전
> ⑦ 미소공동위원회 : 덕수궁(경운궁) 석조전

> **정리**　개항기 철도

	경인선	경부선	경의선
부설권 획득	4기 전 : 미 1896	4기 전 : 일 1898	4기 전 : 프 1896
기공	4기 전 : 미 1897	4기 후 : 일 1901	4기 후 : 일 1902
완공	일 1900	일 1904	일 1906
기타	일 1899 제물포~노량진 개통	일 1905 개통	

> **심화**　일제 강점기 철도

	경원선	호남선
부설권 획득	4기 전 : 일 1905	4기 전 : 일 1910
기공	4기 후 : 일 1910	4기 후 : 일 1911
완공	일 1914	일 1914

chapter **근대 교육**

	2기 청 주도기 (1882)	3기 일 주도기 (1894)	4기 러 주도기 (1896)	5기 일 독주기 (1904)
사학	원산학사(1883) ① 덕원부사가 민과 협력하여 설립 ② 최초 근대 학교 ③ 무술과 외국어도 교육 개신교학교 ① 배재(1885, 최초, 아펜젤러) ② 이화(1886, 여자 최초, 스크랜턴) ③ 경신(1886, 최초 실업, 언더우드) ④ 숭실(1897, 평양), 정신 등		흥화학교(민영환) 점진학교(안창호)	애국계몽운동계열 학교 ① 보성학교(1905, 이용익) ② 숙명여학교(1906, 엄귀비) ③ 신민회 : 대성학교(1907, 안창호) 　　　　　오산학교(1907, 이승훈) `관련` 일제의 탄압 : 사립학교령(1908)
관학	동문학(1883) ① 묄렌도르프 건의로 설치 ② 외국어 교육 육영공원(1886) ① 보빙사 민영익 건의 ② 헐버트, 길모어 등 초빙	갑오개혁 2차 ① 교육입국조서(1895) 　: 근대적 교육체제 ② 사범학교, 외국어학교, 소학교령 　을미개혁 소학교 설립	광무개혁 중학교 실업·기술학교 설립	

chapter **근대 신문**

2기 청 주도기 (1882) 근대적 신문의 시작	3기 일 주도기 (1894)	4기 러 주도기 (1896) 한성신보(1895, 일본, 국한혼용)에 저항	5기 일 독주기 (1904) 일본의 독주에 저항
한성순보(1883~84, 관보) ① 박문국에서 간행 ② 박영효 ③ 최초 신문 ④ 순한문 ⑤ 갑신정변(1884) 박문국 소실로 중단 한성주보(1886~88, 관보) ① 박문국(재건)에서 간행 ② 최초 광고 ③ 최초 국한 혼용 ④ 재정난으로 폐간(1888)	 	독립신문(1896~99, 서재필) ① 서재필이 만든 독립협회의 기관지 ② 최초 한글(띄어쓰기)판, 영문판 ③ 최초 민간신문(격일지 ⇨ 일간지) 매일신문(1898~99, 양홍묵) ① 협성회의 회보가 신문화 ≠ 협동회 ② 한글 ③ 최초의 일간신문 황성신문(1898, 남궁억) ① 국한 혼용(개신유학자) ② 황무지 개간 반대 ③ 을사조약(1905) ⇨ 시일야방성대곡(장지연) 제국신문(1898, 이종일) ① 한글(하층민, 부녀자) ② 찬양회 기관지 `심화` 그밖의 국내 신문 ① 일진회의 '국민신보'(1906~1910) ② 대한협회의 '대한민보'(1909~1910) ③ 대한신보(이완용), 매일신보(총독부)	대한매일신보(1904, 베델) ① 한글, 영문, 국한문 ② 베델과 양기탁, 신민회 기관지 ③ 일제의 침략성 폭로, 의병에 호의적 ④ 고종 ⇨ 을사조약 불법성 폭로 ⑤ 국채보상운동 지원(1907) ⑥ 합병 후 총독부의 기관지화(매일신보) `관련` 일제의 탄압 신문지법(1907) ⇨ 신문지법 개정(1908) 만세보(1906~1907, 손병희) ① 오세창 등 천도교 계열 ② 국한 혼용 ③ 이인직 인수 친일화(1907, 대한신문) 경향(1906, 프랑스 신부) ① 천주교 계열 ② 한글 `심화` 해외 민족 신문 ① 연해주 : 해조신문(1908), 권업신문(1912) ② 미주 : 신한민보(1909, 대한인국민회)

chapter **국사 연구**

애국계몽사학

위인전기와 외국의 흥망사 편찬

① 신채호 : 이순신전, 을지문덕전, 강감찬전, 최영전(최도통전)
　　　　　 미국독립사, 이태리건국삼걸전, 월남망국사(현채)
② 박은식 : 안중근전, 이준전, 연개소문전, 동명성왕 일기

신채호의 독사신론(1908)　　　관련　신채호의 '역사와 애국심의 관계(1908)'

① 역사의 주체를 민족으로 인식(대한매일신보 연재)
② 식민사관 비판
③ 만주 중시 : 고조선 ⇨ 부여 ⇨ 고구려 계승의식

역사서 편찬

① 현채의 유년필독(1907, 초등교과용), 동국사략(1906, 중등교과용)
② 황현의 매천야록(1910) : 고종~순종 역사 편년체
③ 정교의 대한계년사(1910) : 고종~순종 역사 편년체

조선광문회(1910)

① 신민회의 활동
② 최남선, 박은식 등 중심
③ 민족고전을 정리 간행
④ 춘향전, 심청전, 삼국사기, 삼국유사, 동국통감 등 간행

chapter **국어 연구**

국어 연구

국문연구소(1907)

① 학부 산하의 한글연구 기관
② 이능화, 백천 주시경, 지석영 등이 활동

국어 서적

① 주시경 : 한글이란 명칭 최초 사용
　　　　 국문문법(1905), 국어문법(1910), 말의 소리(1914)
② 유길준 : 조선문전(연대 미상), 대한문전(1909)
③ 이봉운 : 국문정리(최초 국어문법서, 1897)
④ 지석영 : 신정국문(1905)

한글 문체

국한문 혼용체

① 갑오개혁 이후 공·사문서에 국한문 사용
② 교과서에 국한문 사용
③ 한성주보, 황성신문, 유길준의 서유견문

순한글체

독립신문, 제국신문, 대한매일신보

chapter **근대적 문학·예술 (5기 일 독주기에 편중)**

신소설	① 특징 : 내용상 신사상과 신문물(친일적)과 관련. 문체상 순한글체, 언문일치(구어체) ② 이인직의 혈의 누(신소설의 효시, 1906) : 청일 전쟁을 배경을 자유결혼, 재가허용 등 신결혼관, 친일적 ③ 안국선의 금수회의록(1908) : 동물들의 회의를 통해 개항기 매국노와 제국주의 세력 비판 ④ 이해조 자유종(1910) : 부인 4명의 풍속과 가치관 토론, 반봉건·반외세적
신체시	① 특징 : 전통시가의 형식에서 벗어난 자유시 형식에 근접 ② 잡지 '소년'에 실린 최남선의 '해에게서 소년에게(1908)'
연극	① 이인직에 의해 원각사(1908)에서 은세계·치악산 등이 상영, 친일적 ② 신재효가 판소리 여섯마당 정리 : 춘향가, 심청가, 박타령, 수궁가, 적벽가, 변강쇠 타령
음악	① 서양 음악 유입 ⇨ 서양 음악의 영향을 받아 서양 악곡에 우리 가사를 붙인 창가 등장 ② 권학가, 독립가, 애국가, 학도가, 최남선의 경부철도가(1908)
그림	도화서 폐지 후 전문 화가의 독자적 활동 : 장승업(노비 출신, 홍백매도, 군마도), 안중식

chapter **개항기·일제강점기 종교**

천주교	개항기	① 조불수호통상조약으로 포교의 자유 획득(1886) : 학교, 고아원 등 복지사업 추진 ② 경향신문(1906)
	일제	① 경향잡지(1911) ② 북간도 용정촌의 무장단체 의민단(1919)
개신교	개항기	① 서북 지방 중심으로 활동 ② 학교 설립(배재, 이화 등)과 의료기술 보급(알렌, 제중원)
	일제	① 기독교 청년회(YMCA), 기독교 여자 청년회(YWCA) ② 신사참배 거부
천도교	개항기	① 이용구가 일진회(1904)를 조직하여 동학을 장악하자 손병희가 천도교(1905)로 개칭 ② 학교 설립(보성학교, 동덕여학교)과 만세보 간행(1906)
	일제	① 여성운동, 어린이운동 등 다양한 활동 전개 : 개벽, 신여성, 어린이 ② 3·1운동 참여, 6·10만세 운동 준비
대종교	개항기	오적암살단의 나철이 창시한 단군신앙의 민족종교(1909년 단군교 1910년 대종교로 개칭)
	일제	① 일제강점기 항일무장투쟁 주도 ② 북간도의 중광단(1911) ⇨ 대한 정의단(1919) ⇨ 북로군정서(1919)
유학	개항기	① 일제의 회유 정책 : 대동학회(1907), 공자교(1909) 등 친일 유교 단체 ② 박은식의 유교구신론(1909) : 성리학 비판하고 실천적인 양명학 강조. '3대 문제' 지적 ③ 대동사상, 대동교(대동학회에 저항하기 위해 조직)
	일제	양명학 계열의 박은식, 정인보 활동
불교	개항기	억불 정책 폐지와 왜색 불교의 침투
	일제	① 일제가 불교계를 장악하기 위한 사찰령(1911), 포교 규칙(1915, 총독이 사찰 주지 임명) 반포 ② 한용운의 조선불교유신론(1910) : 불교의 쇄신과 자주성 회복 주장 ⇨ 조선불교유신회(1921) 설립
원불교	일제	① 박중빈이 창시(1916) ② 일제강점기에 새생활운동, 개간사업과 저축운동 등 전개

chapter **평등한 사회로의 이행**

1801	노비	순조. 공노비 해방
1851	중인	신해허통 : 서얼의 관직 진출 제한 철폐
1882	중인	서얼·중인 계층의 관직 진출 완전 허용
1884	신분제	갑신정변 : 문벌 폐지, 인민 평등권 확립, 능력에 따른 관리 등용 주장
1886	노비	노비세습제 폐지
1894	신분제	동학농민운동 : 노비문서 소각, 천인 차별 개선 등 주장 갑오 1차 개혁 : 법적으로 노비제 · 신분제 폐지, 봉건적 악습 타파
1896	백정	호구조사 규칙 공포 : 신분 대신 직업 기재 ⇨ 일제강점기 형평운동의 배경으로 작용
1898		독립협회의 자유민권운동 : 현덕호(시전상인으로 만민공동회 회장), 박성춘(백정으로 관민공동회에서 연설)
1907		신민회 : 공화정 추구

chapter 여권 성장

여성 교육의 강조

① 소학교령(1895)이 발표되어 여성도 교육의 기회를 받을 수 있는 법적 기반이 마련되었다.
② 독립신문 : 남녀평등과 여성교육을 강조

찬양회

① 최초의 여성인권선언 '여권통문' 발표(독립신문, 황성신문)
② 1898년 서울의 북촌 양반층 부인들을 중심으로 조직
③ 최초의 근대적 여성단체로 여성운동 전개
④ 고종의 지원 하에 공립 여학교 설립 시도·실패
　⇨ 스스로 최초의 민립여학교 순성여학교 설립(1898)

■■□□ 여권통문

첫째, 여성은 장애인이 아닌, 남성과 평등한 권리를 갖는 온전한 인간이어야 한다. 여성은 먼저 의식의 장애로부터 해방되어야 한다.
둘째, 여성도 남성이 벌어다 주는 것에만 의지하여 사는 경제적으로 무능한 장애에서 벗어나 경제적 능력을 가져야만 평등한 인간 권리를 누릴 수 있다.
셋째, 여성 의식을 깨우치고 사회 진출 능력을 갖추기 위해서는 무엇보다 여성들이 남성과 동등한 교육의 기회를 가져야 한다.

chapter 의식주의 변화

의	① 의복 간소화·실용화 ② 개량 한복, 두루마기 이용 확산, 양복 도입으로 한복·양복 혼합 문화 ③ 광무개혁 때 관리의 양복 착용 법규화
식	커피, 홍차 초밥, 어묵, 우동, 단팥죽 만두, 짜장면, 탕수육 등 전래
주	서양식, 일본식 건축과 절충식 건물 등장

chapter 해외 이주

간도	① 19세기 세도 정치 수탈로 인한 국외 이주 증가 ② 1900년대 전후에는 한인거주지 형성 ③ 구한 말부터 독립운동기지 건설로 이주 증가 ④ 독립군 활동 지원 ⇨ 간도참변(1920) ⑤ 일제의 중국 침략에 따라 조선인 이주 증가
연해주	① 19세기 세도 정치 수탈로 인한 국외 이주 증가 ② 러시아의 연해주 이주 장려(1860) ⇨ 블라디보스토크에 신한촌 건설, 하바로브스크 ③ 구한 말부터 독립운동기지 건설로 이주 증가 ④ 중앙아시아 강제 이주(1937) : 중일전쟁을 계기로 스탈린이 강제이주 정책 실시
미주	① 알렌의 주선으로 하와이 사탕수수 농장으로 합법적 이주(1902/1903). 사진 결혼 ② 일제강점기 임시정부 자금 지원, 구미위원부 설치 ③ 일부는 멕시코로 애니깽 농장 이주(영화 '애니깽')과 숭무학교(1910, 메리다)
일본	① 노동자로 이주 ② 관동대학살(1923) ③ 전시동원정책에 따른 강제 이주

chapter 식민지 통치 기구

조선총독부
1910

심화 사법 기구 : 고등·복심·지방법원의 3심제

정무총감	총독	경무총감
행정 총괄	① 조선의 행정·사법·군사·입법권까지 장악 ② 육해군 대장만 임명 가능	치안 총괄 헌병 사령관 겸임

참고 이왕직
① 대한제국 황제 ⇨ 이왕, 궁내부 ⇨ 이왕직으로 개편
② 제사 · 능묘 · 동물원 등을 관리

중추원
① 총독 직속의 형식적 조선인 자문 기구(대외 선전용)
② 정무총감이 의장인 친일파들의 모임.
③ 3·1운동 이전까지 소집 X

정리 조선 총독 정리

총독	임기	통치방식
데라우치 마사타케	1910~1915	무단 통치
하세가와 요시미치	1915~1919	
사이토 마코토	1919~1927	문화 통치
야마나시 한조	1927~1929	
사이토 마코토	1929~1930	
우가키 가즈시게	1931~1936	전시동원체제
미나미 지로	1936~1941	
고이소 구니아키	1942~1944	
아베 노부유키	1944~1945	

정리 중추원 정리

고려	왕명 출납(승선)과 군국기무(추밀)
조선	소임이 없는 당상관 우대 기구
대한제국	자문 기구독립협회가 의회로 만들려 했으나 실패
일제	형식적인 조선인 자문 기구(법령과 풍속 연구) 3·1운동 이전까지 한번도 소집된 적이 없음

chapter 일제의 정책노선 변화

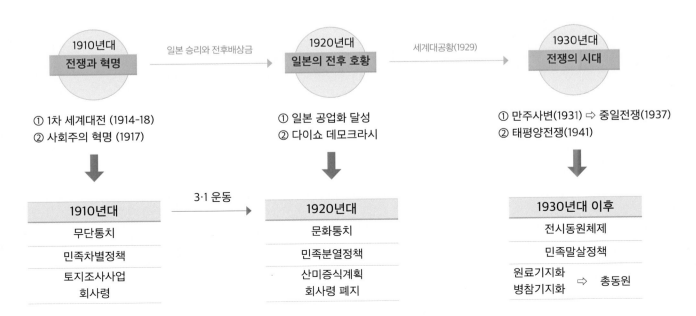

1910년대 전쟁과 혁명	일본 승리와 전후배상금 →	1920년대 일본의 전후 호황	세계대공황(1929) →	1930년대 전쟁의 시대
① 1차 세계대전 (1914-18) ② 사회주의 혁명 (1917)		① 일본 공업화 달성 ② 다이쇼 데모크라시		① 만주사변(1931) ⇨ 중일전쟁(1937) ② 태평양전쟁(1941)

1910년대	3·1 운동 →	1920년대		1930년대 이후
무단통치		문화통치		전시동원체제
민족차별정책		민족분열정책		민족말살정책
토지조사사업 회사령		산미증식계획 회사령 폐지		원료기지화 병참기지화 ⇨ 총동원

chapter 민족차별적 무단통치

데라우치 '조선인은 우리 법에 복종하든지 아니면 죽음을 택하여야 한다'

2원적 법체계 (민족차별)	일본인은 일본법으로 조선인은 총독의 명령으로 통치
헌병경찰제(1910)	① 헌병경찰이 독립운동 탄압과 경찰, 행정, 사법을 담당 **관련** 조선인 헌병 보조원 제도(1907) ② 범죄즉결례(1910) : 재판 거치지 않고 처벌 가능 **심화** 관련법령 ③ 조선태형령(1912) : 태형 부활. 조선인에만 차별 적용 경찰범처벌규칙(1912), 조선형사령(1912)
언론·출판·집회·결사 자유 제한	① 집회단속법(10) ② 안악사건(1910, 안명근 사건) ⇨ 105인 사건(1911) ⇨ 신민회 해산(1911) ③ 민족신문 대부분 폐간 ⇨ 총독부 기관지인 매일신보(구한말 대한매일신보)

정리 구한말 일제의 5대 악법
① 보안법(07) : 집회결사의 자유 제한 ⇨ 비밀결사, 학회 등장 ⇨ 집회단속법(10)
② 신문지법(07) ⇨ 신문지법 개정(1908)
③ 사립학교령(08) ⇨ 사립학교 규칙(1911) ⇨ 서당 규칙(1918)
④ 학회령(08)
⑤ 출판법(09)

chapter 민족차별적 우민화 교육

1차 조선교육령
1911

① 강압적 교육 : 제복을 입고 칼을 찬 교사
② 교육기간 단축 : 소학교 6년 ⇨ 보통학교 4년
　　　　　　　　 중학교 5년 ⇨ 고등보통학교 4년
③ 단순기술 교육 : 대학교 X

민족교육 탄압

① 구한말 개신교와 애국계몽운동 계열의 사립학교 설립 ⇨ 사립학교령(08) ⇨ 사립학교 규칙(1911)
② 일제의 사립학교 탄압을 피해 개량 서당 설립 ⇨ 서당 규칙(1918)
③ 야학 등의 형태로 민족교육 계승

심화 1910년대 조선 왕실의 유산 훼손
① 창경궁 ⇨ 창경원(1911)
② 조선물산공진회(1915) : 경복궁에서 박람회 개최
③ 조선 총독부 건축 : ㉠1918년(1926 완성) ㉡경복궁 자리에 건설 ㉢1995년 역사바로세우기 일환으로 철거

토지 관련 정책

토지조사사업 (1910~1918)

▼ 동양척식주식회사

토지조사의 목적	① 표면적 : 근대적 토지제도 확립하여 지세 제도 확립 ② 지세 확보 ③ 조선인의 토지강탈을 통한 일본의 토지 지배력 확대 ⇨ 일본인 이주 장려
토지조사령 (1912)	① 기한부 신고제(신고주의, 증거주의) 　㉠토지 등급, 지적, 결수, 지목 등 신고 　㉡절차 복잡, 짧은 신고기간, 반일감정으로 인한 미신고 토지 약탈 　㉢공동소유지·역둔토·궁방전 약탈 ② 소유권만 인정, 경작권, 도지권, 입회권 같은 관습적 권리 부정 **심화** 관련 조직·법령 　① 동양척식주식회사(1908) : 몰수 토지를 일본 이주민에게 불하 　② (임시)토지조사국(1910) 　③ 지세령(1914) : 세율 인상과 과세 대상 확대 ⇨ 개정 지세령(1918) : 지가 비례
식민지주제 확산	① 농민 몰락 ⇨ 기한부 계약제 소작농으로 전락, 해외이주 ② 식민지주제 시작 : 지주 권한 강화, 일본 지주 증가

산업 관련 정책

회사령 (1910~1920)

① 일본 자본 부족
⇨ 일본 공업화에 자본 집중을 위해
　조선에 투자를 제한하는 회사령(허가제)
② 민족 자본은 일부 경공업에 한정

심화 장기적 수탈을 위한 준비
철도·전기 등 수탈을 위한 기반 시설은 일본의 대기업들이 투자
① 철도 : 호남선(1914), 경원선(1914)
② 도로와 항만 정비
③ 조선은행(1911, 중앙은행), 조선식산은행(1918, 농공은행 통합) 설치

자원 침탈

어업령(1911), 삼림령(1911) ⇨ 광업령(1915) ⇨ 임야조사사업(1917), 임야조사령(1918)

심화 그밖에 10년대 경제정책
① 전매사업 : 담배, 인삼, 소금 (단, 연초전매령은 1921)
② 조선관세정률령(1912) : 7.5% 저율관세

■■□□ 1910년대 연표

	구한말	1910		1912		1918
정치	보안법(07)	집회단속법(10) 헌병경찰제(10) 범죄즉결례(10)		조선태형령(12) 조선형사령(12) 경찰범처벌규칙(12)		
교육	사립학교령(08)		1차 조선교육령(11) 사립학교규칙(11)			서당규칙(18)
토지	동양척식주식회사(08)	토지조사사업(10) (임시)토지조사국(10)		토지조사령(12)	지세령(14)	토지조사사업 완료(18) 개정지세령(18)
경제		회사령(10)		조선관세정률령(12)	호남선, 경원선(14)	
자원			어업령(11) 삼림령(11)		광업령(15)	임야조사사업(17) 임야조사령(18)

chapter 민족분열적 문화통치

국내 : 3·1 운동으로 무단통치 한계 절감
일본 : 다이쇼 데모크라시 → 문화통치라는 기만정책을 통한 민족분열 유도
국제 : 3·1 운동으로 국제여론 악화

↓

사이토 '조선인의 문화를 존중하고 행복과 이익을 증진한다'
총독은 문관도 가능(실제 문관 총독 X), 조선인을 관리로 등용하고 대우를 개선(형식적)

	표면적 문화통치	실질적 기만통치
경찰	① 보통경찰제 실시(1919) ① 태형 폐지(1920)	① 헌병경찰이 보통경찰로 전환 ② 경찰의 수와 장비 증가(4배), 병력 증가 ③ 고등경찰제도 도입
언론·출판·집회·결사 부분적 허용	① 한글 신문 발행 : 조선일보(20), 동아일보(20) ② 잡지 발행 : 개벽(20), 신생활(22), 신여성(23) 　별건곤(26~34), 삼천리(29~42) 등 ③ 식민지배의 틀 안에서의 결사 허용 ④ 지방의회 참정권 허용(도평의회, 부면협의회) 　: 단순 자문(의결권 X), 친일 지주·자본가 참여	① 사전검열, 기사삭제, 허가제를 통한 통제 ② 치안유지법(25) : 국체변혁·사유재산부인 처벌 ③ 참정권은 친일파로 제한. 실질적 참여 X
2차 조선교육령(1922)	① 조선인에게 형식상 동등한 교육기회 보장 ② 보통학교 4년 ⇨ 6년 ③ 경성제국대학 설립(1924) ④ 조선어 필수과목	① 조선인 취학률은 일본인의 1/6 ② 조선인과 일본인을 구분하여 교육(일본인은 소학교) ③ 민립대학설립운동(1923) ⇨ 탄압 ④ 조선어 과목 시수를 줄임

■□□ 타협적 민족주의(민족 개량주의, 자치론)

① 20년대 일제의 기만적 민족분열정책
② 3·1운동의 실패
③ 20년대 임시정부의 침체
④ 20년대 전반기 실력양성운동 좌절

→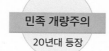

민족 개량주의
20년대 등장

① 자치운동(참정권 운동)
② 선자치 후독립 주장(사회진화론의 영향)
③ 이광수의 민족개조론(22, 개벽)과 민족적경륜(24, 동아일보)
④ 최린(천도교 신파), 최남선, 김성수

■□□ 1920년대 연표

		1920		1923		1925	
정치	보통경찰제(19)	태형 폐지(20)				치안유지법(25)	조선총독부 완공(26)
교육			2차 조선교육령(22)	민립대학기성회(23)	경성제국대학(24)		
토지		산미증식계획(20)		관동대학살(23) 국민대표회의(23) 조선혁명선언(23) 참의부(23)			
경제		회사령 철폐(20)		관세 철폐(23) 조선물산장려회(23)			부전강 수력발전소(26) 흥남질소비료공장(30)
사회		조선일보(20) 동아일보(20) 개벽(20)		암태도 소작쟁의(23) 조선형평사(23) 토월회(23)		조선사편수회(25) 카프(25)	신은행령(28)

1916년

1920년

1932년

토지 관련 정책

산미증식계획 (1920~1934)	배경	일본 공업화로 쌀 부족
	내용	① 농사개량사업 : 비료, 품종, 농기구 개량 ② 토지개량사업 : 관개시설, 개간, 간척
	결과	생산량이 증대하지만 계획량에 미치지 못함 (수출은 계획대로 추진) ⇨ 조선의 식량 사정 악화 ⇨ 만주에서 잡곡 수입
▼ 군산항	파급 효과	① 쌀단작화 ⇨ 쌀가격에 민감 ② 쌀증산 비용 소작농민에게 전가 ⇨ 식민지주제 심화

정리 산미증식계획 정리
① 1차 산미증식계획(1920~1925)
② 2차 산미증식계획(1926~1934)
③ 산미증식계획은 대공황으로 인한 쌀값 폭락으로 1934년 중단
④ 중일전쟁으로 인한 식량 부족으로 3차 1940년 재개

정리 식미지주제의 심화와 농민운동의 조직화
① 소작농민의 삶 악화 : 토지조사사업(10년대) ⇨ 산미증식계획(20년대)
② 농민운동 본격화 : 조선노농총동맹(1924) ⇨ 조선농민총동맹(1927)

심화 식민지주제 관련 법령
① 수리조합령(1917, 개정은 1927)을 바탕으로 1920년대 수리조합 활성화(지주 중심)
② 조선농회령(1926) : 지주 중심의 농회를 조직

심화 소작인 측 : 농민조합, 소작인조합

산업 관련 정책

회사령 폐지 1920	배경	일본 공업화로 인한 자본 축적
	내용	① 1910년 회사령 시행(허가제) ⇨ 1920년 회사령 폐지(신고제) ② 경공업 중심의 중소자본 투자

정리 관세철폐와 물산장려운동
① 회사령 철폐(20) ⇨ 물산장려운동 평양에서 시작
② 관세철폐(23) ⇨ 조선 기업 타격 ⇨ 물산장려운동 전국적 본격화

심화 일부 중화학 공업
① 부전강 수력발전소(1926)
② 흥남질소비료공장(1930)

심화 일제의 금융기관
① 농공은행(1906) : 메가타의 화폐개혁의 일환. 지방 은행
② 조선은행(1911) : 중앙은행
③ 조선식산은행(1918) : 산업개발 위해 종래 농공은행은 통합
④ 신은행령(1928) : 조선인 소유 은행들을 조선은행으로 강제 합병

▼ 근대 은행 정리

4기 러 주도기	5기 일 독주기	1910년대	1920년대
조선은행(1896) 한성은행(1897) 대한은행(1898) 대한천일은행(1899)	[일본제일은행(05)] 한국은행(09) 농공은행(06)	조선은행(11) 조선식산은행(18)	신은행령(28)

■■□ 국제 정세의 변화

세계대공황(1929) ──────▶ 전쟁을 통한 공황 극복 ──────▶ 민족말살적 전시동원체제
① 만주사변(1931)
② 중일전쟁(1937)
③ 태평양전쟁(1941)

chapter 전시동원체제 1기 : 중일전쟁 이전 (1931~1936)

민족말살 정책 1기

① 국어(일본어)상용운동(1935)
: 관공서 일본어만 사용. 동아일보 브나로드 운동 금지
② 치안유지법 개정(1934)
③ 조선사상범 보호관찰령(1936)
④ 동아일보 손기정 일장기 말소 사건(1936)

경제정책 1기

토지 관련 산미증식계획 중단(1934)

① 농촌진흥운동(1932)
　㉠ 쌀값 폭락으로 인한 소작쟁의 심화에 대응하기 위한 미봉책
　㉡ 소작조정령(1932, 재판소 조정)
　　조선농지령 · 조선소작령(1934, 소작권 보장, 소작위원회)
　㉢ 춘궁퇴치, 자력경생
② 원료기지화 : 남면북양 정책

산업

초기 병참기지화 : 북한 중심으로 군수산업과 관련된 중화학공업 육성

chapter 전시동원체제 2기 : 중일전쟁 이후 (1937~1945)

민족말살정책 2기 : 황국신민화 정책

① 미나미 지로 총독의 황국신민화 정책(1937년 본격적 시작)
　㉠ 일선동조론·내선일체 : 조선과 일본은 하나라는 인식
　㉡ 신사참배(1937) : 일본 신사를 짓고 참배 강요
　㉢ 황국신민서사 : 일왕에 대한 충성 맹세를 조선인에게 강요
　㉣ 황성요배(궁성요배) : 일왕의 있는 방향으로 절을 강요
　㉤ 정오묵도 : 정오에 일왕을 향한 묵도 강요
　㉥ 창씨개명(1939) : 이름을 일본식으로 개명할 것을 강요
② 조선·동아일보 폐간(1940)
③ 조선사상범예방 구금령(1941)
④ 조선어학회 사건(1942) : 치안유지법으로 해산

정리 교육정책
　① 3차 조선교육령(1938)
　② 소학교 ⇨ 국민학교(1941)
　③ 4차 조선교육령(1943)

경제정책 2기 : 국가총동원법(1938)

관련 단체

① 국민정신총동원조선연맹(1938) ⇨ 국민총력조선연맹(1940)
② 경방단(1937, 공습 대비), 애국반(1938, 10호 기준)

물적 수탈

① 본격적인 병참기지화 정책
② 미곡공출제(39) ⇨ 식량배급제(39) ⇨ 조선식량관리령(43)
③ 산미증식계획 재개(40)
④ 전쟁물자 공출 : 금속제 그릇 공출

인적 수탈 관련 태평양 전쟁(1941) : 미국과 일본의 전쟁

① 남자 : 지원병(38) ⇨ 징용령(39) ⇨ 학도지원병(43) ⇨ 징병제(44)
② 여자 :　　　　　　　　국민근로보국령(41) ⇨ 정신대근로령(44)
③ 전시동원복장 : 국민복(남자), 몸뻬(여자)
④ 군사교육

		1934		1937·1938		1941
정치			조선사상범 보호관찰령(36)	황국신민화 정책(37) 신사참배(37)	창씨개명(39)	조선사상범 예방구금령(41)
교육			국어상용운동(35)	3차 조선교육령(38)		국민학교(41) 조선어학회사건(42) 4차 조선교육령(43)
토지	농촌진흥운동(32) 소작조정령(32) 조선농지령(34) 남면북양 정책	산미증식계획 중단(34)			미곡공출제(39) 식량배급제(39) 산미증식계획 재개(40)	조선식산관리령(42)
경제	병참기지화 정책			국가총동원법(38) 국민정신총동원조선연맹(38) 애국반(38)		
인적 수탈				지원병(38)	징용령(39)	국민근로보국령(41) 학도지원병(43) 징병제(44) 정신대근로령(44)
사회			손기정 일장기 말소사건(36)		조선일보, 동아일보 등 신문과 잡지 폐간(40)	

■■□ 조선교육령 정리

| 민족차별
1차
1911 | → | 민족분열
2차
1922 | → | 전시동원
3차
1938 | → | 전시동원
4차
1943 |

① 강압적 교육 : 제복 교사 ② 교육 기회 축소 소학교 6년 ⇨ 보통학교 4년 중학교 5년 ⇨ 고등보통학교 4년 ③ 단순기술 교육 : 대학교X	① 보통학교 4⇨6년 고등보통학교 4⇨5년 ② 경성제국대학 설치 (심화) ① 3면 1교(1918~22) ② 1면1교 추진(1928~36)	① 소학교, 중학교 ② 황국신민서사	① 국민학교(1941년 개칭) ② 수업연한 축소 중학교 5년 ⇨ 4년 ③ 학생을 전쟁에 동원

	③ 조선어 필수	③ 조선어 수의과목(실질적 폐지) 조선사 교육 금지 국어(일본어)상용정책(1935)	④ 조선어 과목 폐지 조선어학회사건(1942)

(심화) 일제의 사립학교 탄압

① 사립학교령(08)
② 사립학교 규칙(1911)
③ 서당 규칙(1918)

■□□ 일제강점기 민족의 저항

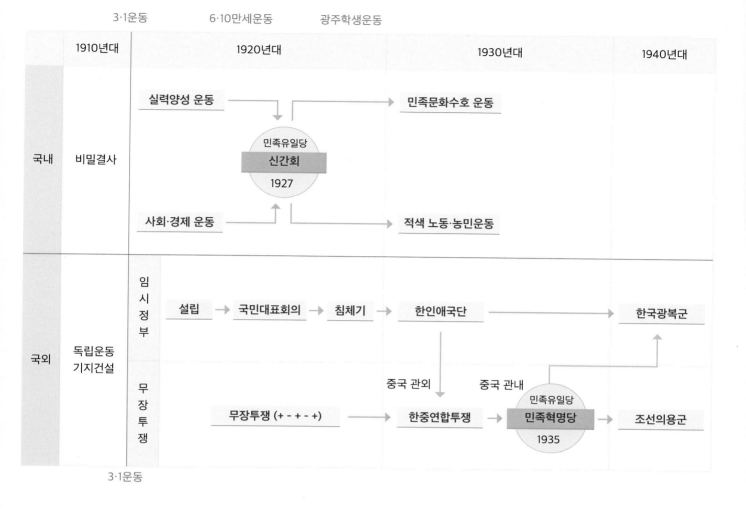

1910년대 국내 : 비밀결사

일제의 무단통치(헌병경찰과 보안법)로 인해 국내 단체 비밀결사화

`관련` 최후의 의병장 채응언 체포(1915)

주요 단체

		심화 기타 1910년대 비밀결사
독립의군부 **1912**	① 형성 : 임병찬이 고종의 밀명을 받아 조직(전라도) ② 성격 : 복벽주의 지향, 임병찬 주도, 유생 + 의병 ③ 활동 : 국권반환요구서 제출 시도 　　　　의병전쟁 계획	① 송죽회 : 평양 여학교, 독립운동 자금 모집 ② 조선국권회복단 : 단군 신앙 관련 ③ 조선산직장려계 : 서울 교사 중심 ④ 조선국민회 : 숭실학교 ⑤ 기성단, 자립단 등
대한광복회 **1915~18**	① 풍기광복단+조선국권회복단 ⇨ 대한광복회(대구) ② 성격 : 공화정 지향, 박상진, 김좌진 주도 　　　　의병 + 애국계몽운동 ③ 활동 : 군대식 조직 　　　　군자금 모집과 친일부호 장승원, 박용하 처단 　　　　만주 군관학교와 독립군 기지 건설 시도	

일제의 무단통치로 인해 국내 활동이 어려워지자 국외에서 독립운동기지 건설

chapter 서간도

TIP ① 신민회 이회영 일가 주도 ② 자치단체와 무장단체가 짝을 이루어 발전

자치단체	무장단체
① 신민회의 이회영 일가 주도하여 삼원보 개척 ② 경학사(1911) ⇨ 부민단(1912) ⇨ 한족회(1919)	① 신흥강습소(1911) ⇨ 신흥학교(1912) ⇨ 신흥무관학교(1919) ② 서로군정서(1919, 지청천), 대한독립단(1919, 박장호, 복벽주의)

chapter 북간도

TIP ① 구한말 학교에서 시작 ② 종교단체 활동 활발

자치단체	무장단체
① 서전서숙(1906, 이상설, 이동녕) ⇨ (1907, 간도파출소) ⇨ 명동학교(1908, 김약연 설립, 나운규, 윤동주) ⇨ (1909, 간도협약) ② 간민교육회(1910) ⇨ 간민회(1913) ③ 대한국민회(1919) : 기독교 계열, 안무 국민회군 편성	① 대종교의 중광단(1911) : 대종교 관련, 단장 서일, 대한독립선언(무오독립선언, 1918) 대한정의단(19) ⇨ 북로군정서(19)로 발전(총재 서일, 사령관 김좌진) ② 의민단(1919) : 천주교 관련 ③ 국민회군(1919) : 기독교 관련, 사령관 안무 ④ 대한독립군(1919) : 홍범도, 북간도와 연해주 일대에서 활약

chapter 연해주

관련 밀산부의 한흥동(이상설, 09) : 이상설이 북간도에서 연해주로 이동하는 과정에 국경지역인 밀산부 한흥동 개척

TIP ① 초기 이상설이 주도 ② 러시아 혁명에 영향

초기 단체	정부 조직
블라디보스토크의 신한촌 중심으로 형성 ① 13도의군(1910, 이상설, 유인석) 관련 구한말의 정미의병의 13도창의군 ② 성명회(1910) ⇨ 권업회(1911, 권업신문 1912) 관련 해조신문(1908)	① 대한광복군정부(1914, 이상설·이동휘) ⇨ 러시아에 의해 해산 전로한족회중앙회(1917) ② 대한국민의회(1919. 3·1운동 직후) : 대통령 손병희, 국무총리 이승만, 이동휘, 이동녕 파리강화회의 파견 심화 러시아혁명(1917)과 사회주의 유입 한인사회당(이동휘, 1918) : 하바로브스크, 최초의 사회주의 정당

TIP 중국 외교의 중심지

초기 단체	① 외교 도시인 상하이를 중심으로 전개 ② 동제사(1912) : 신규식, 박은식, 신채호 등이 주도. 박달학원(청년 교육) 설립 ③ 대동보국단(1915) : 신규식, 박은식 등 양명학자 계열이 주도 　　　　　　 잡지 '진단' 간행 　구별　 진단학회의 '진단학보'와 구별 ④ 신한혁명당(1915) : ① 베이징 ② 복벽주의 ③성낙형, 유동열, 박은식, 신규식
후기 단체	① 대동단결선언(1917) : 신한혁명당의 신규식, 신채호, 박은식 등이 주도 　융희(순종)의 주권 포기 ⇨ 국민에게 주권 양도 ⇨ 임시정부 수립 주장 ② 신한청년당(1918) : 김규식, 신규식, 여운형, 신채호 등이 주도 　　　　　　 파리강화회의에 김규식 파견 　　　　　　 상하이 임시정부 수립에 기여

chapter **미주**

TIP 독립 자금의 근원지

대한인국민회(1910)	흥사단(1913)
① 장인환·전명운의 스티븐스 의거(1908)를 계기로 성립 ② 안창호, 이승만 등이 주도 ③ 공립협회(1905) ⇨ 국민회(1909) ⇨ 대한인국민회(1910) 하와이 주도 ⇨ 샌프란시스코에 총회 　관련　 공립협회 국내 지부 ⇨ 신민회(1907) ④ 미국 대통령 윌슨에게 독립청원서 제출 파리강화회의에 대표 파견 계획 · 실패	국내 청년학우회(1909) ⇨ 미주 흥사단(1913) ① 안창호, 샌프란시스코에서 설립 ② 국내에 수양동우회 설립(1925) ③ 동우회 사건(1937)으로 해산

　심화　 대조선 국민군단(1914)

① 박용만이 하와이에서 설립
② 군사훈련
③ 비교 : 네브래스카 주의 박용만의 한인 소년병 학교(1909)

　참고　 멕시코 숭무학교(1910)

　심화　 수양동우회

① 수양동맹회(1922) : 이광수를 중심으로 흥사단의 한국 지부로 형성
비교. 조선여성동우회(1924) : 사회주의 계열 여성단체
③ 수양동우회(1926) ⇨ 동우회(1929)
③ 수양동우회 사건(1937) : 일본 경찰에 검거·해산

chapter 3·1 운동 배경

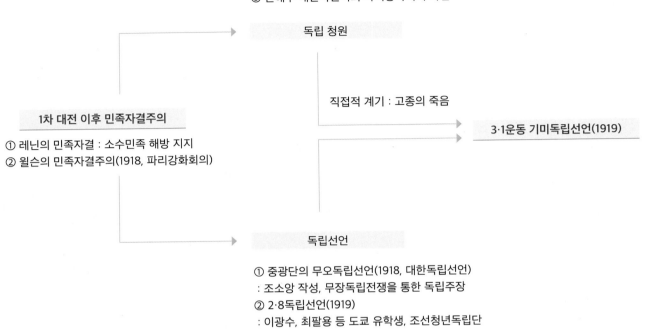

① 상하이 신한청년당 : 김규식 파리강화회의 파견
② 미주 대한인국민회 독립청원서 제출, 파리강화회의 파견 시도
③ 연해주 대한국민의회 파리강화회의 파견

독립 청원

직접적 계기 : 고종의 죽음

1차 대전 이후 민족자결주의

① 레닌의 민족자결 : 소수민족 해방 지지
② 윌슨의 민족자결주의(1918, 파리강화회의)

3·1운동 기미독립선언(1919)

독립선언

① 중광단의 무오독립선언(1918, 대한독립선언)
 : 조소앙 작성, 무장독립전쟁을 통한 독립주장
② 2·8독립선언(1919)
 : 이광수, 최팔용 등 도쿄 유학생, 조선청년독립단

O X 윌슨은 파리강화회의에서 모든 소수민족의 민족자결을 제창하였다. (O / X)

chapter 전개와 영향

1919년 3·1 운동 전개과정		
	1기 : 서울에서 시작	① 천도교(손병희), 기독교(이승훈) 종교계와 학생. 민족대표33인 ② 최남선과(본문) 한용운(공약3장) 작성 ③ 태화관에서 기미독립선언서 낭독 ④ 학생들의 탑골공원 낭독
	2기 : 각급 도시로 확산	① 학생·교사 주도하고 도시의 상인·노동자 가세 ② 경성철도노동자와 총독부 인쇄공 등 시위·파업
	3기 : 전국의 농촌·산간 해외로 확산	① 서울 노동자 대회 ⇨ 농민·노동자 중심 전국 확산 ② 장터 중심 확산(아우네 장터의 유관순 ⇨ 서대문 형무소 순국) ③ 조직화 되고 폭력 시위 증가
	일제의 무차별 탄압으로 실패 (제암리 교회 사건)	일제의 무차별 탄압으로 실패(제암리 교회 사건)

영향	대내적	대외적
	① 독립운동의 체계화 필요성 ⇨ 정부수립운동 ② 다양한 독립운동 노선 등장 ⇨ 외교, 무장투쟁, 실력양성 ③ 학생·여성·농민·노동자 운동 활성화	① 국제 여론 악화 ⇨ 문화통치로의 전환 ② 중국 5·4운동, 인도 비폭력 운동에 영향

chapter **6·10만세운동**

① 3·1운동과 식민지차별교육
② 학생운동조직 성장(조선학생과학연구회 등)
③ 직접적 계기 : 순종의 죽음
④ 종로 단성사(종로 창덕궁 돈화문)에서 학생의 전단지 배포로 시작

	서울
	6·10만세운동
	1926

주도 세력	조선공산당 + 천도교(구파) + 학생운동조직
전개 과정	사전 발각과 검거 독자적 진행
영향	민족유일당 운동의 계기 학생이 민족운동 주역으로 성장

chapter **광주학생운동**

① 식민지 차별교육 ⇨ 6·10만세운동 이후 지방 학생운동조직 활성화(광주의 성진회 등)
② 직접적 계기 : 광주 통학열차 희롱사건

	전국적
	광주학생운동
	1929

전개 과정	① 경찰의 편파적 수사와 광주일보의 편파적 보도
	② 계속되는 충돌과 광주일보 습격
	③ 신간회의 진상조사단 파견
	④ 신간회의 민중대회 개최 시도
	⑤ 사전 발각되어 신간회 수뇌부 검거
	⑥ 신간회 지회를 중심으로 근우회 등이 전국적으로 확산
평가	① 3·1운동 이후 최대의 전국적 민족운동
	② 만주·일본 등에도 확산

■□□ 6·10만세운동 구호

조선 민중아! 우리의 철천지 원수는 자본·제국주의 일본이다
조선은 조선인의 조선이다
학교 용어는 조선어로
일본 물화를 배척하자!
8시간 노동제를 실시하라
동일 노동에는 동일 임금을 지급하라
동양척식주식회사를 철폐하라
일본인 지주에게 소작료를 바치지 말자!
소작권을 이동하지 못한다
소작제를 4·6제로 하고 공과금은 지주가 납부한다

■□□ 광주학생운동 구호

- 학생, 대중이여 궐기하라! 우리의 슬로건 아래로!
- 검거된 학생들을 즉시 우리 손으로 탈환하자.
- 언론·출판·집회·결사·시위의 자유를 획득하자.
- 식민지적 노예 교육 제도를 철폐하자.
- 사회과학 연구의 자유를 획득하자.
- 전국 학생 대표자 회의를 개최하라.
- 경찰의 교내 진입을 절대 반대한다

PART 03

3·1운동 ⇨ 문화통치 ⇨ 1920년대 전반 실력양성운동 전개

chapter **물산장려운동**

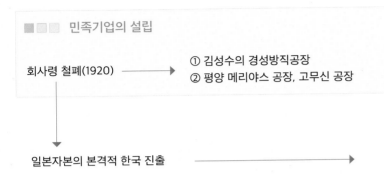

■■□ 민족기업의 설립

회사령 철폐(1920) ⟶ ① 김성수의 경성방직공장
② 평양 메리야스 공장, 고무신 공장

일본자본의 본격적 한국 진출 ⟶ **물산장려운동**
20년대 전반

① 회사령 철폐(1920) ⇨ 물산장려운동 평양에서 시작 : 조선물산장려회(평양의 조만식, 1920)
② 관세철폐(1923) ⇨ 물산장려운동 전국적 본격화 : 조선물산장려회(서울, 1923)
③ 근검절약(금주, 금연)을 통한 국산품 장려 : 평양 메리야스공장, 고무신 공장 지원
④ 관련 용어 : 자작, 자활, 토산

한계

① 조선인의 낮은 구매력
② 친일세력 방해
③ 사회주의 세력의 비판(중산계급의 이기적 운동)

chapter **민립대학설립운동**

① 고등교육기관의 필요성 인식
② 2차 조선교육령에서 대학 설립 규정 도입 ⟶ **민립대학설립운동**
20년대 전반

심화 1920년대 전반 교육 단체
① 조선교육회(1920) : 한규설, 이상재 등
② 조선여자교육회(1920) : 여성 교육

① 이상재, 이승훈 등이 민립대학기성회 설립(1923)
② '한민족 일천만이 한 사람이 1원씩'

한계

① 일제의 감시와 탄압
② 가뭄과 수해로 모금활동 어려워짐
③ 관동대학살(1923)로 일본의 견제
④ 일제는 경성제국대학(1924)으로 무마

실력양성운동의 한계

① 합법적 활동 ⇨ 일제가 허용하는 범위에서 소극적으로 전개
② 사회진화론 ⇨ 타협적 민족주의(자치운동)로 변질

chapter **사회주의**

20년대 사회주의 유입

① 러시아 혁명(1917) 후 레닌의 민족자결(약소민족의 해방 지원)
② 연해주에서 시작되어 1920년대 국내로 사회주의 유입

초기 사회주의 관련 단체

① 서울청년회(1921) : 화요회·북풍회와 대립한 청년 단체
  ⇨ 조선청년총동맹 결성(24) 주도
② 화요회(1924) : 박헌영, 조봉암 등 주도. 조선공산당(1925) 창당 주도
③ 북풍회(1924) : 김약수 등이 주도. 일본의 북풍회의 국내 조직

심화 조선공산당 주요 활동

① 1차(1925) : 박헌영이 주도하여 창당
② 2차(1925) : ㉠ 화요회가 주도 재건 ㉡ 6·10만세운동을 준비 ㉢ 정우회선언
③ 3차(1926) : 신간회 활동
④ 4차(1928) : 신간회 활동
⑤ 조선공산당 재건(1945) : 정판사 사건으로 불법화(45.10)
⑥ 남조선노동당(1946) : 미군정의 압박으로 활동 한계
⑦ 조선노동당(1949) : 북조선노동당과 합당

■□□ 사회주의 유입과 사회·경제적 민족운동 확산

문화통치 + 3·1운동
사회주의의 유입 ──────▶ 20년대 사회·경제적 민족운동 확산 : 농민·노동운동, 여성운동, 소년운동, 형평운동

chapter **농민운동**

식민지주제

① 10년대 토지조사사업 : 경작권, 도지권 부정
② 20년대 산미증식계획 : 증산 비용을 소작인에게 부담 ──────▶ **농민운동**

1920년대 성장

① 20년대 전반 : 생존을 위한 농민운동
㉠ 농민조합과 소작인 조합을 중심으로 소작료 투쟁, 수리조합 반대
㉡ 암태도 소작쟁의 (1923, 아사동맹, 성공)
② 20년대 후반
㉠ 동양척식주식회사나 일본인 소유 농장에서 소작쟁의 규모와 횟수 증가
㉡ 자작농을 포함하는 농민조합으로 발전
㉢ 불이흥업농장 소작쟁의(1929)

1930년대 절정

① 사회주의와 결합하여 활성화 ⇨ 혁명적(비합법) 농민운동
② 식민지주제 철폐, 제국주의 타도
③ 30년대 후반 쇠퇴

일제의 무마책

① 일제의 농촌진흥운동(1932) : 소작조정령(1932), 조선농지령(1934)
② 중일 전쟁 이후 쇠퇴

■□□ 노동·농민단체

조선노동공제회(20) ──▶ 조선노농총동맹(24) ──▶ 조선농민총동맹(27)
                                        ──▶ 조선노동총동맹(27)

배경	① 20년대 회사령의 폐지 ⇨ 노동자 증가 ② 열악한 노동 환경
1920년대 성장	① 생존을 위한 노동운동 '임금 인상 투쟁, 노동 조건 개선' 부산부두노동자 파업(21), 목포제유노동자파업(26) ② 20년대 후반 점차 규모가 커지고 항일 투쟁으로 변모 원산총파업(29, 영국계 라이징 선 석유회사)
1930년대 절정	① 사회주의와 결합하여 활성화 ⇨ 혁명적(비합법) 노동운동 ② '제국주의 타도, 노동 계급을 해방' ③ 평양고무공장 파업(30), 함남신흥탄광 파업(30), 부산진조선방직 파업(30) ④ 30년대 후반 쇠퇴

chapter **사회적 민족운동**

| 청년운동 | 계몽활동 : 강연회, 토론회, 야학 등
조선청년연합회(20), 서울청년회(21), 조선청년총동맹(24) |

| 소년운동 | ① 천도교의 방정환, 김기전
② 천도교 소년회 조직(19) ⇨ 어린이날 제정(22) ⇨ 잡지 '어린이' 발간(23) ⇨ 색동회 조직(23)
③ 조선소년연합회(27) |

O X 　 1920년대 방정환은 어린이날을 제정하고, 잡지 '소년'을 간행하였다. (O / X)

여성운동

① 토산애용부인회(23, 물산장려운동), 대한애국부인회(1919), 조선여성동우회(24, 사회주의)
② 천도교 잡지 '신여성(23)'
③ 근우회(27) : 신간회의 자매단체, 민족유일당운동 참여
　　　　　　　김활란, 여성 운동 주도 , 지방에 지회 설치, 기관지 '근우'

▼ 근우회 기관지 '근우'

■■□ **근우회 창립 취지문**

인류 사회는 많은 불합리를 생산하는 동시에 그 해결을 우리에게 요구하여 마지 않는다. 여성문제는
그 중의 하나이다. ... 우선 조선 자매 전체의 역량을 공고히 단결하여 운동을 전반적으로 전개하지
아니하면 아니된다. 일어나라! 오너라! 단결하자! 분투하자! 조선의 자매들아! 미래는 우리의 것이다!

형평운동

▼ 형평운동 포스터

배경	① 갑오1차 개혁(1894)으로 신분제 폐지 되었지만 백정 차별 계속됨 ② 일제의 차별정책 : 호적에 '도한'으로 기록. 이름 위에 붉은 점 표시하여 구별 ⇨ 민족운동으로 발전
전개	① 강상호, 이학찬 등이 주도 하여 진주에서 시작 ② 진주의 조선형평사(1923) ③ 전국적으로 확대 ④ 반형평운동(소고기 불매운동)

chapter 신간회 형성

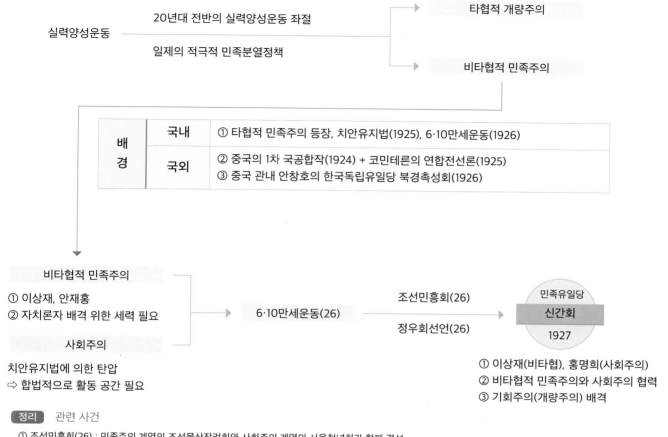

실력양성운동 ──── 20년대 전반의 실력양성운동 좌절 ──→ 타협적 개량주의

──── 일제의 적극적 민족분열정책 ──→ 비타협적 민족주의

배경	국내	① 타협적 민족주의 등장, 치안유지법(1925), 6·10만세운동(1926)
	국외	② 중국의 1차 국공합작(1924) + 코민테른의 연합전선론(1925) ③ 중국 관내 안창호의 한국독립유일당 북경촉성회(1926)

비타협적 민족주의
① 이상재, 안재홍
② 자치론자 배격 위한 세력 필요

사회주의
치안유지법에 의한 탄압
⇨ 합법적으로 활동 공간 필요

→ 6·10만세운동(26) ─── 조선민흥회(26) / 정우회선언(26) ──→

민족유일당
신간회
1927

① 이상재(비타협), 홍명희(사회주의)
② 비타협적 민족주의와 사회주의 협력
③ 기회주의(개량주의) 배격

정리 관련 사건

① 조선민흥회(26) : 민족주의 계열의 조선물산장려회와 사회주의 계열의 서울청년회가 함께 결성
② 정우회선언(26) : 사회주의 단체인 정우회가 비타협적 민족주의 세력과의 제휴 필요성 선언

chapter 신간회 활동과 해소

신간회 활동

조직	① 농민과 노동자 중심으로 상인, 교사 등 다양한 계층 참여. 단체 자격 가입 불가 ② 중앙(비타협적 민족주의), 지회(사회주의, 활발히 활동) ③ 만주·일본에도 지회 설치 ④ 자매단체 근우회
주요 활동	① 노동·농민운동 : 원산노동자 총파업(29) 지원, 동양척식주식회사 소작쟁의 지원, 단천농민조합 사건 등 ② 조선인 본위의 교육 주장 ⇨ 광주학생운동 지원(29) : 진상조사단 파견, 민중 대회 개최 시도 ③ 각종 사회운동 지원, 여성운동, 형평운동, 한국인 중심의 교육, 동척 철폐, 일본인 이주 반대 등

신간회 해소(1931)

국내 : ① 일제의 탄압 + ② 내부 이념 갈등
국외 : 중국의 1차 국공합작 실패

→ ① 새로운 지도부가 타협적 민족주의와 협력하려 시도하면서 사회주의자 반발
② 코민테른의 노선 변화로 사회주의 측의 해소 주장 ⇨ 해소

■■□ 일제의 식민지 사관

① 타율성론 : 만선사관, 한사군기원설, 임나일본부설
② 정체성론 : 조선은 중세로 발전하지 못한 정체된 사회
③ 당파성론 : 파당과 정쟁에 치우친 조선
④ 식민지 근대화론 : 식민지배로 인해 한국의 경제가 발전
⑤ 관련 단체 : 조선사편수회(1925)에서 37권의 조선사 편찬(1938), 청구학회(1930)
⑥ 임나일본부설 관련 : 칠지도, 광개토대왕비, 일본서기(일본)

chapter **민족주의 사학**

민족주의 사학 일제의 식민지 사관에 저항하여 구한말 신채호의 독사신론(1908)을 시작으로 일제강점기 민족주의 사학 전개

백암 박은식
혼 사상

① 대동고대사론(1911) : 단군과 기자조선의 영역 연구
② 한국통사(1915) : 일본의 국권침탈 과정. '역사는 신(神)이요, 나라는 형(形)이다' ⇨ 일본의 조선사편수회 등장
③ 한국독립운동지혈사(1920) : 3·1운동과 독립운동 역사. '국혼'으로 역사 중시
④ 임시정부에의 사료편찬소 : 한일관계사료집

▲ 박은식 ▲ 신채호

[인물] 박은식(1859~1925)
① 황성신문과 대한매일신보에서 활동
② 애국계몽운동(신민회, 조선광문회, 서북학회 등)
③ 상해에서 활동 : 동제사 등에 참여 하였으며, 임시정부의 독립신문 사장
④ 임시정부 2대 대통령 박은식(1925)
⑤ 유학자(양명학자)로서 업적 : 유교구신론과 대동사상(대동교), 대동고대사론

단재 신채호
낭가 사상

[관련] 개항기의 독사신론(1908, 대한매일신보) : 식민지 사관에 반대하여 민족주의 사학의 발판. 고조선 ⇨ 부여 ⇨ 고구려 계승의식
① 조선상고문화사(10년대 후반으로 추정) : 대종교의 단군사상과 관련된 고대사 연구
② 조선사연구초(20년대) : 6편의 논문. 민족 정신 '낭가사상' 강조.
  '서경천도운동은 조선역사 일천년래 제일대사건'
③ 조선상고사(30년대) : 만주 중시 ⇨ 고조선⇨부여⇨고구려 계승의식
  '역사는 아(我)와 비아(非我)의 투쟁'

[정리] 정통론
① 단군 ⇨ 기자 ⇨ 위만 ⇨ 삼국 : 동국통감, 조선 초 사서
② 단군 ⇨ 기자 ⇨ 삼한 ⇨ 삼국 : 동사강목
③ 단군 ⇨ 부여 ⇨ 고구려 : 이종휘의 동사, 신채호

[인물] 신채호(1880~1936)
① 황성신문과 대한매일신보에서 활동
② 애국계몽운동 활동(신민회, 국채보상운동 등)
③ 1910년대 연해주의 권업회, 국내의 보합단 등에서 활동
④ 상해에서 활동 : 동제사 등에 참여 하였으며, 임정에 참여
⑤ 국민대표회의의 창조파(1923)
⑥ 의열단의 요청으로 조선혁명선언(1923, 무정부주의, 민중혁명)
⑦ 신간회 발기인으로 참여(1927)
⑧ 1928년 체포되어 뤼순감옥에서 옥사

1930년대 민족주의 사학

① 안재홍 : ㉠ '조선상고사감' ㉡ 신간회 ㉢ 조선건국준비위원회 ㉣ '신민족주의와 신민주주의'
② 정인보 : ㉠ '5천년간 조선의 얼' 강조 ㉡ '조선사연구' ㉢ 광개토대왕비 재해석 ㉣ 양명학자
③ 문일평 : ㉠ '조선 심' 강조 ㉡ '조선사화', '대미관계 50년사'

[관련] 1930년대 조선학운동
안재홍, 정인보, 문일평 등을 중심으로 1934년 다산 서거 99주년 기념사업을 계기(여유당전서 간행)로 시작된 국학운동

chapter **사회경제 사학**

등장 배경	① 사회주의의 유물사관 : 서구적 역사 발전 단계론(원시 공산사회 ⇨ 고대 노예제 ⇨ 중세 봉건제 ⇨ 근대 자본주의 ⇨ 공산주의) ② 일제의 정체성론(한국사에서 중세의 존재 부정)에 대한 반박하여 한국사의 중세를 증명하기 위한 노력 ③ 민족주의 사학의 주관적 정신사관 비판
주요 활동	① 한국사에서 중세의 존재 증명 ⇨ 한국사의 보편성 강조 ② 백남운 : 조선사회경제사(1933), 조선봉건사회경제사 ③ 이청원 : 조선사회사독본, 조선역사독본

chapter **실증 사학**

등장 배경	① 사회경제사학의 지나친 역사 일반화 비판 ② 청구학회의 한국사 왜곡에 저항
주요 활동	① 철저한 고증을 통한 객관성 강조 ② 진단학회(1934) : 손진태, 이병도 ③ 진단학보 　관련　 대동보국단의 잡지 '진단'

chapter **해방 이후 신민족주의 사학**

민족주의 사학을 계승하여 자주적인 민족국가 건설을 지향하는 사학
① 손진태 : 조선민족사개론, 국사대요　　　정리　 손진태 : 진단학회, 신민족주의, 민속학 연구
② 안재홍 : 신민족주의와 신민주주의
③ 이인영 : 국사요론

　관련　 백남운의 '연합성 신민주주의'

■■□□ **손진태의 조선민족사 개론**

1) 나는 신민족주의 입지에 이 글을 썼다. 왕자 1인만이 국가의 주권을 전유하였던 귀족 정치기에 있어서도 민족 사상이 없던 것은
아니오, 자본주의 사회에서도 또한 민족주의란 것이 있다. 그러나 그러한 민족 사상은 모두 진정한 의의의 민족주의는 아니었다.
2) 계급투쟁은 민족의 내부 분열을 초래할 것이며, 민족의 내쟁은 필연적으로 민족의 약화에 따르는 다른 민족으로부터의 수모를
초래할 것이다. 계급투쟁의 길은 우리가 반드시 취해야 할 필요는 없고, 민족 균등이 실현되는 날 그것은 자연 해소되는 문제다. …
(중략) … 이 세계적 기운과 민족적 요청에서 민족사관은 출발하는 것이며, 민족사는 그 향로와 방법을 명백하게 과학적으로 지시
하여야 할 것이다.

■■□□ **안재홍의 신민족주의와 신민주주의**

지주와 자본가와 농민과 노동자가, 한꺼번에 만민공생(萬民共生)의 신발족(新發足)을 함을 요청하는 역사적 명제하에 있으므로
고대(古代) 이래의 '조국고유(祖國固有) 민족주의' 그것을 현대적(現代的) 의의(意義)에 발전시키어 만들어진 것이 신민족주의이다.

chapter **농촌계몽운동**

신문사에서 주도한 문맹퇴치운동 : 문자보급과 악습 개선
① 조선일보의 문자보급 운동 (1929) : '아는 것이 힘, 배워야 산다.'
② 동아일보의 브나로드 운동(1931) : '배우자! 가르치자! 다 함께 브나로드!'
③ 조선어학회도 동참 : 한글 교재 보급, 강습회
④ 총독부의 금지령으로 중단(1935)

chapter **한글 연구**

관련 구한말 국문연구소(1907~09)

① 학부 산하의 한글연구 기관
② 이능화, 주시경, 지석영 등이 활동
③ 주시경 : 한글이란 명칭 최초 사용. 국문문법, 국어문법, 말의 소리

조선어연구회(21)	→	조선어학회(31)	→	조선어학회 사건(42)
① 한글보급 운동 ② 한글대중화 운동 ③ '가갸날' 제정(26) ④ 기관지 '한글'(27)		① 표준화 : 맞춤법, 표준어, 외래어 표기법 제정 ② '우리말 큰사전' 시도 ③ 기관지 '한글' 재발간 ④ 문맹퇴치운동 보조 ⑤ 이극로, 최현배		① 함흥 여고생 박영옥의 조선어 대화 ② 치안유지법으로 탄압 ③ '우리말 큰사전' 중단 　(완성은 해방 후 1957년)

chapter **일제강점기 문학**

1910년대

무단통치로 문예 활동 위축 → 계몽문학
① 이광수의 무정(1917) : 최초 한글 장편 소설
② 최남선의 다양한 신체시

관련 구한말 최남선의 최초의 신체시 '해에게서 소년에게(1908)'

1920년대

낭만주의 문학

① 3·1운동 실패 후 현실도피적·퇴폐적 성향 유행
② 동인지 '창조', '폐허', '백조'

신경향파

① 낭만주의를 비판하며 등장한 프롤레타리아 문학(사회주의 문학)
② 현실 참여와 실천성 강조
③ '카프(KAPF)' 결성(25)

심화 그밖에 20년대 문학 장르
국민문학 : ① 신경향파를 비판하는 민족주의 문학
          ② 역사소설 등 민족적 소재, 김소월 진달래꽃
사실주의 : ① 현진건 '운수 좋은 날' ② 염상섭 '삼대'

1930년대 이후

① 시문학파 : 순수문학. 정지용, 김영랑. '시문학'
② 청록파 : 자연으로 회귀. 박두진, 박목월, 조지훈
③ 친일문학 : 이광수, 최남선, 노천명

저항 문학

20년대 저항문학	① 이상화 '빼앗긴 들에도 봄은 오는가'(26, 개벽) ② 한용운 '님의 침묵'(26)
30년대 저항 문학	① 심훈의 '상록수'(35, 브나로드 운동) ② 홍명희의 '임꺽정'(30년대 연재)
40년대 저항 문학	① 이육사의 '절정'(40), '광야'(46) ② 윤동주의 '서시'(41), '하늘과 바람과 별과 시'(41)

관련 야학 관련 문학 : 이광수의 흙(32), 심훈의 상록수(35)

음악	전통 음악	창극과 판소리가 공연예술로 명맥 유지
	서양 음악	① 창가 유행 : 서양 악보 + 우리말 가사 ② 가곡 : 홍난파의 '봉선화(1920)', 현제명의 '그 집 앞(1933)', 안익태의 '코리아 환상곡(1936)' ③ 동요 : 홍난파의 '고향의 봄'
미술	전통 미술	① 안중식(장승업 제자) ② 박생광·이응노(수묵화를 현대적 감각으로 재해석)
	서양 미술	① 고희동(최초 서양 화가) ② 나혜석(최초의 여류화가, 경희) ③ 이중섭(민족적 색채의 소)
연극 영화	연극	① 극예술협회(1920)와 토월회(1923) : 동경 유학생들의 계몽을 위한 신극운동 ② 극예술연구회(1931)와 토막(1931) : 사실주의 연극, 유치진의 '토막', 극예술 발간 ⇨ 30년대 중반 이후 쇠퇴
	영화	① 아리랑(1926) : 나운규, 6·10만세운동과 더불어 흥행 ② 일제의 조선영화령(1940)으로 쇠퇴

chapter **기타**

체육	마라톤	손기정 베를린 올림픽 마라톤 금메달(1936) ⇨ 조선중앙일보와 동아일보의 일장기 삭제 사건
	자전거	엄복동 전조선자전거차 경기 대회 우승(1920년대가 전성기)

정리 일제 강점기 과학 대중화 운동
① 계기 : 안창남의 고국방문비행(1922)
② 김용관이 주도하여 발명학회 등 단체 조직 : '과학 조선', 과학의 날

관련 문화재보호운동 : 간송 전형필(훈민정음 해례본, 청자상감운학문매병)

chapter **의식주의 변화**

의	① 양복과 개량한복 ② 국민복과 몸뻬(전시동원체제)
식	공출제와 배급제(전시동원체제)
주	① 개량 한옥, 양옥, 일식과 한옥의 절충형, 영단주택(서민형 보급주택) 등이 보급 ② 토막집 : 빈민들이 거주하는 거적을 덮은 흙집

정리 일제강점기 사회상
① 화신백화점(1931) : 최초의 백화점(종로). 엘리베이터와 에스컬레이터 설치
② 모던 걸(모던 보이) : 1920~30년대 경성에 주로 단발과 양장을 한 채 거리를 활보한 신식 여성

chapter **대한민국 임시정부의 성립**

① 대동단결선언(1917)에서 임시정부의 필요성 제기
② 3·1운동 이후 지속적인 독립운동을 위한 조직화 필요성 대두
③ 민족자결에 대한 기대

연해주 대한국민의회(1919.3)	상하이 임시정부(1919.4)	서울 한성정부(1919.4)
① 전로한족회중앙총회 계승 ② 대통령 손병희, 총리 이승만	① 신한청년당이 중심 ② 임시 의정원 수립 ③ 국무총리 이승만, 의정원장 이동녕	① 13도 대표(정통성) ② 집정관 이승만, 국무총리 이동휘

상하이 대한민국 임시정부 1919.8

정리 대한민국 임시정부 초대 주요 인사
① 대통령 : 이승만(외교론)
② 국무총리 : 이동휘(무장투쟁론)
③ 내무총장 : 안창호(실력양성론)

① 최초 3권 분립 민주공화제 정부(임시 의정원, 국무원, 법원)
② 대한국민의회를 중심으로 임시의정원이 결합하여 입법기구(임시의정원) 구성
③ 한성정부의 법통을 계승하여 행정부 조직

참고 임시정부의 법원 : ① 1차 개헌 법원 규정 ② 2차 개헌 법원 삭제 ③ 5차 개헌 심판원 규정

chapter **임시정부의 초기 활동**

국내비밀 조직
① 연통제 : 국내와 만주에서 조직된 비밀조직망
　　　　인구세와 애국공채 발행 등으로 자금 조달
② 교통국 : 국내와 만주의 통신기관
　　　　이륭상회(조지 쇼, 만주)와 백산상회(안희제, 부산)
③ 1922년 경 와해 ⇨ 임시정부 재정난 직면

심화 그밖에 국내 산하단체
① 대한애국부인회(대구)
② 철원 애국단(강원도)

초기 활동

외교 활동	① 김규식이 파리강화회의에 독립청원서 제출(파리위원부, 1919) ② 미국 워싱턴에 구미위원부 설치(1919) : 이승만·서재필의 독립청원 ③ 조소앙이 2차 인터내셔널 제네바 회의 한국민족독립결정서 통과(1920) ④ 이동휘는 소련과 비밀협정(1920) : 이르쿠츠크파와 상해파 분열 계기
군사 활동	① 만주·연해주 군사활동의 간접 지원 : 서로군정서, 북로군정서 ② 군무부와 육군무관학교 설립 ③ 직할대로 광복군 사령부(1920) ⇨ 광복군 총영(천마산대 합류,1920)으로 개편 ④ 미국에 한인비행사 양성소(1920)
실력 양성	① 임정의 기관지인 독립신문(이광수,1919) ② 사료편찬소(박은식, 이광수, 안창호) : 한일관계 사료집 ③ 상하이 인성학교(1917) : 여운형이 설립한 학교로 임정 산하로 편입

chapter **임시정부의 위기와 몰락**

① 교통국과 연통제의 해체 ⇨ 자금난
② 독립운동 노선의 대립
③ 외교노선의 성과 부재
④ 이승만의 위임통치 청원서 제출

군사통일주비회(1921) : 북경의 신채호, 박용만 주도

국민대표회의(1923)

창조파 계열이 국민대표회의 소집을 최초 주장하고 개조파 계열이 동참

창조파	① 신채호, 박용만, 이르쿠츠크파 고려공산당 ② 새로운 정부 수립 주장. 임정의 정통성 부정
개조파	① 안창호, 이동휘, 상하이파 고려공산당 ② 임정을 유지하면서 개혁. 임정의 정통성 인정
현상유지파	이승만과 김구, 이동녕 등은 불참

임시정부의 분열

① 국민대표회의는 결렬되고 창조파와 개조파는 임시정부를 이탈
② 김구, 이시영, 이동녕 등 소수 현상유지파만 잔존
③ 이승만 탄핵(1925) ⇨ 2대 대통령 박은식
④ 2차 개헌(1925) : 2대 대통령 박은식이 국무령 중심의 내각제로 개헌(이상룡 초대 국무령)
⑤ 3차 개헌(1927) : 3대 국무령 김구가 국무위원 중심의 집단지도체제로 개헌

chapter 봉오동 전투와 청산리 전투

3·1운동으로 인해 무장투쟁 활성화 ──────────→ 삼둔자 전투(20) : 최진동, 홍범도 등 연합부대
　　　　　　　　　　　　　　　　　　　　　　　　　삼둔자에서 일본군 국경수비대를 격퇴

봉오동 전투
1920
일본군 대대를 대한독립군(홍범도), 군무도독부(최진동)
국민회군(안무), 신민단(한경세) 등이 격퇴

훈춘사건 빌미로 일본군 2개 사단 출병　　　参고　훈춘사건(1920)
　　　　　　　　　　　　　　　　　　　　　일본군이 만주로 출병 구실을 만들기 위해 중국
　　　　　　　　　　　　　　　　　　　　　마적을 매수하여 자국민을 습격한 사건

심화　1920년대 전반의 국내 무장 단체
평안도·황해도 일대에서 활약
① 천마산대(1919) : 최시흥, 광복군 사령부에 편입
② 보합단(1920) : 김동식 등 암살대 조직
③ 구월산대(1920) : 이명산 등 대한독립단 파견 부대

청산리 전투
1920
백운평, 완루구, 어랑촌, 고동하 등에서 10여 차례
전투에서 북로군정서, 대한독립군, 의민단, 국민회군
연합부대의 대승

chapter 간도 참변과 자유시 참변

간도 참변
1920
독립군 소탕이란 명분으로 간도 한인촌에서
민간인 무차별 학살·방화

대한독립군단 결성(20, 총재 서일)

① 밀산으로 결집
② 서로군정서 + 북로군정서 + 대한독립군 등이 연합
③ 소련의 자유시(스보보드니)로 이동

자유시 참변
1921
① 적군의 무장해제 요구
② 적군을 지지하는 이르쿠츠크 공산당 세력과
　이를 반대하는 상하이 공산당 세력의 대립
③ 막대한 희생 야기

간도참변과 자유시 참변 후 독립군의 재정비 ⟶ **3부의 성립**

정부 성격의 무장단체 형성 : 민정기관 + 군대조직

참의부(1923)

① 압록강 연안
② 임정직할(육군 주만 참의부)

정의부(1924)

① 남만주 지린 일대
② 3부 중 최대 규모
③ 지청천, 양기탁

신민부(1925)

① 북만주 일대
② 소련에서 돌아온 독립군 중심
③ 대종교, 김좌진

chapter **미쓰야 협약**

만주 군벌과 일본(총독부 경무국장 미쓰야)의 독립군 탄압에 관한 협정(1925)

■□□ 미쓰야협약(1925)

제1조 중국 관헌은 각 현에 통고하여 재류 조선인이 무기를 휴대하고 조선에 침
입하는 것을 엄금한다. 이를 어긴 자는 체포하여 일본 관헌에게 인도한다.
제3조 불령선인 단체는 해산하고 소지한 무기는 몰수하고 무장을 해제한다.
제4조 일본 관헌에서 지명한 불령단 수령은 중국관헌에서 신속히 체포하여 인도
한다.

chapter **3부 통합 운동**

① 미쓰야 협정에 의한 중국 군벌의 독립군 탄압
② 중국의 1차 국공합작(1924~27)에 영향을 받은 민족유일당 운동
③ 국내의 신간회와 근우회 조직(1927)
④ 중국 관내에서 유일당 운동(1927)

관련 중국 관내 유일당 운동
안창호 한국독립유일당 북경촉성회(26)
⇨ 상하이에 한국독립당 관내촉성회연합회 결성(27)

3부 통합 시도

북만주	신민부	혁신의회(1928)	한국독립당 한국독립군(지청천, 1930)
남만주	정의부	국민부(1929)	조선혁명당 조선혁명군(양세봉, 1929)
	참의부		

chapter 의열단

3·1운동 ──────→ 노인동맹단의 강우규(1919)의 의거
: 사이토 총독에게 폭탄 투척 ──────→

의열단
1919

만주 지린성 등에서 김원봉, 윤세주 등이 조직(1919)
상하이에 폭탄제조소를 설치하여 중국 관내를 이동하며 활동

■■□ **조선혁명선언(의열단 선언)**
민중은 우리 혁명의 중심이다. 폭력은 우리 혁명의 유일한 무기이다. 우리는 민중 속에 가서 민중과 손을 잡아 끊임없는 폭력, 암살, 파괴, 폭동으로써 강도 일본의 통치를 타도하고 우리 생활에 불합리한 일체 제도를 개조하여 인류로써 인류를 압박치 못하며, 사회로써 사회를 약탈하지 못하는 이상적 조선을 건설할지니라.

지향
① 요인암살과 식민기구 파괴 : 7가살5파괴
② 조선혁명선언(1923) : 신채호 작성, 무정부주의, 민중폭력혁명

주요 활동
① 1920 : 박재혁(부산경찰서), 최수봉(밀양경찰서)
② 1921 : 김익상(조선총독부)
③ 1922 : 김익상·오성륜(상해 황포탄 의거 : 상하이 다나카 암살 시도)
④ 1923 : 김상옥(종로경찰서)
⑤ 1924 : 김지섭(도쿄 황궁 이중교)
⑥ 1926 : 나석주(조선식산은행, 동양척식주식회사, 임시정부 출신)

노선 변화
개별적 폭력 투쟁의 한계 인식
↓
① 대중적 정당 건설
 ㉠20여개 조 강령 발표(1926, 계급타파와 토지평균 등)
 ㉡민족혁명당(1935)
② 조직적 무장투쟁
 ㉠중국 황포군관학교 군사 훈련(1926)
 ㉡조선혁명간부학교 설립(1932)

chapter 한인애국단

일본의 한중분열정책
: 만주사변(1931) 직전 만보산 사건으로 조선과 중국을 이간질 ──────→

상하이
한인애국단
1931

조선과 중국의 악화된 관계를 개선하고 임시정부의
침체를 극복하기 위해 한인애국단 조직

참고 만보산 사건
지린성 만보산에서 일제가 한중농민의 갈등을 이간질하여 한중관계 악화

심화 기타 의혈단체
① 다물단(1923) : 김창숙 등이 친일파 암살
② 불령사(1923) : 박열 등 재일비밀결사. 일본 히로히토 황태자 암살 미수
③ 조명하(1928) : 일왕의 장인인 육군 대장 구니노미야 암살
④ 경성부민관폭탄투척(1945) : 대한애국청년당

주요 활동
① 이봉창(1932) : 도쿄 히로히토 일왕 폭살 시도
② 상하이 사건 : 일본 승려사건을 빌미로 상하이 강제 점령
③ 윤봉길(1932) : 상하이 홍커우 공원 폭탄투척사건
　　　　　　　　야채장수, 시라카와 대장

영향
① 한·중관계 개선
 ㉠ 중국 국민당의 임정 지원
 ㉡ 중국군관학교에 한국인 특별반 설치(한국광복군의 기반)
 ㉢ 30년대 만주에서 한중연합작전의 밑거름 마련
② 일본의 임시정부 탄압 강화
 ⇨ 항저우를 거쳐 중국 국민당을 따라 충칭(1940)으로 이동

chapter **1930년대 : 만주에서 중국군과의 연합전선**

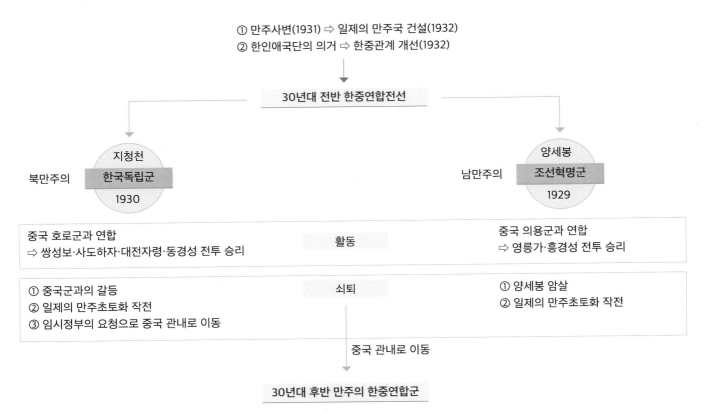

① 만주사변(1931) ⇨ 일제의 만주국 건설(1932)
② 한인애국단의 의거 ⇨ 한중관계 개선(1932)

30년대 전반 한중연합전선

북만주의 | 지청천 **한국독립군** 1930

남만주의 | 양세봉 **조선혁명군** 1929

활동

중국 호로군과 연합
⇨ 쌍성보·사도하자·대전자령·동경성 전투 승리

중국 의용군과 연합
⇨ 영릉가·흥경성 전투 승리

쇠퇴

① 중국군과의 갈등
② 일제의 만주초토화 작전
③ 임시정부의 요청으로 중국 관내로 이동

① 양세봉 암살
② 일제의 만주초토화 작전

중국 관내로 이동

30년대 후반 만주의 한중연합군

동북인민혁명군 조직(33) ⇨ 동북항일연군(36) : 사상 민족을 초월한 항일연합전선, 보천보 전투 ⇨ 40년대 소련으로 이동

[관련] 보천보 전투(37) : 김일성, 조국광복회(갑산파)의 지원으로 국내진공작전

chapter **1930년대 후반 : 관내 민족유일당 운동**

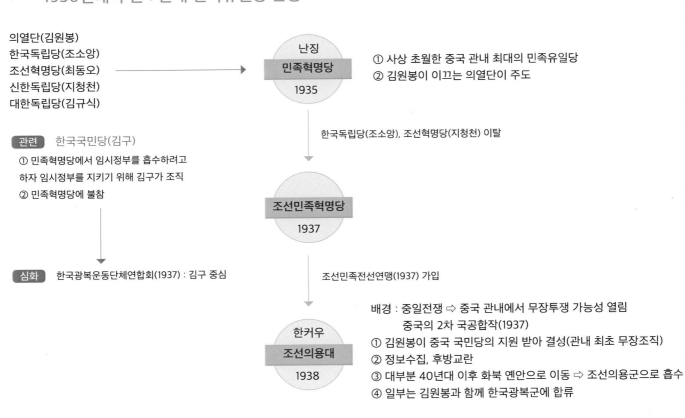

의열단(김원봉)
한국독립당(조소앙)
조선혁명당(최동오)
신한독립당(지청천)
대한독립당(김규식)

난징 **민족혁명당** 1935

① 사상 초월한 중국 관내 최대의 민족유일당
② 김원봉이 이끄는 의열단이 주도

[관련] 한국국민당(김구)
① 민족혁명당에서 임시정부를 흡수하려고
하자 임시정부를 지키기 위해 김구가 조직
② 민족혁명당에 불참

한국독립당(조소앙), 조선혁명당(지청천) 이탈

조선민족혁명당 1937

[심화] 한국광복운동단체연합회(1937) : 김구 중심

조선민족전선연맹(1937) 가입

한커우 **조선의용대** 1938

배경 : 중일전쟁 ⇨ 중국 관내에서 무장투쟁 가능성 열림
중국의 2차 국공합작(1937)
① 김원봉이 중국 국민당의 지원 받아 결성(관내 최초 무장조직)
② 정보수집, 후방교란
③ 대부분 40년대 이후 화북 옌안으로 이동 ⇨ 조선의용군으로 흡수
④ 일부는 김원봉과 함께 한국광복군에 합류

chapter **1940년대 항일투쟁**

① 건국강령 발표(1942)
② 해방 후 북한의 연안파로 활동

조선독립동맹(1942, 김두봉)

김무정
조선의용군
1942

① 화북지역의 무장군 + 조선의용대 화북지대(1941)
② 중국공산당 팔로군과 연합 ⇨ 호가장전투(1941)

정리 중국 관련 부대

① 의용군(조선혁명군) ― ② 호로군(한국독립군) ― ③ 동북항일연군 - ④ 팔로군(조선의용군)

조선의용대(1938)

한국독립당(1940)

① 한국국민당(김구) + 한국독립당(조소앙)
+ 조선혁명당(지청천)
② 김구가 중심이 된 임시정부의 집권정당

지청천
한국광복군
1940

① 한국독립당 산하에 한국광복군 창설과 광복군 선언(40)
② 태평양전쟁 발발 후 대일선전포고(41)
③ 김원봉의 조선의용대 흡수 통합(42)
④ 총사령관 : 지청천, 부사령관 : 김원봉, 참모장 : 이범석
⑤ 인도, 미얀마 전선에서 영국군과 연합작전(43)
⑥ 중국 국민당과 연합작전 : 초기 중국군에 예속 ⇨ 독자적 작전권(44)
⑦ 미국전략정보처(OSS)의 비행편대와 국내진입작전 준비(국내정진군)

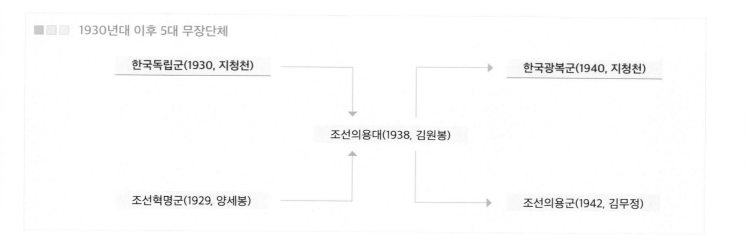

■■■ 1930년대 이후 5대 무장단체

한국독립군(1930, 지청천) → **한국광복군(1940, 지청천)**

조선의용대(1938, 김원봉)

조선혁명군(1929, 양세봉) → **조선의용군(1942, 김무정)**

chapter 임시정부의 역사

| 1기 성립기 | 1차 개헌(19) : 대통령 중심제(이승만) |

| 2기 쇠퇴기 | ① 국민대표회의(23)
② 이승만 탄핵(25) ⇨ 2차 개헌 (25) : 2대 대통령 박은식이 국무령(이상룡) 중심의 내각책임제로 개헌
③ 3차 개헌(27) : 국무령인 김구가 국무위원 중심의 집단지도체제로 개헌 |

| 3기 잠복기 | ① 한인애국단(이봉창, 윤봉길)의 활동으로 임정 부활
② 한국국민당 창당(35) : 민족혁명당의 통합운동으로부터 임시정부를 지키기 위해 결성 |

| 4기 재활기 | 4차 개헌(1940)

① 충칭 정착. 주석 중심의 단일체제(김구) ⇨ 한국독립당 창당과 한국광복군 창설(1940)
② 삼균주의(조소앙) 기반한 대한민국 건국강령(1941) ⇨ 건국강령 발표시 대일선전포고(1941)
③ 김원봉의 조선의용대 흡수 통합(42)

5차 개헌(1944)

주석·부주석 체제(김구, 김규식) |

■■□□ 3대 건국강령 비교

대한민국 건국강령(1941)	조선 독립동맹 건국강령(42)	조선건국동맹의 건국강령(45)
① 조소앙의 삼균주의에 기반 　: 개인간, 민족간, 국가간 균등 　　정치, 경제, 교육의 균등 ② 정치 : 민주공화국, 보통선거권 ③ 경제 : 대생산시설 국유화, 경자유전 ④ 교육 : 국비의무교육	① 정치 : 민주공화국, 보통선거제 ② 경제 : 일제 재산 몰수, 　　　　친일적 대기업 국유화, 토지 분배 ③ 교육 : 국가의무교육	① 각인 각파는 대동단결하여 거국일치로 일본제국주의 제세력을 구축 하고 조선민족의 자유와 독립을 회복할 것. ② 반추축제국과 협력하여 대일 연합전선을 형성하고 조선의 독립을 저해하는 일체 반동세력을 박멸할 것. ③ 건설부면에 있어 일체 시정을 민주주의적 대중의 해방에 치중할 것.

정리　중국 관내의 주요 도시

① 상하이(상해) : 외교 도시. 임시정부 수립
② 항저우(항주) : 한국국민당 창당
③ 난징(남경) : 민족혁명당 창당
④ 한커우(우한) : 조선의용대 창설
⑤ 옌안(연안) : 조선독립동맹과 조선의용대 활동
⑥ 충칭(중경) : 한국광복군 창설

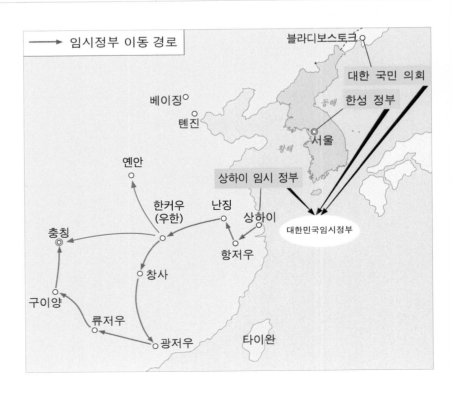

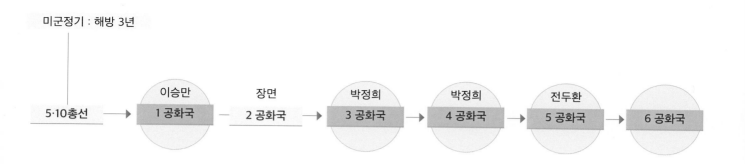

미군정기 : 해방 3년

5·10총선 → 이승만 1 공화국 — 장면 2 공화국 → 박정희 3 공화국 → 박정희 4 공화국 → 전두환 5 공화국 → 6 공화국

chapter **해방 공간의 남한의 주요 세력**

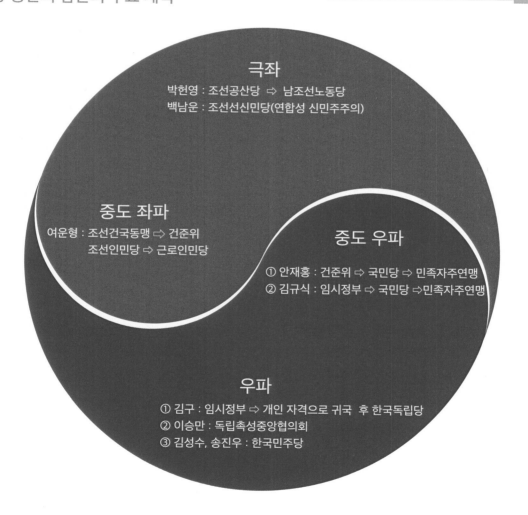

극좌
박헌영 : 조선공산당 ⇨ 남조선노동당
백남운 : 조선선신민당(연합성 신민주주의)

중도 좌파
여운형 : 조선건국동맹 ⇨ 건준위
조선인민당 ⇨ 근로인민당

중도 우파
① 안재홍 : 건준위 ⇨ 국민당 ⇨ 민족자주연맹
② 김규식 : 임시정부 ⇨ 국민당 ⇨민족자주연맹

우파
① 김구 : 임시정부 ⇨ 개인 자격으로 귀국 후 한국독립당
② 이승만 : 독립촉성중앙협의회
③ 김성수, 송진우 : 한국민주당

■■□□ 좌익 계열의 정당

북한	북조선공산당(김일성, 46)	북조선노동당(46, 북로당)	
남한	조선인민당(여운형, 45) 조선공산당(박헌영, 45) 남조선신민당(백남운, 46)	남조선노동당(46, 남로당)	조선노동당(49)

chapter **자주적 국가 건설 시도**

중도적 조선건국준비위원회 1945.8.15

① 조선건국동맹(1944, 여운형) ⇨ 조선건국준비위원회(1945.8.15)
② 여운형 + 안재홍 ⇨ 중도적(대부분 참여. 한국민주당은 임정 지지를 선언하며 불참)
③ 총독부로부터 3개월 치 식량과 치안권(치안대 조직)·행정권 이양 받음
④ 지부 설치(지방 인민위원회로 발전)
⑤ 미군 진주
⑥ 조선인민공화국 선포(1945.9) : 주석 이승만(불참), 부주석 여운형, 우파 탈퇴, 지부가 인민위원회로 전환

정리 조선건국동맹 ⇨ 조선건국준비위원회 ⇨ 조선인민공화국(≠조선민주주의인민공화국)

chapter **미군정의 주요 정책**

38도 분할과 미군정청 설치
소련군(북)·미군(남)의 진주 ⇨ 38도선 분할(45.9, 미국의 제안) ⇨ 미군정 설치(45.9)

직접통치와 우익지원
① 직접통치 : 임시정부, 건준위 등 국내외 단체 부정
② 친일파 청산 무산 : 친일경찰·관리 유지, 우익세력 지원(한국민주당)

식량문제와 좌익과 갈등

식량문제	좌익과 갈등
물가폭등 : 해방 전후 일제와 미군정의 화폐 남발 인구증가 : 해외와 북한으로부터의 인구 유입 ↓ 쌀값 폭등 ⇨ 미군의 미곡자유화 ⇨ 쌀값 폭등 ⇨ 미곡수집령(46.2)	북조선임시인민위원회(46.2)의 토지개혁(46.3) ↓ 좌익세력 탄압 : 조선 정판사 위조지폐사건(46.5)

↓

① 9월총파업(46.9, 조선노동조합전국평의회)
② 대구10·1사건(46.10)
③ 북한의 전력공급 차단

귀속재산 처리

① 신한공사(적산 관리) 설치(46.2) : 이승만 정부 수립 직전에 중앙토지행정처(1948.3)로 업무 이양
② 귀속재산 중 일부 농지를 민간불하(유상분배). 공장·주택 X   **관련** 귀속재산의 본격적 처분과 농지개혁은 이승만 정권
③ 소작료 상한 1/3 제한

chapter **광복 직전의 3대 국제회담**

광복 직전

카이로 회담(43, 미영중)
① 이집트 카이로. 미국 루즈벨트, 영국 처칠, 중국 장제스
② 한국 독립의 최초 보장
③ '적당한 시기에 한국을 독립'

얄타 회담(45, 미영소)
① 러시아 얄타. 미국 루즈벨트, 영국 처칠, 소련 스탈린
② 소련의 대일전 참전 결정
③ 최초 조선 신탁통치 언급

포츠담 회담(45, 미영중소)
① 카이로 선언에 대한 재확인(한국 독립 재확인)
② 일본 영토에서 한국을 제외
③ 독일 항복 후 일본에 항복 권고
④ 일본 거부 ⇨ 미국 히로시마 원폭 투하 ⇨ 일본 항복

광복 이후

> 관련 샌프란시스코 강화 회의(51)
> ① 2차 대전 승전국과 일본 사이의 강화 조약
> ② '일본은 한국의 독립을 인정하고 제주도, 거문도 및 울릉도를 포함한 한국에 대한 모든 권리를 포기한다.'

chapter **모스크바 3국 외상회의**

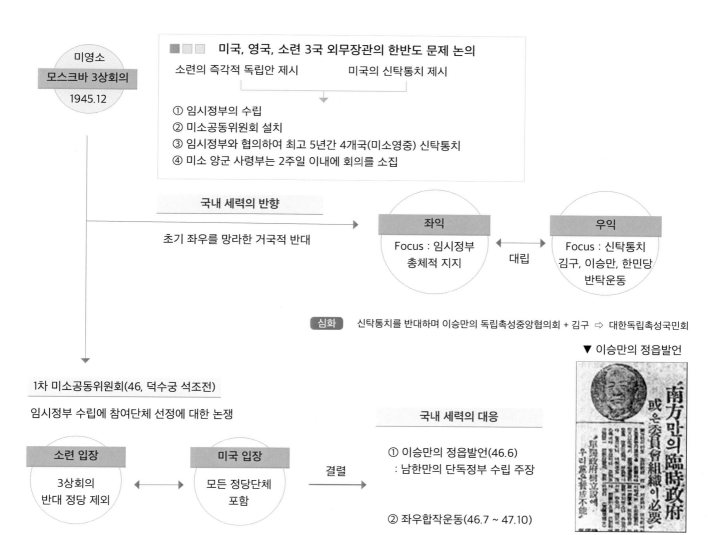

미영소
모스크바 3상회의
1945.12

■■□□ **미국, 영국, 소련 3국 외무장관의 한반도 문제 논의**
소련의 즉각적 독립안 제시 　　　미국의 신탁통치 제시

① 임시정부의 수립
② 미소공동위원회 설치
③ 임시정부와 협의하여 최고 5년간 4개국(미소영중) 신탁통치
④ 미소 양군 사령부는 2주일 이내에 회의를 소집

국내 세력의 반향

초기 좌우를 망라한 거국적 반대

좌익
Focus : 임시정부
총체적 지지

← 대립 →

우익
Focus : 신탁통치
김구, 이승만, 한민당
반탁운동

> 심화 신탁통치를 반대하며 이승만의 독립촉성중앙협의회 + 김구 ⇨ 대한독립촉성국민회

▼ 이승만의 정읍발언

1차 미소공동위원회(46, 덕수궁 석조전)

임시정부 수립에 참여단체 선정에 대한 논쟁

소련 입장
3상회의
반대 정당 제외

← →

미국 입장
모든 정당단체
포함

결렬

국내 세력의 대응
① 이승만의 정읍발언(46.6)
 : 남한만의 단독정부 수립 주장

② 좌우합작운동(46.7 ~ 47.10)

좌우합작운동(46.7-47.10)

① 1차 미소공위 휴회
② 북조선임시인민위원회(46.2) → 이승만의 정읍발언 : 남한만의 단독정부 수립 ⟶
③ 미군정의 지원

중도적
좌우합작위원회
46.7-47.10

주도	① 여운형(중도 좌), 김규식(중도 우) 주도 + 미군정의 지원 ② 남조선과도입법의원(46, 의장 김규식), 남조선과도정부(47, 민정장관 안재홍) 설치
좌우합작7원칙 (1946.10)	좌익은 5원칙, 우익은 8원칙을 제시 ① 좌우합작으로 임시정부 수립 ② 미소공동위원회 재개 ③ 토지개혁(유상매수 무상분배)과 중요산업의 국유화 　［관련］ 북한 토지개혁(무상), 남한 농지개혁(유상)과 구별 ④ 친일파 처리 등
참여 여부	① 반대 : 남조선노동당, 한국민주당 ② 소극적 참여 : 한국독립당, 독립촉성중앙협의회(김구, 이승만이 직접 참여 X) ③ 김구, 이승만의 불참으로 민중들의 지지도 소극적
실패	트루먼 독트린(47.3) : 미소 간의 냉전의 시작 ① 좌·우익의 반발 ② 2차미소공동위원회 결렬(47.7) ③ 여운형 사망(47.7)

chapter **한반도 문제 UN상정**

UN총회(47.11)	미국은 한반도 문제를 유엔에 상정 ① UN 감시 하에 인구비례에 의한 총선거 결의 ② UN 한국 임시위원단 입국(48.1) ⇨ 소련의 입북 거부
UN소총회(48.2)	접근 가능한 지역(남한)만 총선거 결정

chapter **단독 수립에 대한 반발**

남북협상(1948.4)　　남한의 단독정부 수립을 막기 위해 김구, 김규식 등 남북의 정치인들이 방북

평양에서 회담
① 남북연석 회의 : 남북 단체 간 회담
② 남북지도자 회의 : 김구, 김규식과 김일성, 김두봉 등
　⇨ 외국군 철수, 단독정부 수립 반대, 통일정부 수립 합의
③ 한계 : 실현 X. 북한정권 수립에 이용됨

관련　김구의 '3000만 동포에게 읍고함' (1948.2)

관련　① 남북협상에 참여한 김구, 김규식 등은 단독선거에 반대하여 5·10총선거에 불참
　　　② 김구, 김규식 통일독립촉진회를 결성

제주4·3사태(1948.4~ 54)　　단독선거에 반대하여 제주도에서 일어난 사건

① 3·1절 기념식 사건(47) ⇨ 경찰 발포
　⇨ 공산유격대가 가세하며 4·3사태로 확산
　⇨ 군·경찰·극우단체(서북청년단)의 토벌
② 제주 일부지역 총선거 X (198/200)

관련　여수순천10·19사건(1948)
　① 4·3사건 진압명령 거부 (군사반란)
　② 진압 과정에서 많은 양민 학살
　③ 반공 노선 강화 : 국가보안법 제정하여 좌익 숙청, 보도연맹 창설(전향한 좌익단체)
　④ 일부는 지리산에서 빨치산으로 활동

순서　3,000만 동포에게 읍고함 ⇨ 제주4·3사태(48.4) ⇨ 남북협상(1948.4) ⇨ 여수·순천10·19사건(1948)

chapter **5·10총선과 대한민국정부 수립**

5·10총선
1948

① 이승만 계열과 한국민주당와 일부 중도 세력만 참여 (김구, 김규식 등과 중도계열, 좌파계열 불참)
② 최초의 보통선거 : 21세 이상 남녀에게 선거권 부여
③ 불완전한 총선 : 제주도 일부 구역 X (198/200)

정리　선거 연령의 변화 : 5·10총선 21세 ⇨ 2공화국 20세 ⇨ 노무현 정부 19세

제헌국회 탄생

① 임기2년(48.5-50.5)
② 헌법 제정(1948.7.17)
③ 법률 제정 : 반민족행위처벌법(48), 농지개혁법(49), 귀속재산처리법(49)

정리　5대 국경일

① 3·1절　② 제헌절(7.17)　③ 광복절(8.15)　④ 한글날(10.9)　⑤ 개천절(10.3)

정부 수립

① 대통령 중심제 : 이승만(정), 이시영(부), 국무총리(이범석)
② 내각제 요소 가미 : 국회에서 정부통령 선출(간선제)
③ 1948.8.15 정부 수립 : UN이 승인한 유일한 합법정부

관련　인민군(48) ⇨ 대한민국(48.8.15), 대한민국국군(48.8) ⇨ 조선민주주의인민공화국(48.9.9)

▼ 5·10총선(1대 총선) 결과

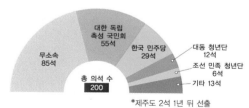

대한 독립
촉성 국민회
55석
한국 민주당
29석
무소속
85석
대동 청년단
12석
조선 민족 청년단
6석
기타 13석
총 의석 수
200
*제주도 2석 1년 뒤 선출

정당별 의석 분포

chapter 이승만 정부 전기 3대 정책

반민족행위 처벌
48~49

① 제헌헌법에 마련된 소급입법으로 친일파를 처벌할 법적 근거 마련
② 반민법 제정과 국회 내 반민족행위 특별조사위원회 설치
  (10명의 국회의원, 반민특위, 특별검찰부, 특별재판부)
③ 친일파 체포(박흥식, 최남선, 이광수, 최린, 노덕술 등)
  ⇨ 이승만 반공 담화문 발표
④ 방해 : 국회 프락치 사건, 반민특위 습격, 반민법 시효단축(2년 ⇨ 1년)
⑤ 결과 : 680여명 검거 ⇨ 5명 집행유예, 7명 실형
  ⇨ 7명도 재심 청구 등으로 모두 풀려남

관련 10 · 19 사건 ⇨ 국가보안법 제정(1948. 12) ⇨ 반공이 중시되면서 친일파 청산은 무산

농지개혁
49~57

북한의 토지개혁에 영향을 받아 토지 분배에 대한 요구 증가

관련 북조선 임시인민위원회의 토지개혁(46) : ① 무상몰수 무상분배 ② 5정보 기준 ③ 농지 뿐 아니라 모든 토지 대상

방식	① 유상매수 : 가구당 3정보 이상은 유상 매입 (지가증권 지불) ② 유상분배 : 매입한 토지를 소작농에게 유상 분배 　　　　　생산량의 150%를 5년 간 분할 납부
과정	① 농지개혁법 제정(49.6) ② 실시 : 1950~1957(6·25로 잠시 중단되었다 재개)
결과	① 경자유전의 원칙 실현(지배계급으로 지주제 소멸) ② 남한의 공산화 저지에 기여 ③ 한계 : ㉠지주를 자본가 계층으로 육성하고자 하였으나 실패 　　　　　㉡지주층이 제정 시기과 실시 시기를 늦추어 개혁 대상 토지를 축소

〈 개혁 전후의 농지 소유 형태별 농가 구성 〉

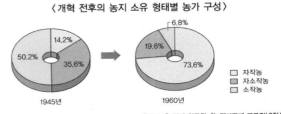

한국 농촌 경제 연구원, 「농정사관계 자료집(8집)」

귀속재산 처리
1949

① 적산의 민간 불하
② 전쟁 전에 법 제정하고, 전쟁 이후 본격적으로 처리(54~58)
③ 특정 민간인에게 헐값 매각(15년 분할 상환) ⇨ 정경 유착의 문제

chapter 6·25전쟁의 전개 과정

① 남(북진통일론)과 북(민주기지 노선)의 무력통일 주장
② 소련과 군사비밀협정 : 무기 지원
③ 중국의 북한 지원 : 조선의용군 인민군 편입. 미국 개입시 참전 약속
④ 미군 철수(49.6) : 미군사고문단만 잔존하고 미군 철수
⑤ 애치슨 선언(50.1) : 한국과 타이완을 미국 극동방위선에서 제외
⑥ 남한 8개 사단 중 4개 사단이 후방의 빨치산 소탕

6·25전쟁 전개
1950

북한의 기습(50.6.25)

인도교 폭파 ⇨ 3일 만에 서울 함락 ⇨ 유엔군 참전(미국 등 16개국) ⇨ 낙동강 전선 교착(50.7)

인천상륙작전(50.9.15)

① 맥아더 장군의 인천상륙작전
② 서울 수복(9·28)
③ 압록강까지 북진(50.10)

참고 **국군의 날 (10.1)**

인천상륙작전 이후 처음으로 38도선을 돌파한 10월 1일을 국군의 날로 정하였다.

② 유엔군 최대 북진
④ 교착선 ⇨ 휴전선
③ 중공군 최대 남침
① 낙동강 방위선

중국군 참전(50.10.19)

① 중공군 개입(50.10)
② 흥남 철수(50.12) : 군과 민간의 철수
③ 1·4후퇴(51) : 북한군 서울 점령

■■□ **굳세어라 금순아**
눈보라가 휘날리는 바람찬 흥남 부두에
목을 놓아 불러 봤다 찾아를 봤다.
금순아 어데로 가고 길을 잃고 헤매이더냐
피눈물을 흘리면서 1·4 이후 나 홀로 왔다.

유엔군의 재정비와 반격

유엔군의 반격 ⇨ 서울 재탈환(51.3) ⇨ 맥아더 해임(리지웨이 취임) ⇨ 38도선에서 교착

chapter 정전회담

정전회담
51.7-53.7

참가국과 장소	① 협상 대상 : 소련의 주선으로 유엔군 vs 북한군, 중국군 관련 불참 : 소련군, 남한 ② 정전 협정 장소 : 개성과 판문점
협상 난항	① 포로송환 방식 : 유엔의 자유송환 vs 북한의 강제송환(자동송환) ② 군사분계선 설정 : 유엔군 양군 접촉선 vs 북한군 38선 ③ DMZ 설정
이승만 정부의 입장	정전 직전에 정전을 막기 위해 거제도 반공포로 석방(53.6 정전협전 체결 직전)

6·25전쟁 영향

① 전쟁의 재발 대책 : 군사정전위원회와 중립국 감시위원단 설치(53.8), 제네바회의(54)
② 한미상호방위조약(53.10)
③ 남북한 이념 갈등 심화(남북한 독재에 이용), 서구문화 추종, 전통사회 붕괴

chapter **이승만 정부 후기**

1차 발췌개헌

이승만의 정치적 입지 약화
① 2대 총선 무소속 후보 다수 당선(50)
② 한국민주당과 이승만의 갈등

자유당 창당(51) →

1차 개헌
발췌개헌
1952

관련 전쟁 중 이승만 정부의 실정
① 보도연맹사건(50) : 전쟁 중 보도연맹 가입자 무차별 학살
② 국민방위군사건(51) : 관리들의 군수품 착복으로 9만여명 동사
③ 노근 양민학살사건(50), 거창 양민학살사건(51)

과정 부산정치파동 : 계엄령 선포하고 개헌에 반대하는 국회의원 연행
강압적 분위기(기립 표결, 토론 X)

내용 이승만 재선을 위해 대통령 직선제 ⇄ 양원제(실시X), 국무위원 불신임제
⇨ 2대 대선(52)에서 이승만 당선

2차 사사오입개헌

① 3선 제한 조항으로 이승만 출마 불가
② 3대 총선(54)에서 관권 선거로 자유당 압승(자유당이 개헌 의석 확보)

2차 개헌
사사오입개헌
1954

민주 국민당 15석
자유당 114석
무소속 68석
총 203석
국민회 3석
대한 국민당 3석
제3대 국회 의원 선거 결과

과정 개헌 과정에서 1표가 부족 ⇨ 부결
부결된 개헌안을 사사오입(반올림)을 적용하여 가결 시킴

내용 이승만에 한하여 3선제한 조항 철폐

3대 대선과 독재 강화

3대 대선
1956

① 이승만의 경쟁자 신익희 사망
② 조봉암이 선전하지만 이승만 당선
③ 부통령은 야당(민주당)의 장면 당선
④ '못살겠다. 갈아보자!'

독재 강화

① 진보당 사건(58) : 평화통일 주장 ⇨ 조봉암 사형, 진보당 해산
② 국가보안법 파동(58. 2·4파동) : 국가보안법 강화
③ 경향신문 폐간(59)

▼ 3대 대선 포스터

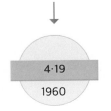

chapter **3·15 부정선거와 4·19 혁명**

① 미국 경제원조 변화(원조규모축소, 유상차관)으로 불황
② 2·28 대구학생시위
③ 3·15 부정선거 : 조병옥이 병사하였으나, 부통령에 이기붕을 당선시키기 위해 4대 대선에서 대대적 부정선거

↓

4·19
1960

① 마산시위 : 1차 마산시위 ⇨ 김주열 사망 ⇨ 2차 마산시위(공산주의 세력으로 매도)
② 4·19 전국시위 : 4·18 고려대 시위에서 확산. 계엄령 선포와 경찰의 유혈진압(경찰발포 O, 군발포 X)
③ 대학교수단 시국선언 ⇨ 이승만 하야
④ 학생들과 시민들이 중심이되어 아시아 최초로 독재 정권을 무너뜨린 혁명

chapter **전후 미국의 경제 지원**

관련 한미원조협정(1948.12)

미국의 경제 원조 → 3백산업 50년대 → **귀속재산처리**

미공법에 의한 농산물 무상원조(16억 달러)

관련 대충자금 : 원조물자 판매수익의 50%는 미국무기 구매

① 밀, 설탕, 면 원조
 (+) 식량난 해소
 (-) 산업불균형(생산재X,기반시설X)
　　정경유착
② 수공업 · 농업 기반 파괴

① 귀속재산을 본격적으로 처리
② 독점자본·정경유착 문제 야기

유상원조 전환

50년대 후반 유상원조로 전환 ⇨ 경제 불황 ⇨ 이승만 정권의 몰락

chapter **이승만 정부 사회·문화**

① 초등교육 의무화
② 한글학회 우리말큰사전 완성(57)
③ 전통문화 파괴, 서구·미국문화 추종 ⇨ 정비석의 자유부인(54), 냉전문학 유행

chapter **장면 정부**

| **2공화국의 성립** | ① 4·19 이후 허정 과도정부에서 3차개헌(60, 의원내각제, 양원제) |

⇩　5대 총선 : 민주당 압도

② 2공화국 성립 : 국회 간선으로 민주당 대통령 윤보선, 총리 장면

주요 활동

정치·사회적 민주화
① 지방자치의 확대 : 면장·면의원까지 선출
② 혁신세력의 등장(사회대중당, 한국사회당, 통일당 등)
③ 국가보안법 개정 : 경향신문 복간
④ 노동운동·학생운동 활성화
⑤ 통일운동전개 : 다양한 통일 논의 전개, '가자 북으로, 오라 남으로, 판문점으로'
　(단, '선건설 후통일'로 정부는 통일에 소극적)

경제 제일주의
선건설 후통일
① 경제개발5개년계획 입안
② 국토건설단 운동 추진 : 국토개발사업, 댐건설 등
③ 군감축을 통한 국방비 절감

4차 개헌

국민적 요구
① 3·15부정선거 처벌
② 부정축재자 처벌

→

4차 개헌
반민주행위자 처벌을 위한 소급입법 근거 마련

한계
① 민주당 내부 분열
　: 구파(윤보선)과 신파(장면)의 대립 ⇨ 신민당 창당(윤보선의 구파)
② 내부적 분열로 개혁의 동력 상실

chapter **5·16군사정변**

쿠데타와 군사정부 성립
군사혁명위원회의 혁명공약
㉠ 반공과 친미　㉡ 부패구악 해결　㉢ 경제재건　㉣ 민정이양

군사정부 주요 활동
① 반공법 제정(61)
② 군사혁명위원회 ⇨ 국가재건최고회의, 중앙정보부 설치
③ 정치정화법 제정과 혁명 재판소 설치 (정치폭력배와 3·15부정선거 관련자 처벌),농어촌 고리채 정리법
④ 경제 : 화폐개혁(62), 경제 개발 5개년 계획 실시(62)

민정이양과 3공화국의 성립

① 5차 헌법개정(62) : 대통령 직선제(4년중임제)
② 민정이양 : 민주공화당 창당(63) ⇨ 박정희 5대 대통령 출마·당선(63. 윤보선에게 승리)

한일협정
1965
한일기본조약

배경	① 경제개발 자금 필요(62년 통화개혁 실패) ②미국의 수교 요구
과정·내용	① 김종필·오히라 비밀회담(62.11) ② 6·3항쟁(64) : 굴욕적 한일회담 반대 '이것이 민족적 민주주의이더냐', '제2의 을사조약 반대' ③ 비상계엄령을 선포하여 한일협정 체결(65) ④ 내용 : 독립축하금으로 3억 + 5억 차관
평가	① 한미일 공동안보체제 구축 ② 일본 식민지지배에 대한 실질적 사과 X, 개별적 청구권 문제 야기(위안부, 징용자)

베트남 파병
64~73

배경	① 미국 : 베트남 전에서 미군의 고립(UN군 참전 X) ② 한국 : 경제개발 재원 필요
과정·내용	① 브라운 각서(66) : 베트남전 참전을 대가로 경제 지원 ② 한미행정협정(SOFA) 체결(66) ③ 비둘기, 맹호·청룡·백마부대 파견
평가	① 베트남 특수 : 수출주도형 경제정책의 성과 나타남(대외의존도 심화) ② 한미 동맹 강화 ③ 라이따이한 문제, 고엽제 피해자

관련   1 · 21청와대 기습사전(68) : 김신조 등 30여 명의 간첩단이 박정희 암살 시도 ⇨ 1968 : 향토예비군 설치, 실미도 사건, 국민교육헌장

① 닉슨독트린(69) : 데탕트의 시대 ⇨ 냉전체제의 완화(미중 간의 핑퐁 외교, 주한미군 일부 철수)
② 6차 개헌 = 3선개헌(69) : 경제개발 완수 명분 위한 대통령의 3선 연임
③ 7대 대선(71) : 관권 개입과 지역감정을 통해 박정희 당선(신민당의 김대중 선전), 여촌야도
④ 8대 총선(71) : 여당 민주공화당(113석), 야당 신민당(89석) ⇨ 야당 개헌저지선 확보

관련   사회·경제적 위기 : ① 전태일 사건(70), 광주대단지 사건(71) ② 60년 말 경제위기

7·4남북공동성명(72)

배경	① 닉슨독트린(69) : 데탕트의 시대 ⇨ 냉전체제의 완화 ⇨ 정치적 위기
	② 부채상환 ⇨ 경제적 위기
	③ 전태일 사건(70), 광주대단지 사건(71) ⇨ 사회적 위기
내용	① 남북간 비밀회담을 통해 통일의 원칙 합의
	② 남북한의 독재체제 구축에 악용 : 남한의 유신체제(72), 북한의 유일체제(72)

유신체제의 성립과 반발

유신체제 1972

① 과정 : 10월 유신 선포 ⇨ 계엄령으로 국회해산 ⇨ 7차 개헌을 국민투표로 확정
② 대통령 6년 간선 연임제(통일주체국민회의에서 대통령 선출), 국회의원도 임기 6년
③ 대통령 권한 강화 : 대통령에게 국회 해산권 부여, 국회에서 대통령 탄핵금지
　　　　　　　　　　긴급조치권(초헌법적 권한으로 국민의 기본권 제한 가능, 사법심사 배제)
④ 통일주체 국민회의 : 국민의 직접선거로 선출된 대의원으로 구성
　　　　　　　　　　대통령이 국회의원 1/3 추천 ⇨ 통국에서 국회의원 1/3선출(유신 정우회)
　　　　　　　　　　대통령 선출(간선제, 체육관 선거), 헌법개정안 확정

반유신운동

관련　프레스카드제(72 유신 직전) : 언론 탄압

① 김대중 반유신 활동 ⇨ 김대중 납치사건(73)
② 개헌 청원 100만인 서명운동(73) ⇨ 긴급조치
③ 전국민주청년총학생연맹 사건(74, 민청학련 사건) ⇨ 긴급조치와 2차 인민혁명당사건(74)으로 확대
④ 자유언론실천선언(74) ⇨ 동아일보 광고 탄압
⑤ 3·1민주구국선언(76) : 명동성당 김대중, 함석헌, 문익환 등 참여
⑥ 천주교 정의구현사제단 등 활동

유신의 붕괴

① 경제적 : 2차 석유파동(79)으로 인한 경제 불황 심화
② 외교적 : 인권문제로 미국 카터 정부와의 갈등
③ YH무역사건(79) ⇨ 김영삼의 반대성명 ⇨ 김영삼 제명 ⇨ 부마항쟁 ⇨ 10·26사건(79, 김재규, 박정희 시해)

chapter **경제**

1·2차 경제개발5개년계획
62~71

① 노동집약적 경공업 중심
② 수출주도형 경제개발
③ 정부 주도 + 재벌 참여
④ 경제개발을 위한 재원 확보를 위한 노력
 : 화폐개혁(62), 한일국교정상화(65), 베트남파병, 인력파견(독일 광부, 간호사)

6말7초 경제위기 ⇨ 공격적 경제 정책 추진

① 기간산업에 투자 : 경부고속도로(70 완공), 포항제철(70년 준공)
② 8·3긴급경제조치(72) : 기업의 부채 부담 완화 조치

3·4차 경제개발5개년계획
72~81

① 중화학 공업 육성 : 경제구조의 균형과 산업구조의 고도화
② 포항제철(70~73)
③ 수출자유무역지대 설치(마산, 이리, 71~74), 영남 해안의 공업단지
④ 제1차 석유파동(73) ⇨ 중동 건설 진출(오일 달러) ⇨ 중화학 공업에 투자
⑤ 수출100억불 달성(77)
⑥ 2차 석유파동(79)로 위기 직면

`관련` 쌀 자급 : 통일벼 개발(71) ⇨ 전국적 확대 보급(72) ⇨ 쌀의 완전 자급 달성(77)

chapter **사회**

노동자 문제
전태일 사건(70) ⇨ 노동문제에 대한 대학생·지식인들의 관심

저가격 정책

농촌 문제
① 도시 농촌간 불균형 성장 ⇨ 새마을운동(70)
② 근면·자조·협동을 통한 농촌 개선 ⇨ 도시로 확산(국민정신운동)

도시 빈민 문제
농민의 도시 이주 ⇨ 도시 빈민 문제 : 광주대단지 사건(71)

권위적 통제

① 60년대 : 국민교육헌장(68), 혼·분식 장려(69)
② 70년대 : 동아일보 광고 탄압(74), 미니스커트와 장발 단속, 통행금지, 청바지와 통기타 유행
③ 김지하의 '타는 목마름'(75), 조세희의 '난장이가 쏘아 올린 작은 공'(75), 바보들의 행진(75)

chapter **12·12와 5·18민주화운동**

통일주체국민회의에서 최규하(10대 대통령)를 대통령으로 선출 ⇨ 민주화에 대한 기대

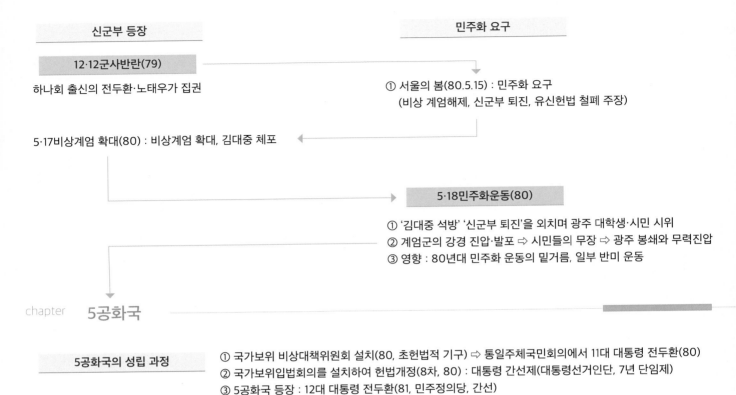

신군부 등장	민주화 요구

12·12군사반란(79)
하나회 출신의 전두환·노태우가 집권

① 서울의 봄(80.5.15) : 민주화 요구
(비상 계엄해제, 신군부 퇴진, 유신헌법 철폐 주장)

5·17비상계엄 확대(80) : 비상계엄 확대, 김대중 체포

5·18민주화운동(80)
① '김대중 석방' '신군부 퇴진'을 외치며 광주 대학생·시민 시위
② 계엄군의 강경 진압·발포 ⇨ 시민들의 무장 ⇨ 광주 봉쇄와 무력진압
③ 영향 : 80년대 민주화 운동의 밑거름, 일부 반미 운동

chapter **5공화국**

5공화국의 성립 과정
① 국가보위 비상대책위원회 설치(80, 초헌법적 기구) ⇨ 통일주체국민회의에서 11대 대통령 전두환(80)
② 국가보위입법회의를 설치하여 헌법개정(8차, 80) : 대통령 간선제(대통령선거인단, 7년 단임제)
③ 5공화국 등장 : 12대 대통령 전두환(81, 민주정의당, 간선)

5공 주요 정책		
강경책	80년 국보위에서 시행 ① 언론 통제 : 언론기본법(80), 언론인 해고, 보도지침, 대한뉴스, 땡전뉴스 ② 교수·공직자 해임, 삼청교육대(80) ③ 7·30 교육개혁(80) : 대입본고사 폐지, 과외 금지, 대학정원 증가와 졸업정원제
유화책	① 정의사회 표방 ② 중앙정보부 ⇨ 국가안전기획부 ③ 통행금지 해제, 해외여행 자유화, 학교의 두발·교복 자율화, 학도호국단 폐지 ④ 우민화 정책 : 3S(Sports, Screen, Sex), 프로야구단 창단(82), 아시안게임(86) 　　　　　　　컬러티비 보급, 국풍81
경제	① 경제안정화 정책과 제5차 경제개발5개년 추진 　㉠ 중화학공업에 대한 과잉 투자를 조정하고 첨단산업 중심의 산업구조조정 　㉡ 부실기업 정리, 시장경제의 자율성 도모 ② 3저호황 : 원유가격 하락, 달러가치 하락(엔화강세), 금리 하락
사회	① 각종 권력형 비리(82, 장영자 어음 사기 사건) ② 서울아시안게임(86) ③ 부천 경찰서 성고문사건(86)

chapter **6월 민주항쟁(6·10민주항쟁)**

직선제개헌 1천만서명운동(86)

　↓ 박종철 사건(87)

전두환의 4·13호헌 조치(87)
(간선제 유지 선언)

6월민주항쟁(1987)
① 천주교 정의구현사제단의 박종철 사건 폭로 ⇨ 민주헌법쟁취 국민운동본부 설치
② 6·10민주항쟁 : 이한열 사망, 계엄 X
③ 노태우의 6·29민주화 선언 : 직선제 약속, 대통령 공정 경쟁 약속, 인간 존엄성 보장

chapter **노태우 정부**

6 · 29민주화 선언 ⇨ 9차 개헌제(87, 직선제, 5년 단임제, 여야합의 개헌)

여소야대 정국과 3당합당

여소야대

① 야권의 분열, **KAL**기 폭파사건 ⇨ 노태우 당선 (88)
② 13대 총선(88)에서는 여소야대 정국
③ 각종 청문회

3당 합당

노태우(민주정의당) + 김영삼(통일민주당) + 김종필(신민주공화당) ⇨ 민주자유당(90)

> **관련**　김대중의 '평화민주당' 배제

노태우 정부의 주요 정책

① 88 서울 올림픽
② 북방외교 : 공산권 붕괴(몰타회담, 89) ⇨ 소련, 중국, 동유럽과 수교
③ 남북유엔동시가입(91) ⇨ 남북기본합의서(91) ⇨ 한반도비핵화 공동선언(91)
④ 경제 : 3저 호황의 끝 ⇨ 경기 침체
⑤ 지방자치제 부분 실시 : 기초와 광역 의원 선출

chapter **김영삼 정부 (문민정부, 신한국)**

정치	① 공직자 윤리법 강화(최초는 전두환) : 고위 공직자 재산 등록 ② 지방자치 전면적 실시(단체장 선거 실시)	
역사 바로 세우기	① 군내 사조직 하나회 해체 ② 12·12 군사반란, 5·18특별법 제정(1995) ③ 조선 총독부 건물 철거(1995) ④ 국민학교 ⇨ 초등학교 개칭(1996)	
경제	① 금융실명제(93, 긴급명령), 부동산실명제(95) ② 우르과이라운드[93~94] 　⇨ 세계무역기구(WTO)가입(95) ③ 경제협력개발기구(OECD) 가입(96)	➤ 외환 위기(97)와 국제통화기금(IMF)의 구제금융
사회	대형 사고 : 서해 페리호(93), 성수대교 붕괴(94), 삼풍백화점 붕괴(95)	

> **정리**　지방자치의 역사
> ① 이승만 정부 : 지방자치법 제정과 지방의회 운영
> ② 2공화국 : 지방자치 활성화(면장, 면의원 선출)
> ③ 박정희 정부 : 지방자치법 효력 정지
> ④ 노태우 정부 : 지방자치제 부활 근거 마련(1988)
> ⑤ 노태우 정부 : 지방선거로 기초와 광역 의원 선출(1991)
> ⑥ 김영삼 정부 : 자치단체장도 민선(1995)

> **정리**　FTA(자유무역협정) 역사
> ① 한·칠레 FTA : 노무현 정부(2004), 최초의 FTA
> ② 한·EU FTA : 이명박 정부(2011)
> ③ 한·미 FTA : 이명박 정부(2012)
> ④ 한·중 FTA : 박근혜 정부(2015)

정치	① 최초의 평화적 여야 정권 교체 ② 인권법 제정 등 인권 성장	
경제	신자유주의 경제 정책으로 IMF극복 ① 기업 : ⓐ기업 구조조정　ⓑ공적 자금 투입　ⓒ벤처기업 육성 ② 노동자 : 노사정 위원회(1998, 노동 유연화) ③ 국민 : 금모으기 운동	→ ① 경제 위기 극복 ② 사회양극화(실업문제, 비정규직)
사회	① 전국민국민연금(99), 국민기초생활보장법(00) ② 의약분업(00) ③ 남녀차별금지법(99), 여성부 신설(01)	
대북관계	① 남북정상회담(00) ② 6·15남북공동선언(00) ③ 햇볕정책	

OX 　김대중 정부는 햇볕정책을 통해서 남과 북이 평화로운 흡수통일을 지향하였다. (O / X)

	특징	대선·총선과의 관계
제헌헌법(48)	① 제헌국회에 의해 만들어진 최초의 헌법 ② 대통령제(4년 중임) + 국회 간선제 ③ 소급입법(반민족 행위자 처벌) 근거	① 5·10총선으로 제헌국회 성립 ② 제헌헌법 탄생 ③ 제헌헌법에 따라 1대 이승만 당선 : 국회 간선
1차 개헌(52)	① 발췌 개헌 ② 대통령 직선제(4년 중임) ③ 국회 양원제 규정(양원제가 실시X)	① 2대 총선(50)에서 야당 다수 당선 ② 부산정치파동(52)로 1차 개헌(직선제) 강행 ③ 2대 이승만 당선(52) : 직선제
2차 개헌(54)	① 사사오입 개헌 ② 초대 대통령에 대한 3선 제한 철폐 ③ 대통령 궐위시 부통령이 승계	① 3대 총선(54)에서 이승만의 자유당 2/3 확보 ② 이승만의 장기 집권 위한 2차 개헌(54) 강행 ③ 3대 이승만 당선(56)
3차 개헌(60)	① 4·19 직후 허정 과도 내각에서 개헌 ② 의원내각제(대통령 국회 간선), 양원제	① 허정의 과도 내각에서 3차 개헌(60) ② 3차 헌법에 따라 5대 총선(60) : 의원내각제, 양원제 ③ 4대 윤보선 대통령, 장면 국무총리 당선 : 국회 간선
4차 개헌(60)	① 소급입법(반민주행위자 처벌) ② 부정선거 등에 대한 처벌 위한 개헌	① 시민들의 요구에 부응하기 위한 4차 개혁 단행 ② 5·16쿠데타로 무력화
5차 개헌(62)	① 민정이양을 위한 개헌 ② 대통령 직선제(4년 중임)	① 군사 정부 하에 민정이양을 위한 5차 개헌 단행 ② 5차 개헌에 따라 5대 대선(63) : 직선제 ③ 5차 개헌에 따라 6대 총선(63) : 최초 비례대표제 실시
6차 개헌(69)	① 3선 개헌 ② 박정희 3선 허용. 대통령 탄핵소추 요건 강화	① 박정희 3선 제한 ② 6차 개헌(69, 3선 개헌) ⇨ 박정희 7대 대선 당선(71)
7차 개헌(72)	① 유신헌법 ② 대통령 간선제(6년 연임), 대통령에 권력 집중 ③ 통일주체 국민회의	① 6말7초 박정희 정치적 위기 ② 7대 대선(71), 8대 총선(71)에서 고전 : 야당 신민당 약진 ③ 박정희 장기 집권을 위한 7차 개헌 단행(72) ④ 8대 박정희(72), 9대 박정희(78) 당선 : 통일주체 국민회의 간선
8차 개헌(80)	① 국가보위비상대책위원회가 추진 ② 대통령 간선제(7년 단임, 대통령 선거인단)	① 10·26 이후 10대 최규하(79), 11대 전두환 당선(80) : 통일주체 국민회의 간선 ② 시민들의 불만을 누그러뜨리고자 8차 개헌 단행(80) : 7년 단임, 대통령선거인단 간선 ③ 12대 전두환(81) : 대통령 선거인단 간선
9차 개헌(87)	① 6월 항쟁의 결과 ② 대통령 직선제(5년 단임)	① 직선제를 주장하는 시민들의 6월항쟁 ② 9차 개헌(87) : 5년 단임, 직선제 ⇨ 6공화국

chapter 개헌·대선·총선 관계도

		1대 총선 ⇩	2대 총선 ⇩	3대 총선 ⇩	5대 총선 ⇩									
개헌	제헌(48)	1차(52) 발췌개헌	2차(54) 사사오입	3차(60) 내각제	4차(62) 반민주	5차(62) 대통령제		6차(69) 3선개헌	7차(72) 유신헌법			8차(80) 국보위	9차(87) 직선제
대선	1대(48) 이승만	2대(54) 이승만	3대(56) 이승만	4대(60) 윤보선		5대(63) 박정희	6대(67) 박정희	7대(71) 박정희	8대(72) 박정희	9대(78) 박정희	10(79) 최규하	11(80) 전두환	12(81) 전두환	13(88) 노태우
간선	국회 간선			국회 간선					통국 간선	통국 간선	통국 간선	통국 간선	대통령 선거인단	

6대 총선 ⇩   8대 총선 ⇩   13대 총선 ⇩

1대 대선(48)	① 대통령 : 이승만, 부통령 : 이시영 ② 간선 : 국회	←	1대 총선(48)	무소속 / 독촉 / 한국민주당
2대 대선(52)	① 대통령 : 이승만 / 이시영 부통령 : 함태영	←	2대 총선(50)	무소속 압도 / 민주국민당 / 대한국민당
3대 대선(56)	① 대통령 : 이승만 / 신익희 / 조봉암 ② 부통령 : 이기붕 / 장면	←	3대 총선(54)	자유당 압도 / 무소속
4대 대선(60)	① 대통령 : 이승만 / 조병옥 ② 부통령 : 이기붕 / 장면	←	4대 총선(58)	자유당 압도 / 민주당
4대 재대선(60)	① 대통령 : 윤보선(간선) ② 총리 : 장면 ③ 간선 : 국회	←	5대 총선(60)	① 민주당 압도 / 무소속 / 사회대중당 ② 참의원 + 민의원 선거 모두 실시
5대 대선(63)	① 민주공화당 박정희(46) 민정당 윤보선(45)	→	6대 총선(63)	① 민주공화당 압도 / 민정당 / 민주당 ② 최초 비례대표제
6대 대선(67)	① 민주공화당 박정희 / 신민당 윤보선			
7대 대선(71)	① 민주공화당 박정희 / 신민당 김대중	→	8대 총선(71)	민주공화당 113석 / 신민당 89석
8대 대선(72)	① 민주공화당 박정희(100%) ② 간선 : 통일주체국민회의			
9대 대선(78)	① 민주공화당 박정희(100%) ② 간선 : 통일주체국민회의			
10대 대선(79)	① 10·26사태 ② 무소속 최규하 임시 대통령 ③ 간선 : 통일주체국민회의			
11대 대선(80)	① 12·12쿠데타와 5·18광주민주화운동 ② 무소속 전두환(100%) ③ 간선 : 통일주체국민회의			
12대 대선(81)	① 민주정의당 전두환(90%) ② 간선 : 대통령선거인단			
13대 대선(87)	① 야권 분열과 KAL기 폭파사건 ② 민주정의당 노태우(36%) 통일민주당 김영삼(28%) 평화민주당 김대중(27%) 신민주공화당 김종필(85%)	→	13대 총선(88)	여당 민주정의당 125석 평화민주당 70석 통일민주당 59석 민주공화당 35석
14대 대선(92)	① 삼당합당 ② 민주자유당 김영삼 (42%) 민주당 김대중(33%) 통일국민당 정주영(16%)			
15대 대선(97)	① IMF, DJP연합, 여권분열 ② 새정치국민회의 김대중(40%) ③ 한나라당 이회창(38%) / 이인제(19%)			
16대 대선(02)	① 새천년민주당 노무현(48%) ② 한나라당 이회창(46%)			
17대 대선(07)	① 한나라당 이명박(48%) ② 대통합민주신당 정동영(26%)			
18대 대선(12)	① 새누리당 박근혜(51%) ② 민주통합당 문재인(48%)			

정리 현대사의 주요 사건

1 : 1차 개헌(발췌개헌, 52)
2 : 2차 개헌(사사오입, 54)
3 : 3·15부정선거(60)
4 : 4·19혁명(60)
5 : 5·16군사정변(61)
6 : 6·3항쟁(64)
7 : 777성명 72년 7·4일 7차개헌
8 : 8대 대통령 박정희(유신헌법, 72)
9 : 9대 대통령 박정희(유신헌법, 78)
10 : 10·26사태(79)
11 : 1+1 하나회
12 : 12대 대통령 전두환(81)
13 : 13대 대통령 노태우(88)

chapter **남북간의 4대 합의서**

박정희 정부   6말7초 정치적 위기

① 8·15선언(70) : 평화 공존 주장
② 남북적십자회담(71) : 천만이산가족찾기 운동 제안

7·4남북공동성명(72) → 남북조절위 설치 → ① 6·23선언(73)

남북간 최초의 합의서
남북 비밀회담
① 통일의 3대 원칙 합의
 : 자주·평화·민족적대단결
② 평양~서울 직통전화 개설
③ 다방면적 제반 교류 실시
④ 적십자회담 성사 협조
⑤ 남북조절위원회 구성 운영

① 6·23선언(73)
 : ㉠ 할슈타인원칙 포기(문호개방)
   ㉡ 남북의 유엔 동시 가입 제안
   ㉢ 조국통일5대강령
② 김대중 납치사건(73)

관련 전두환 정부 : ①민족 · 화합 · 민주통일방안(1982) ②최초 남북이산가족상봉(1985)

노태우 정부   냉전의 종식

① 7·7선언(88) : 통일 번영을 위한 선언. 남북대화 모색과 북방정책 추진의 시발점이 됨
② 문익환 목사 방북(89)
③ 한민족공동체통일방안(89)
④ 베를린 장벽 붕괴, 몰타 선언(89)
⑤ UN 동시 가입(91)

남북한 사이의 화해와 불가침 교류와 협력에 관한 합의서

남북기본합의서(91) → 한반도비핵화공동선언(92) → **김영삼 정부**

남북간 최초의 공식 합의서
남북 고위급회담(총리급, 90~92)
① 상대방의 체제 인정
② 남북관계를 특수관계로 규정
③ 화해·불가침과 교류협력(경제)
④ 판문점 남북 연락 사무소
⑤ 군당국자 직통전화 개설
⑥ 남북 군사공동위원회

참고 체결은 91년, 발효는 92년

① 1차 북핵위기(93) : NPT 탈퇴
② 3단계3기조 통일방안(93)
   민족공동체 통일방안(94)
   제네바회담(94)
   : NPT 잔류 ⇄ 중유 공급, KEDO
③ 김일성 사망과 조문파동(94)

김대중 정부   진보 정부

① 정주영 소떼 방북(98)
② 금강산 관광 시작(해로)
③ 베를린 선언 : 정상회담 선언

6·15남북공동선언(00) → ① 본격적 이산가족 상봉(2000) → ① 9·11테러(2001)

남북 정상 회담(평양)
① 연방제와 연합제 공통점 인정
② 경제협력, 제반 분야 협력

① 본격적 이산가족 상봉(2000)
② 경의선 기공식(2000)
③ 동해선 연결 합의
④ 개성공단 설치(2002, 입주는 노무현)
⑤ 금강산 육로관광(2003, 노무현)

① 9·11테러(2001)
② 2차 연평해전(2002)
③ 2차 북핵 위기(2002)
 : 6자회담

노무현 정부

남북 관계 발전과 평화 · 번영을 위한 선언

① 9·19공동성명(05)
② 2·15합의(07)

10·4 선언(07)

2차 남북정상회담(평양)
① 서해평화협력특별지대 설치
② 해주공단
③ 이산가족 상봉 확대, 영상 편지
④ 정전 체제 종식 : 항구적 평화 체제
⑤ 핵문제 해결

⊙ 노무현 정부 이후 대북 관계 악화
이명박 정부 : 천안함 사태(2010)
박근혜 정부 : 개성공단 폐쇄(2016)

---

chapter **이산가족상봉**

관련 KBS생방송 '이산가족을 찾습니다' (83)

① 남북적십자회담(71)의 이산가족 상봉 제안 → ② 최초 남북한이산가족상봉 → ③ 본격적인 이산가족 상봉은 김대중
: 전두환 정부(85)
이산가족방문단과 예술공연단 교환 행사

---

chapter **남북의 통일방안 비교**

민족화합·민주 통일방안(82, 전두환)

↓

한민족공동체 통일방안(89, 노태우)

↓

	고려민주연방공화국 통일방안(80)	민족공동체 통일방안(94, 김영삼)
통일 원칙	자주·평화·민족대단결	자주·평화·민주
통일국가 형태	① 국가통일 ⇨ 민족통일 ② ㉠국가보안법 폐지 　㉡공산주의 활동 합법화 　㉢주한미군 철수, 미국의 간섭 배제 ③ 1국가 2제도 2정부의 연방국가	① 민족통일 ⇨ 국가통일 ② 1단계 : 화해와 협력 ③ 2단계 : 남북연합(과도적 체제) ④ 3단계 : 1국가 1체제 1정부의 통일국가

chapter 해방 이후 북한 정부의 수립

해방 직후 건국 준비	① 평안남도 건국준비위원회(45) : 평양의 조만식, 좌우합작(친일파는 배제) ② 소련군의 간접통치 : 건준위를 부정하고, 좌우합작의 인민위원회에 행정권 이양
북조선 임시인민위원회 (1946)	① 위원장 김일성 ② 토지개혁(46) : 무상몰수 무상분배(5정보 이상 토지 몰수), 사유재산권을 아직 인정 ③ 주요 산업 시설의 국유화, 친일파 청산, 남녀평등법 ④ 김일성의 북조선공산당 + 김두봉의 조선신민당 ⇨ 북조선노동당(46) ⑤ 박헌영의 남조선노동당(46)
조선 민주주의 인민공화국 수립 (1948.9)	① 조선 인민군(48)은 정부 수립 이전에 이미 조직 ② 구성 : 갑산파(김일성) + 남로당(박헌영) + 연안파(김두봉) + 소련파(허가이) ③ 김일성 수상, 박헌영 부수상 ④ 북조선노동당 + 남조선노동당 ⇨ 조선노동당(49)

김일성의 북조선공산당(46) + 김두봉의 조선신민당(46) ⇨ 북조선노동당(46)
박헌영의 남조선노동당(46)　　　　　　　　　　　　　⟶ 조선노동당(49)

chapter 50년대 북한 : 6·25 이후

정치

① 남로당 숙청 : 박헌영 숙청
② 해외파 숙청 : 8월종파 사건

김일성의 갑산파	연안파 + 소련파
중공업 중심	경공업 중심
독자적 외교 노선	중국과 소련 연대

⟶ 김일성의 승리로 독재 권력의 기반 확보

경제

사회주의 경제 확립	① 사회주의 경제 확립 : 농업·상공업의 ㉠협동농장화 ㉡국유화 ② 전후복구 사업 : 중공업 우선 + 경공업 병행 (불균형성장전략)
군중동원 노선	50년대 후반 소련의 원조 물자 감소 ⇨ 노동 강도를 높여 생산력 증대 시도 : 천리마 운동, 청산리 정신

정치

① 중소 분쟁 ⇨ 독자적 노선
② 김일성 우상화
③ 주체사상 구축(1967)

대남 도발

배경	① 북한 내부 강경파 장악 ② 4대 군사 노선(1962) : 전인민 무장화, 전군의 간부화 등 ③ 베트남 전쟁으로 남한에서의 게릴라전 가능성 확인
주요 사건	① 1·21 청와대 기습사건(68) : 김신조 사건 ⇨ 향토예비군 설립 ② 미정보함 푸에블로호 납치 사건(68) ③ 울진·삼척 공비침투 사건(68)

관련 한미안보연례협의회(SCM, 1968) : 북한의 대남도발에 대응하기 위해 조직

정치

① 사회주의 헌법(72)
 : 마르크스·레닌 주의와 함께 주체사상 공식화
② 김일성 유일체제의 확립(국가 주석제 채택)

7·4남북공동성명으로 남한은 유신체제, 북한은 유일체제 구축

대남도발

암살 시도	문세광의 박정희 암살 시도. 육영수 사망(74)
판문점 도끼 만행	공동경비구역에서 UN 소속 미군장교 2명 살해(76)
땅굴	70년대부터 80년대에 이르기까지 4개의 땅굴 발견

관련 한미연합사령부(CFC, 1978) : 주한미군 철수에 따른 대비책을 조직

경제

김정일이 등장하여
① 3대혁명 소조운동(73)
② 3대혁명 붉은기 쟁취운동(75)

정치

① 김정일 후계체제의 공식화
② 주체사상을 독자적 통치이념화

대남도발

미얀마 아웅산 테러사건(83)	북한의 전두환 암살 시도 ⇨ 미얀마 등의 외교단절과 국제적 규탄
대한항공기 폭파사건(87)	이라크-방콕행 KAL기 폭파사건

경제

경제침체와 저발전
⇨ 합영법 제정(84) : 외국자본을 끌어들이기 위한 법

고난의 행군

대외	소련과 동구권 붕괴 ⇨ 교역대상 상실, 에너지·원자재 부족
대내	사회주의 경제 한계, 대규모 자연 재해 ⇨ 탈북자 증가

정리 김정일 권력 승계
① 김정일 국방위원장 취임(93)
② 김일성 사망(94)
③ 유훈통치

북한의 대응

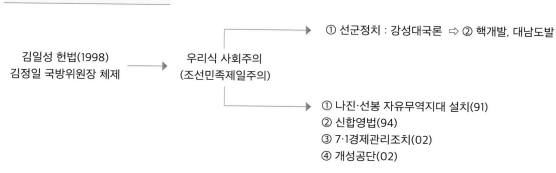

김일성 헌법(1998)
김정일 국방위원장 체제

→ 우리식 사회주의
(조선민족제일주의)

① 선군정치 : 강성대국론 ⇨ ② 핵개발, 대남도발

① 나진·선봉 자유무역지대 설치(91)
② 신합영법(94)
③ 7·1경제관리조치(02)
④ 개성공단(02)

북핵 문제

1차 북핵 위기(92)	① 1차 북핵위기(93) : NPT 탈퇴 ② 3단계3기조 통일방안(93) 　민족공동체 통일방안(94) 　제네바회담 ⇨ 제네바기본합의서(94) 　: NPT 잔류 ⇄ 중유 공급, KEDO ③ 김일성 사망과 조문파동(94)
2차 북핵 위기(02)	① 9·11테러(2001)로 북미관계 악화 ② 북한 핵개발 재개 ③ 6자회담 ⇨ ㉠9·19공동성명(05) ㉡2·15합의(07)

대남 도발

① 강릉 앞바다 좌초 잠수함(96, 강릉 무장공비 침투 사건)
② 북한 잠수함 어선그물 나포 사건(98)
③ 1차 연평해전(99) : 정전 후 정규군 간의 최초 해상 전투(NLL)
④ 2차 연평해전(02) : 6명 전사
⑤ 천안함 사태(10)

2공	노동운동 활성화
3공	전태일 분신 사건(70) ⇨ 대학생·지식인 계층이 노동문제에 관심을 가지게 됨
4공	① 함평 고구마 사건(76) : 선구적 농민 운동 ② 여성 노동자 중심의 노동운동 : 동일방직사건(78), YH무역사건(79)
5공	① 학생운동·민주화 운동과 함께 전개 ② 87년 노동자 대투쟁 ⇨ 노동조합 활성화
노태우 정부	① 대기업 노동 조합 본격화 ② 전국 교직노동조합(89) ⇨ 합법화는 김대중(1999) ③ 국제노동기구(ILO) 가입(91) ④ 전국농민총연맹 설립
김영삼 정부	민주노총 설립(95) 관련 한국노총(1961)
김대중 정부	IMF를 수습하는 과정에서 비정규직, 청년실업 문제 발생
노무현 정부	공무원 노조 합법화(2004)

	사회보장제도	남녀평등
이승만	근로기준법(53)	-
전두환	최저임금법(86)	남녀고용평등법(87)
노태우	국민연금(86년 제정되어 88년부터 실시) 전국민의료보험제도(89)	-
김영삼	사회보장기본법(95) 고용보험제도(95) 국민의료보험법(97)	-
김대중	전국민국민연금(99) 국민기초생활보장법(99)	남녀차별금지법(99), 여성부 신설(01)
노무현	-	호주제 폐지(05)
이명박	-	호적 ⇨ 가족관계등록부(08)

미군정기	미국식 6-3-3 학제 도입
1공(이승만)	제헌헌법에 초등학교 의무 교육 규정
2공(장면)	한국교원노동조합 결성
3공(박정희)	① 국민교육헌장(68) ② 중학교 무시험제 입학(69 ⇨ 71 전면 실시)
4공(박정희)	① 국사 교육 강화(한국적 민주주의의 일환) ② 고등학교 연합고사 실시, 고교 평준화 제도(74) ③ 대학 통제 : 학생회 폐지, 학도 호국단, 군사 교육, 교수 재임용 제도
5공(전두환)	① 7·30교육개혁 조치(1980) : 대입 본고사 폐지, 과외 금지, 졸업정원제 ② 학생회 부활, 학도 호국단 폐지 실시 ③ 중학교 의무교육 시작(1985) : 2002년 전면 실시(김대중) ④ 고등교육기관의 수가 늘어나고, 대학진학률 상승
6공(노태우)	전국교원노동조합 설립(89) : 불법
6공(김영삼)	① 대학수학능력시험 실시(94) ② 국민학교 ⇨ 초등학교(96)
6공(김대중)	① 전국교원노동조합 합법화(99) ② 중학교 무상교육(2002)

chapter **언론**

이승만	경향신문 폐간(59)
2공	언론의 자유 확대 경향신문 복간
박정희	언론 탄압 : 프레스카드제(1972, 유신 직전) 자유언론실천선언(74) ⇨ 동아일보 광고 탄압
전두환	언론 통제 : 언론기본법(80), 언론기관 통폐합, 언론인 해고, 보도지침, 대한뉴스, 땡전뉴스

chapter **기타**

정리 체육
① 박정희 : 태릉선수촌(66, 엘리트 체육)
② 전두환 : ㉠프로야구, 축구 창설 ㉡서울아시안게임(86)
③ 노태우 : 88서울올림픽
④ 김대중 : 2002한일 월드컵, 2002부산아시안게임
⑤ 박근혜 : 2014인천아시안게임
⑥ 문재인 : 2018평창동계올림픽

정리 방송
① TV방송의 시작은 50년대
② 본격적 시작은 60년대 : TV방송국 개국(KBS), 라디오 방송국 개국(MBC, TBC)
③ 1980년 언론통제
  KBS와 MBC를 중심으로 방송통폐합하고, 동시에 언론인 숙정 작업을 단행.
  컬러TV방송을 시작하여 TV보급률을 높이고 언론을 통해 여론 주도
  보도지침, 대한뉴스, 땡전뉴스

chapter **독도**

신라	지증왕(6C) 때 이사부의 우산국 정복(최초 기록)
고려	고려사에 조세 징수 기록
조선	① 태종의 공도 정책 ② 울릉도 쟁계 사건(숙종, 1693) : 조선 어부 안용복과 일본인 어부 갈등 ⇨ 돗토리 번 답변서 : 독도가 조선의 영토임을 막부 공식 인정, 일본인 도해 금지
고종	① 1882년 공도정책 폐지 ② 대한제국 칙령 41호(1900) : 울릉도와 석도(독도), 죽도를 강원도의 울도군으로 승격 ⇨ 독도의 날(10.25)
강탈	① 러일전쟁 중 한일협약(1904) 이후 1905 시마네현에 강제 편입 : 일본의 무주지 선점론 ② 울도 군수 심흥택의 보고서 '본군 소속 독도' ⇨ 독도가 일본 영토가 되었다는 주장을 부정 ⇨ 울도 군수가 독도를 계속 관할하면서 영토주권 행사
반환	① 연합국 사령관 지령 제677호(SCAPIN, 1946) : 독도 반환을 규정 ② 샌프란시스코 강화 조약(1951) : 일본의 영토 반환을 간략화 하면서 독도를 생략
현대	① 이승만 정부 : 일본의 국제사법재판소 제소 거절. 독도의용수비대, '인접 해양의 주권에 관한 대통령 선언'(52) 발표 ② 유신 정부 : 독도경비대 파견 ③ 노무현 정부 : 독도를 배타적 경제수역으로 선언

정리 독도의 소속 변화
① 전근대 조선 : 강원도 울진현
② 고종의 대한제국 칙령 41호 : 강원도의 울도군으로 승격
③ 일제에 의해 1905년 시마네현에 강제 편입
④ 해방 이후 경북 울릉군 소속

정리 일본의 주장
① 무주지 선점론을 주장
② 샌프란시스코 강화조약 왜곡
③ 국제사법재판소 제소 주장
④ 다케시마의 날(2005.2.22)

정리 독도가 우리 땅임을 입증하는 주요 기록
① 세종실록지리지 : 우산국(독도)와 울릉도를 구별하여 기록(강원도 울진현)
② 동국여지승람과 신증동국여지승람의 팔도총도(독도를 최초로 표기한 지도)
③ 동국지도 : 울릉도와 독도 구별
④ 동국문헌비고의 여지고, 증보문헌비고 : 울릉도와 독도 구별
⑤ 만기요람 : 순조. 재정과 군정에 대한 기록
⑥ 일본 측 문서
　㉠전근대 : 은주시청합기(일본 최초 독도 문서), 통항일람
　㉡근현대 : 삼국접양지도, 태정관 문서와 기죽도약도
　　　　　　　조선국교시말내탐서 , 일본 육군의 조선전도

chapter **간도**

백두산 정계비(1712, 숙종)	① 청의 목극등과 조선의 박권이 '서압록 동토문'으로 국경 합의 ② '동토문'의 해석에 대한 이견 : 우리 송화강의 지류인 '토문강' vs 중국 '두만강'으로 해석
조선 후기	① 청금 봉금정책(성역화) ② 조선인 이주(세도정치기)
개항기	① 어윤중(1882)을 서북경략사 : 국경 지대 조사하고 우리 영토임을 확인 ② 감계회담(1885~1888) : 청의 덕옥과 조선의 토문 감계사 이중하의 회담 ③ 이범윤을 간도시찰사로 파견(1902) ⇨ 북변 간도 관리사로 임명(1903) ④ 이범윤은 간도를 함경도의 행정구역으로 편입
일제의 간도 정책	을사조약으로 외교권을 장악한 일제의 통감부가 출장소(파출소) 설치(1907)
간도협약 체결(1909)	① 만주 이권(안봉선 철도 부설권, 광산채굴권)을 얻고 간도를 청에게 넘겨줌 ② 출장소 폐쇄 (단, 잡거구역으로 조선인 거주는 가능)

chapter **기본적 교통·통신 체제**

우역제

① 우역제는 공문서의 전달이나, 공적 운송, 관리의 숙박을 위해 설치한 교통통신 제도(주로 병부에서 관할)
② 신라 5세기 소지왕 때 우역의 최초로 설치(고역전과 경도역)
③ 을미개혁(1895년) 때 우편업무가 재개되고 우체사가 신설되면서 우역제 폐지

> **관련** 역원(驛院) : 역은 교통통신 시설, 원은 교통통신을 위한 숙박시설

> **관련** 역참제 : 고려 후기에 고려가 원에 복속되면서 몽골식의 역참제도가 시행되었다.

> **정리** 고려 교통·통신 체제
> ① 고려 예종 봉수제도 설치
> ② 고려 원종 마패제도 설치

chapter **비상 통신망**

봉수제(烽燧制)

밤에는 불꽃, 낮에는 연기로 정보의 내용을 원거리까지
신속하게 전달할 수 있도록 한 제도

> **참고** 햇불의 개수와 전달 내용
> 1거 : 평상시
> 2거 : 적의 등장
> 3거 : 경계에 접근
> 4거 : 경계를 침범
> 5거 : 접전
> (날씨가 나쁠 때에는 봉수군이 달려가 보고하도록 하였다.)

⊙ 임진왜란 때 봉수제가 제대로 역할을 수행하지 못하자
중국의 제도인 파발제를 도입한 것이다.

파발제

① 파발제도는 중요한 정보와 급보를 말이나(기발) 사람이(보발) 전달하는 제도. 공조에서 관할
② 운영상 경비가 많이 들고 봉수보다 전달속도가 느리지만, 보안유지 용이
③ 한양을 중심으로 서발(기발), 북발(보발), 남발(보발)의 간선망과 보조노선
④ 파발이 교대하는 참은 대략 보발은 50리 마다, 기발은 대략 25리 마다 두었다.

	2기 청 주도기 (1882)	3기 일 주도기 (1894)	4기 러 주도기 (1896)	5기 일 독주기 (1904)
우편	①우정사 설치(1882) ②우정총국 설치(1884) 　㉠홍영식 총판 임명 　㉡갑신정변으로 중단	을미개혁(1895) ① 농상공부 통신국에서 우편업무 재개 ② 한성, 인천 우체사 개국 ③ 우역제 폐지	① 1900 만국우편연합가입 　: 국제우편업무 개시 ② 1900 최초 우편엽서 사용 ③ 1902 최초 기념우표 발행 　: 고종 즉위 40주년 기념)	-
통신	① 1885 한성전보총국 개설 ② 한성-인천 간 전신(청 설치)	-	① 1896 최초 전화 경운궁 ② 1902 한성-인천 민간전화	1905 통신권을 박탈

chapter 현대 우정의 역사

이승만		① 1948　대한민국정부 수립과 함께 체신부가 탄생 ② 1956　체신의 날 제정(1972년 4월 22일로 개정)　관련　정보·통신의 날 4월 22일 ③ 1960　우편법 공포
박정희		① 1968 1면 1국의 우체국을 설치하고 매일 배달제 실시 ② 1970 우정업무의 기계화 : ㉠우편번호부 실시(세계 15번째) ㉡규격봉투제 ③ 1977 국민생명보험 농협 이관, 우편저금 농협 이관(1983 체신예금 및 보험업무 재개)
6공화국	노태우	1988　6자리 우편번호제 실시
	김영삼	1994　체신부 ⇨ 정보통신부
	김대중	2000 우정사업본부 출범
	이명박	2008 정보통신부 ⇨ 지식경제부
	박근혜	2013　지식경제부 ⇨ 미래창조과학부 2014　도로명주소 본격 시행(2011년부터 지번 주소와 병행 사용) 2015　5자리 우편번호제 실시
	문재인	2017 미래창조과학부 ⇨ 과학기술정보통신부

chapter 우정의 선구자

홍영식	① 조사시찰단(신사유람단)의 일원으로 일본의 우편제도 시찰(1881) ② 보빙사 부사자격으로 미국의 우정성과 뉴욕 우체국 시찰(1883) ③ 우편제도의 필요성을 고종 황제에 건의하여 1884년 우정총국(郵征總局)을 설립하고 초대 총판으로 임명 ④ 갑신정변 주도. 갑신정변의 실패로 청군에 의해 피살
기타	① 홍철주 : 조선전보총국 초대 총판으로 전선 가설 ② 민상호 : 제5차 만국우편연합총회(UPU) 전권대표를 역임, 1900년 대한제국 통신원의 초대 총판 ③ 장화식 : 한일통신기관협정 체결을 반대하여 통신권 피탈에 저항

① 세계유산 : 12개 (문화11+자연1+복합유산0) ② 세계기록유산 : 16개 ③ 인류무형문화유산 : 19개

chapter **세계 문화유산**

고대

고창·화순·강화의 고인돌 (2000)	① 청동기 시대 지배층의 문화 ② 북방식 고인돌과 남방식 고인돌 ③ 전북 고창, 전남 화순, 인천 강화는 세계적인 고인돌 밀집 지역
백제 역사 유적지구 (2015)	① 공주 : 웅진성, 공산성, 송산리 고분군 ② 사비 : 사비성, 부소산성, 정림사지, 능산리고분군(백제 창왕명 석조 사리감과 절터에서 금동대향로 출토) ③ 익산 : 왕궁리 유적, 미륵사지
불국사와 석굴암 (1995)	① 경주 토함산 자락에 위치 ② 불교의 부처님의 세계를 재현 ③ 경덕왕 때 김대성이 중건 ④ 임진왜란 때 소실되어 중건 ⑤ 인간세상과 부처님의 세상을 이어주는 청운교·백운교 ⑥ 석가탑과 다보탑
경주 역사 유적지구 (2000)	① 남산 지구 : 배리석불입상, 포석정, 나정(박혁거세) ② 월성 지구 : 첨성대, 월지(안압지), 계림(김알지) ③ 대릉원 지구 : 천마총, 황남대총 ④ 황룡사 지구 : 황룡사지(황룡사9층목탑), 분황사 석탑 ⑤ 산성 지구 : 명활산성

관련 북한의 세계문화유산

① 고구려 고분군
② 개성역사유적지구 : 만월대, 선죽교, 성균관, 개성 남문 등

조선

창덕궁 (1997)	① 임진왜란 때 경복궁이 소실된 이후 1868년 고종이 경복궁을 중건할 때까지 본궁의 역할을 수행하였다. ② 자연에 순응하는 가장 한국적인 궁궐 ③ 정문인 돈화문은 궁궐문 중 가장 오랜된 문으로 우진각지붕, 다포 형태
수원 화성 (1997)	① 수원 화성은 조선 후기 정조 때 축조(체제공, 정약용)되었으며, 실용성과 과학성을 겸비하고 있다. ② 주위에 융릉(사도세자)과 건릉(정조) ③ 북문 장안문이 정문
남한산성 (2014)	① 북한산성과 더불어 서울을 지키는 산성 ② 병자호란 때 인조가 피신(삼전도의 굴욕은 송파 나룻가)
해인사 장경판전 (1995)	① 고려대장경(팔만대장경)이 보관되어 있는 건물 ② 조선 초기 목조 건축으로 미적가치와 습도와 온도의 조절 능력이 탁월한 조선 건축기술의 결정체 ③ 다양한 창호의 위치와 크기
종묘 (1995)	① 조선 왕조 역대 왕과 왕비의 사당 수평선이 강조된 건축 ② 정전과 영녕전으로 구성
조선 왕릉 (2009)	① 조선 왕과 왕비의 무덤 ② 44기 중 남한의 40기 등재
하회마을과 양동마을 (2010)	① 하회마을 : 경북 안동. 풍산 유씨 집안 중심으로 형성 ② 양동마을 : 경북 경주. 월성 손씨, 이강 이씨(이언적) 중심으로 형성

제주 화산섬과 용암동굴 (2007)	① 거문오름 용암동굴계 ② 성산일출봉 ③ 한라산

chapter 세계 기록유산

고려대장경판 및 제경판 (2007)	① 고려대장경판은 현재 세계에서 가장 오래되고 정확한 대장경판으로 8만여장의 목판으로구성되어 있다. ② 몽골 2차 침입으로 불탄 초조대장경을 강화도에서 대장도감을 설치하여 다시 간행한 것이다.
직지심체요절 (2001)	① 백운화상의 '백운화상초록불조직지심체요절' ② 고려 후기 우왕(1377) 청주 흥덕사에서 금속활자로 인쇄 ③ 구텐베르크의 금속활자보다 70여년을 앞선 현존 세계 최초의 금속활자본으로 공인 ④ 구한말 프랑스 외교관에 구입 ⇨ 현재 프랑스에 보관
훈민정음 해례본 (1997)	훈민정음의 해설서
난중일기 (2013)	임진왜란 중 이순신의 일기
동의보감 (2009)	임진왜란을 거치며 허준이 편찬한 공중의료보건서(선조~광해군)
조선왕조실록 (1997)	조선왕조실록은 조선 왕조의 시조인 태조로부터 철종까지 25대 472년 간의 역사를 편년체로 기록한 책
승정원일기 (2001)	① 승정원일기는 조선시대 왕의 비서기구인 승정원에서 기록한 책 ② 세계 최대의 연대 기록물로 기네스북에 등재
일성록 (2011)	① 일성록은 조선 정조가 왕세순 시질부터 기록하기 시작한 국왕의 일기 ② 1760년부터 1910년까지 현존
조선왕조의궤 (2007)	조선왕조의궤는 국가 의례를 비롯한 중요한 국가행사를 정해진 격식에 따라 정리한 기록물이다.
5·18민주화 기록물 (2011)	1980년 5·18 민주화와 관련된 기록물
새마을운동 기록물 (2013)	1970년대 새마을운동과 관련된 기록물
KBS특별생방송 '이산가족을 찾습니다' (2015)	한반도의 아직까지 끝나지 않은 냉전현실을 반영
유교책판 (2015)	조선시대 문중과 서원에서 기탁한 유교서적의 6만장이 넘는 책판으로 당시 공론의 사회를 잘 반영
조선통신사에 관한 기록 (2017)	17세기 초부터 19세기 초까지 일본 에도막부의 초청으로 12회에 걸쳐 파견된 통신사에 대한 기록
조선왕실 어보와 어책 (2017)	어보와 어책은 왕이나 왕비의 신물
국채보상운동 기록물 (2017)	1907~1910년까지 일어난 국채보상운동과 관련된 기록물　관련　북한의 세계기록유산 : 무예도보통지

종묘 제례 및 종묘 제례악(2001)	종묘 제례는 종묘에서 행하는 제향의식이며, 종묘 제례악은 이 때 사용되는 음악과 춤이다.
강릉 단오제(2005)	모심기가 끝난 뒤의 명절로 풍년을 기원하는 수릿날의 전통을 잇고 있다.
영산제(2009)	49재의 일종. 불교적 색채
제주 칠머리당 영등굿(2009)	제주도에서 행해지던 풍작과 풍어를 위한 제사이다.
판소리(2003)	소리꾼이 고수(북치는 사람)의 장단에 맞추어 소리, 아니리, 발림을 섞어가며 구연하는 일종의 일인 오페라이다. 판소리는 초기에 열두 마당이 있었지만, 이 후 춘향가, 심청가, 수궁가, 흥보가, 적벽가 다섯 마당으로 정리되었다.
가곡(2010)	가곡은 시조시에 곡을 붙여서 관현악 반주에 맞추어 부르는 전통음악이다.
아리랑(2012)	아리랑은 '아리랑' 또는 '아라리' 같은 구절이 후렴에 들어있는 민요를 총칭한다. 정선 아리랑, 진도 아리랑, 밀양 아리랑이 3대 아리랑으로 알려져 있다.
농악(2014)	농민들의 음악
처용무(2009)	벽사진경(辟邪進慶)의 주술적 의미를 담고 있고 궁중에서 추던 춤이다.
남사당놀이(2009)	남사당놀이는 남자 유랑패인 남사당패가 펼치던 여섯 마당의 놀이이다.
강강술래(2009)	한가위날 남부 지방에서 풍작과 다산을 기원하던 민속놀이이다.
대목장(2010)	나무를 다루는 일을 하는 목수 중 궁궐이나 사찰 또는 가옥을 짓고 건축과 관계된 일을 하는 장인을 대목장이라 한다.
매사냥(2010)	매사냥은 매를 훈련하여 야생 상태에 있는 먹이를 잡는 방식으로 4000년 이상 지속되었다.
줄타기(2011)	줄타기는 공중에 맨 줄 위에서 재주와 함께 재담과 노래하는 재주이다.
줄다리기(2015)	풍농을 기원하고 공동체 구성원의 화합을 도모하기 위한 놀이. 영산
택견(2011)	고구려로부터 이어진 택견은 손과 발을 순간적으로 우쭉거려 생기는 탄력으로 상대방을 제압하는무술이다.
한산모시타기(2011)	한산모시는 충남 서천군 한산 지역에서 만드는 모시로 우리나라 여름 전통 옷감을 대표한다.
김장문화(2013)	김장문화는 늦가을 김장김치를 담그는 전통이다.
제주 해녀문화(2016)	제주도 해녀들의 특유의 문화

chapter 5대 궁궐

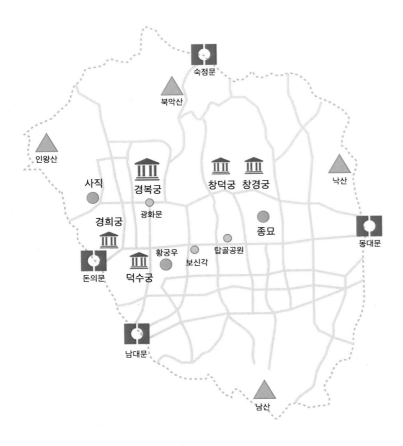

경복궁

① 조선의 정궁(북궐, 1395)
② '경복(景福)'은 '하늘이 내린 큰 복'에서 유래
③ 임진왜란 때 소실되었다가 흥선대원군(고종)에 의해 중건
④ 일제강점기 조선물산공진회(1915) 개최
⑤ 주요 구조물 : 근정전(정전), 정문(광화문), 정자(경회루)
　　　　　　　건청궁 옥호루(민비 시해)

창덕궁

① 태종 때 이궁(離宮)으로 건립. 양궐체제 정립
② 임진왜란 때 중건된 이후 정궁 역할을 수행
③ 가장 오랫동안 왕이 거처한 궁
④ 유네스코 문화유산으로 지정된 유일한 궁
⑤ 한일합방(1910) : 창덕궁 대조전
⑥ 순종이 여생을 보낸 궁
⑦ 주요 구조물 : 인정전(정전)
　　돈화문(정문, 우진각지붕, 다포, 현존 최고 궁궐 정문)
　　후원(비원), 주합루(정조, 규장각, 초계문신제)
　　부용정(후원 연못), 선원전(역대 임금의 초상을 봉안)
　　대보단 : 숙종. 명나라 신종 제사

덕수궁(← 경운궁)

① 성종의 형 월산대군 사저
② 임진왜란 직후 선조가 기거(정릉동 행궁 ⇨ 경운궁)
③ 고종 황제 즉위 당시 머물던 궁궐(장소는 원구단)
④ 중명전(1901) : 을사조약(1905), 고종 퇴위(1907)
⑤ 석조전(1910) : 최초의 서양식 궁전, 미소공동위원회

창경궁

① 세종이 태종을 위해 건축(수강궁)
② 성종이 세명의 왕후를 위해 증축하고 창경궁
③ 일제강점기 유원지(창경원)

경희궁

① 인조의 생부의 사저 ⇨ 광해군 때 경덕궁
② 영조 때 경희궁(서궐)

chapter 한양의 주요 유적

종묘와 사직	한양의 사대문	기타
① 종묘 : 왕실 조상의 신위(위패)를 모시는 곳 정전과 영녕전으로 구성 ② 사직 : 토지·곡식신에게 제사를 지내는 제단 [관련] 고려 성종 때 사직 설치	인의예지 ① 흥인지문(동대문) ② 돈의문(서대문) ③ 숭례문(남대문) ④ 숙정문(북대문)	① 장충단 : 을미사변 때 순국한 홍계훈 등 충신 제사 ② 낙성대 : 강감찬이 태어난 곳 ③ 효창공원 : 김구와 삼의사(윤봉길, 이봉창, 백정기) 등 임시정부 요인들의 묘소

단단 한국사